Bilhar 3 Tabelas: Meios padrões de círculo de mesa

De torneios de campeonato professional

Teste-se contra jogadores profissionais

Allan P. Sand
PBIA Instrutor de Bilhar Certificado

ISBN 978-1-62505-332-9
PRINT 7x10

ISBN 978-1-62505-496-8
PRINT 8.5x11

First edition

Copyright © 2019 Allan P. Sand

All rights reserved under International and Pan-American Copyright Conventions.

Published by Billiard Gods Productions.
Santa Clara, CA 95051
U.S.A.

For the latest information about books and videos, go to: http://www.billiardgods.com

Acknowledgements

Wei Chao created the software that was used to create these graphics.

Índice

Introdução 1
Sobre os layouts de tabela 1
Instruções de configuração da tabela 2
Objetivo dos layouts 2
A: Círculo básico de meia mesa 3
A: Grupo 1 3
A: Grupo 2 8
A: Grupo 3 13
A: Grupo 4 18
A: Grupo 5 23
A: Grupo 6 28
A: Grupo 7 33
A: Grupo 8 38
B: Dentro e fora de um pequeno canto 43
B: Grupo 1 43
B: Grupo 2 48
B: Grupo 3 53
C: Em um canto pequeno 58
C: Grupo 1 58
C: Grupo 2 63
D: Dentro do reverso 68
D: Grupo 1 68
D: Grupo 2 73
D: Grupo 3 78
D: Grupo 4 83
D: Grupo 5 88
D: Grupo 6 93
E: Perna estendida 98
E: Grupo 1 98
E: Grupo 2 103
F: Perna estendida (extra longa) 108
F: Grupo 1 108
F: Grupo 2 113
F: Grupo 3 118

Other books by the author …

- 3 Cushion Billiards Championship Shots (a series)
- Carom Billiards: Some Riddles & Puzzles
- Carom Billiards: MORE Riddles & Puzzles
- Why Pool Hustlers Win
- Table Map Library
- Safety Toolbox
- Cue Ball Control Cheat Sheets
- Advanced Cue Ball Control Self-Testing Program
- Drills & Exercises for Pool & Pocket Billiards
- The Art of War versus The Art of Pool
- The Psychology of Losing – Tricks, Traps & Sharks
- The Art of Team Coaching
- The Art of Personal Competition
- The Art of Politics & Campaigning
- The Art of Marketing & Promotion
- Kitchen God's Guide for Single Guys

Introdução

Este é um dos livros da série Carom Billiards que mostra como os jogadores profissionais tomam decisões, com base no layout da mesa. Todos esses layouts são de competições internacionais.

Esses layouts colocam você dentro da cabeça do jogador, começando pelas posições das bolas (mostradas na primeira tabela). O segundo layout da tabela mostra o que o jogador decidiu fazer.

Sobre os layouts de tabela

Estas são as três bolas na mesa:

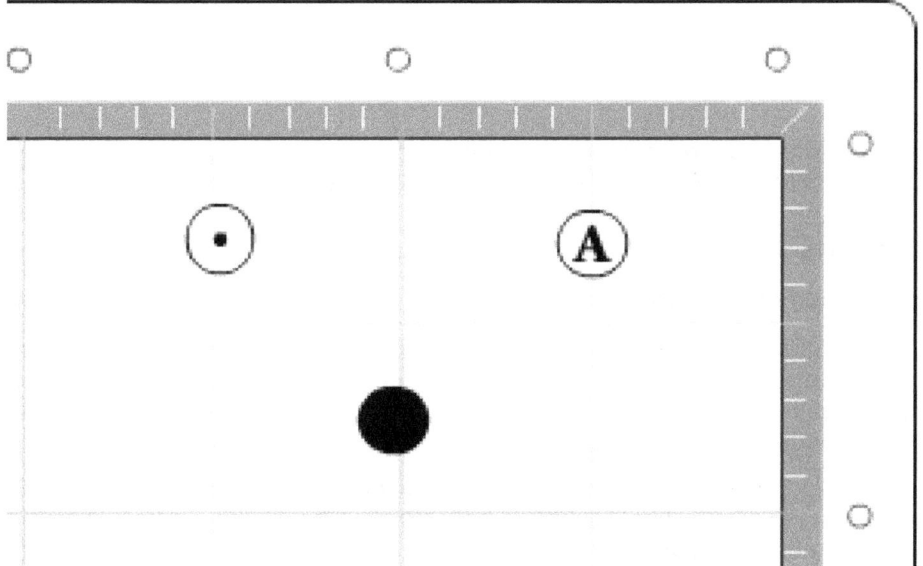

(A) (CB) (sua bola de bilhar)

(•) (OB) (bola de bilhar oponente)

● (RB) (bola de bilhar vermelha)

Cada configuração tem dois layouts de tabela. A primeira tabela é a posição das bolas. A segunda mesa é como as bolas se movem na mesa.

Instruções de configuração da tabela

Use anéis de papel para marcar as posições da bola (comprar em qualquer loja de material de escritório).

Coloque uma moeda em cada tabelas da mesa que o (CB) vai tocar.

Compare seu caminho (CB) com a segunda configuração da tabela. Para aprender, você pode precisar de várias tentativas. Após cada falha, faça o ajuste e tente novamente até ter sucesso.

Objetivo dos layouts

Esses layouts são fornecidos para dois propósitos.

- Sua análise - Em casa, você pode considerar como reproduzir a configuração na primeira tabela. Compare suas ideias com o padrão real na segunda tabela. Pense na sua solução e considere as opções. Na segunda tabela, você também pode analisar como seguir o padrão. Mentalmente jogue o tiro e decida como você pode ser bem sucedido.

- Pratique a configuração da mesa - Coloque as bolas na posição, de acordo com a configuração da primeira mesa. Tente fotografar da mesma maneira que o segundo padrão de mesa. Você pode precisar de muitas tentativas antes de encontrar a maneira correta de jogar. É assim que você pode aprender e jogar essas jogadas durante competições e torneios.

A combinação de análise mental e prática prática fará de você um jogador mais inteligente.

A: Círculo básico de meia mesa

O (CB) sai do primeiro (OB) e em três tabelas. Quando o (CB) sai da terceira tabelas, entra em contato com o outro (OB).

Ⓐ (CB) (sua bola de bilhar) - ⊙ (OB) (bola de bilhar oponente) - ● (RB) (bola de bilhar vermelha)

A: Grupo 1

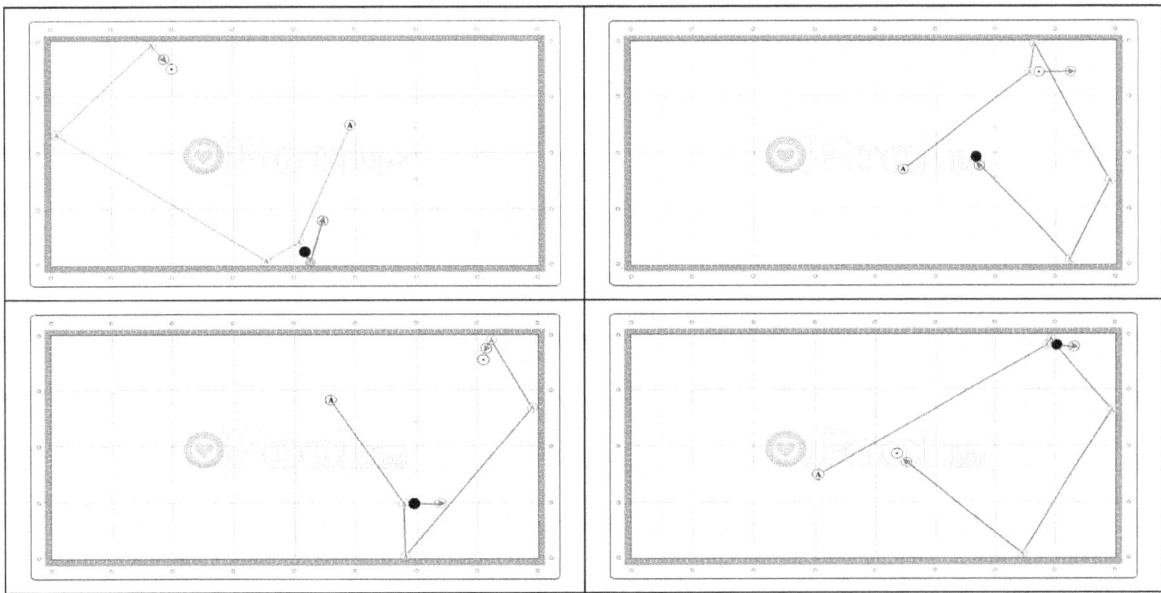

Análise:

A:1a. _____

A:1b. _____

A:1c. _____

A:1d. _____

A:1a – Configuração

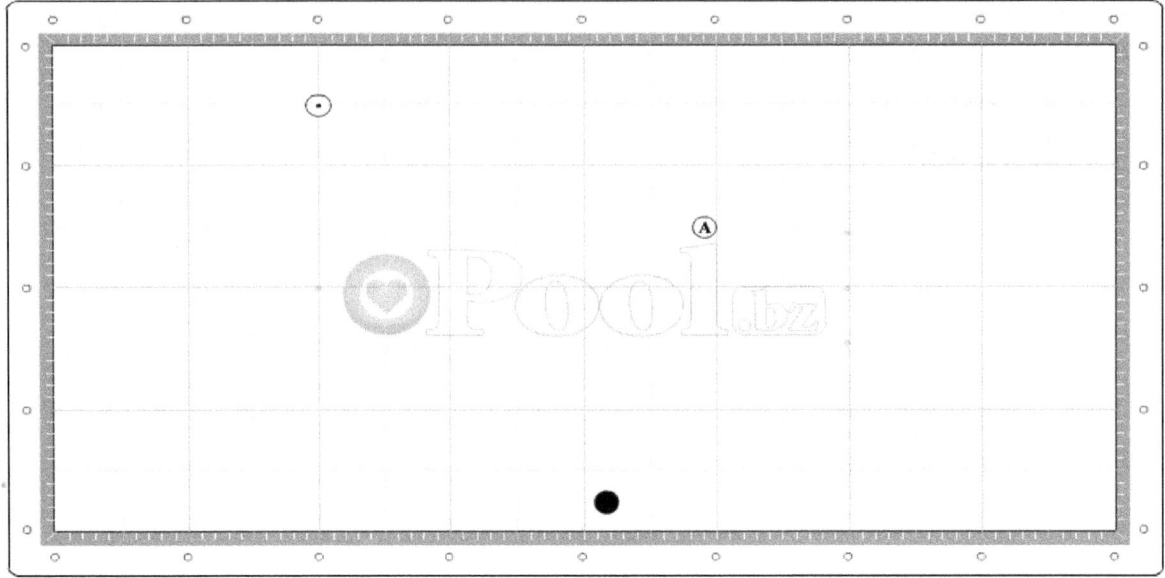

Notas e ideias:

Tiro padrão

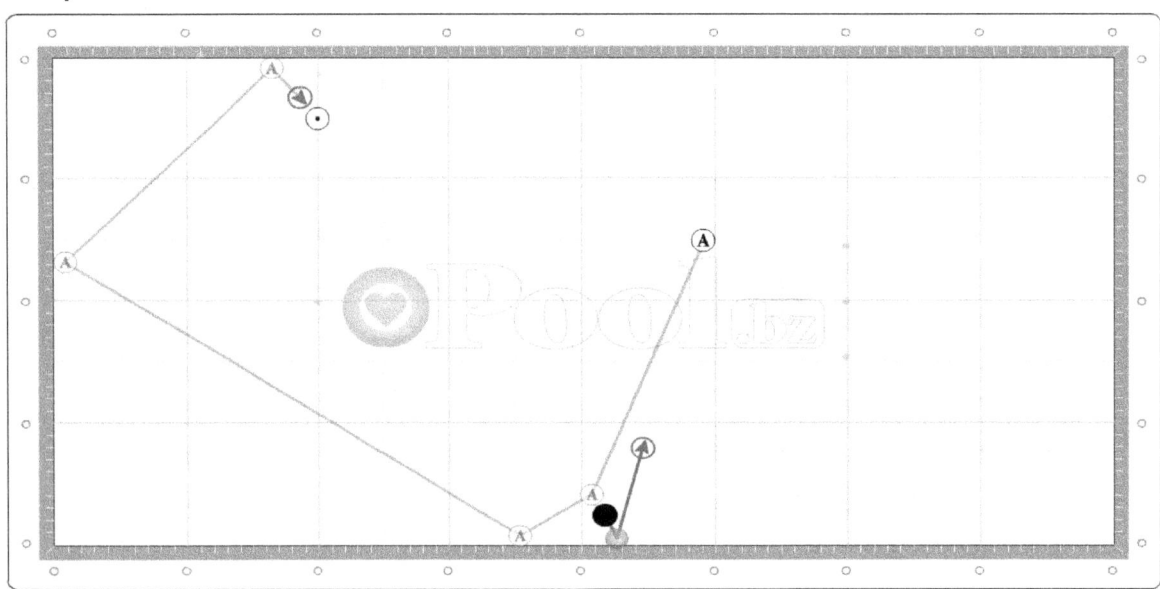

A:1b – Configuração

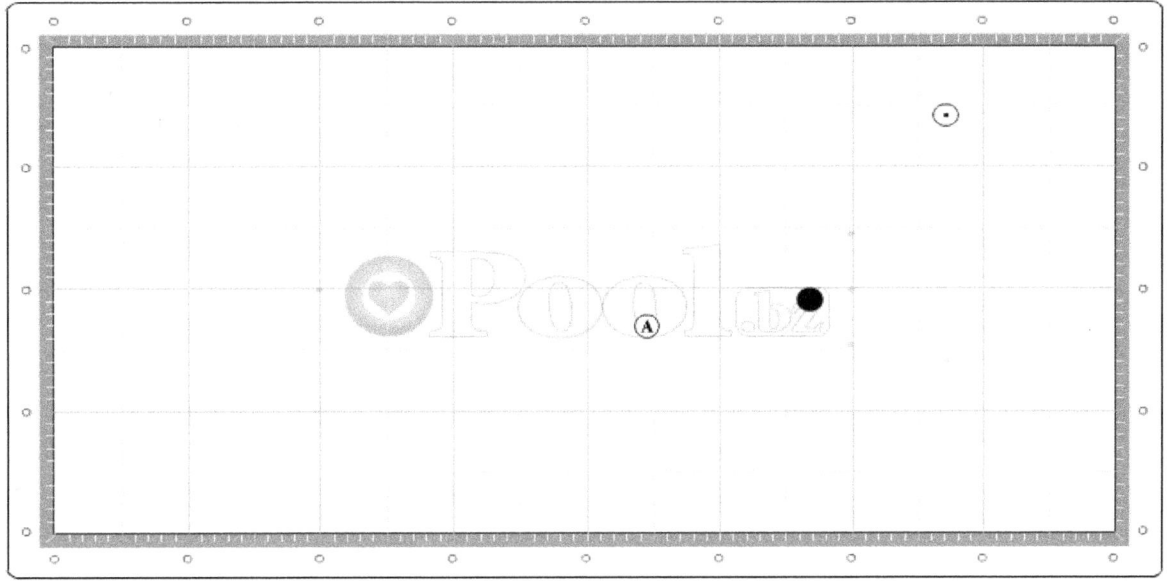

Notas e ideias:

Tiro padrão

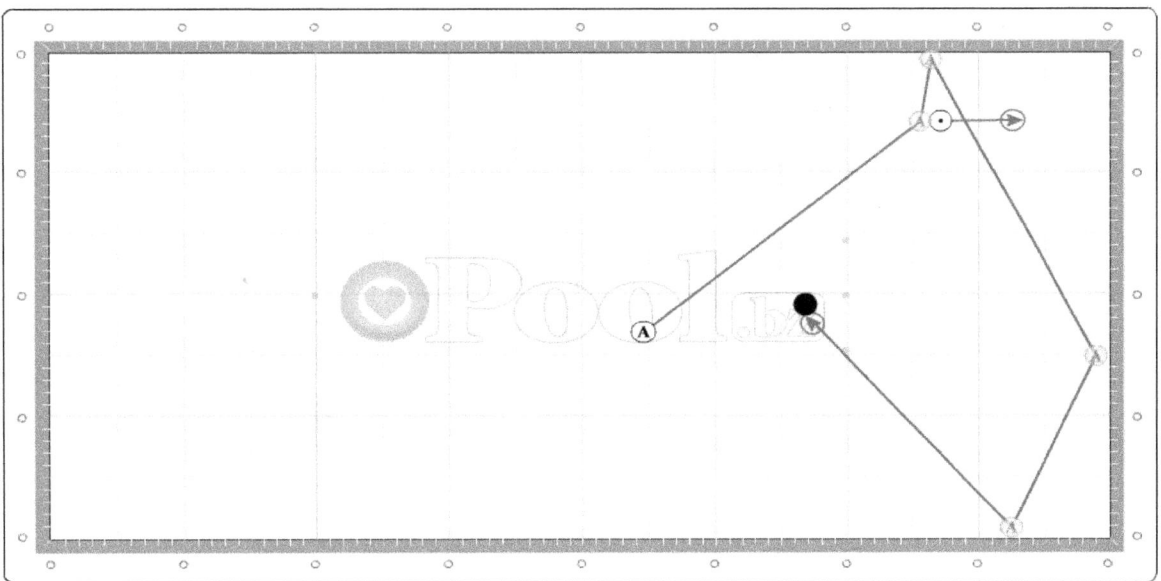

A:1c – Configuração

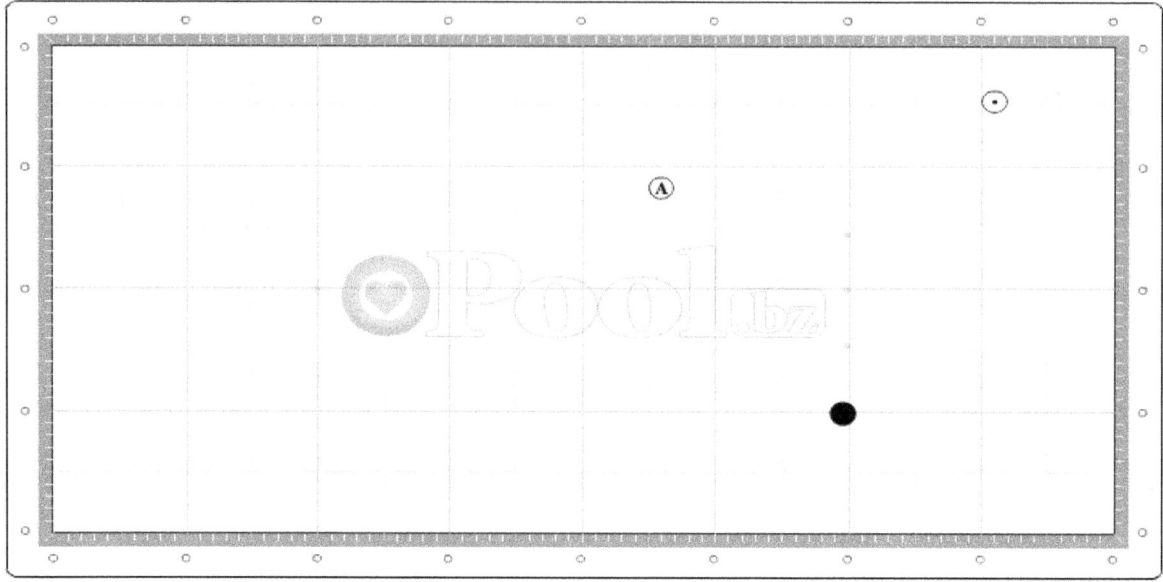

Notas e ideias:

Tiro padrão

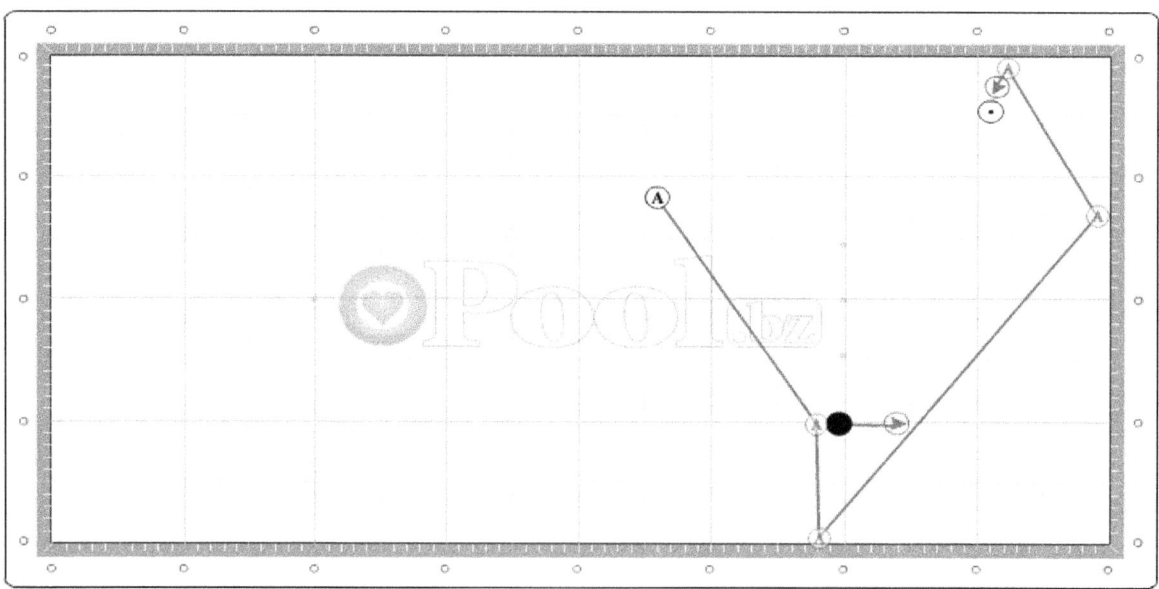

A:1d – Configuração

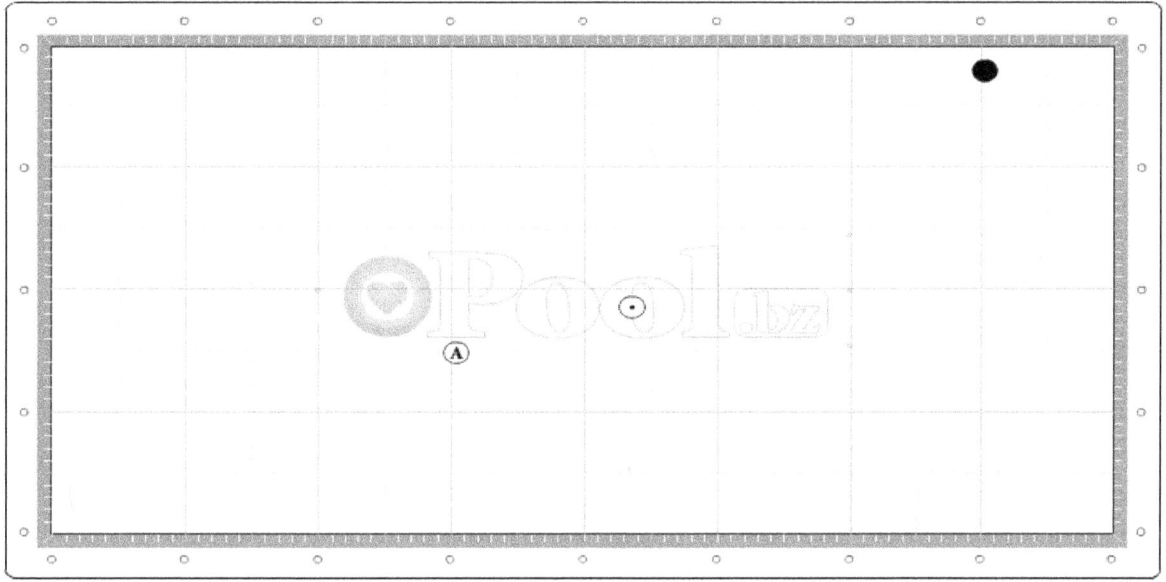

Notas e ideias:

Tiro padrão

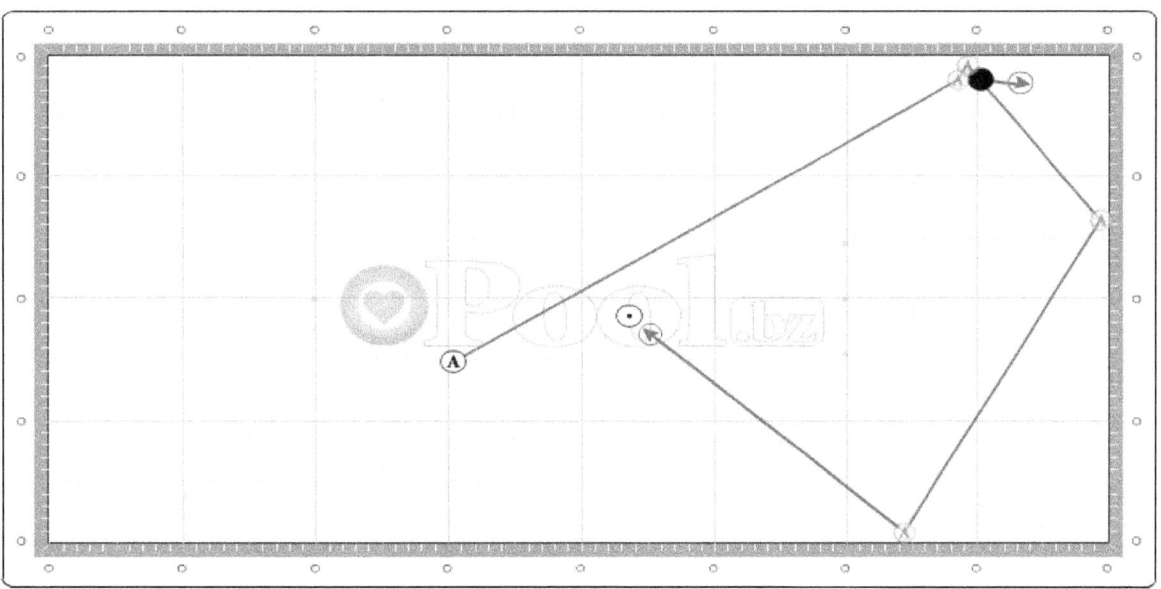

A: Grupo 2

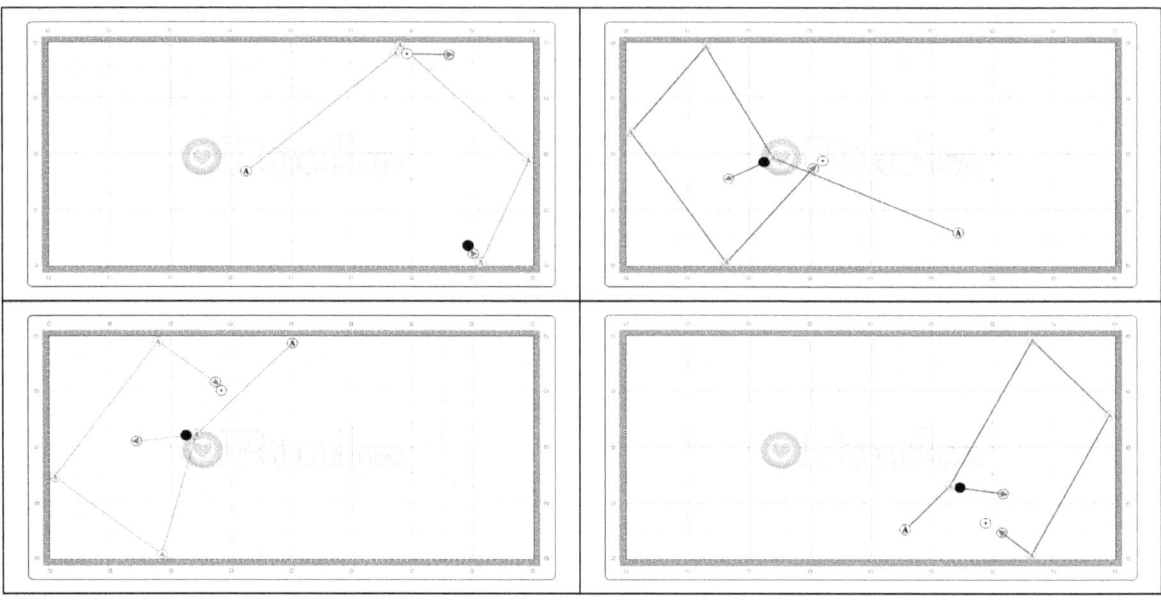

Análise:

A:2a. _____

A:2b. _____

A:2c. _____

A:2d. _____

A:2a – Configuração

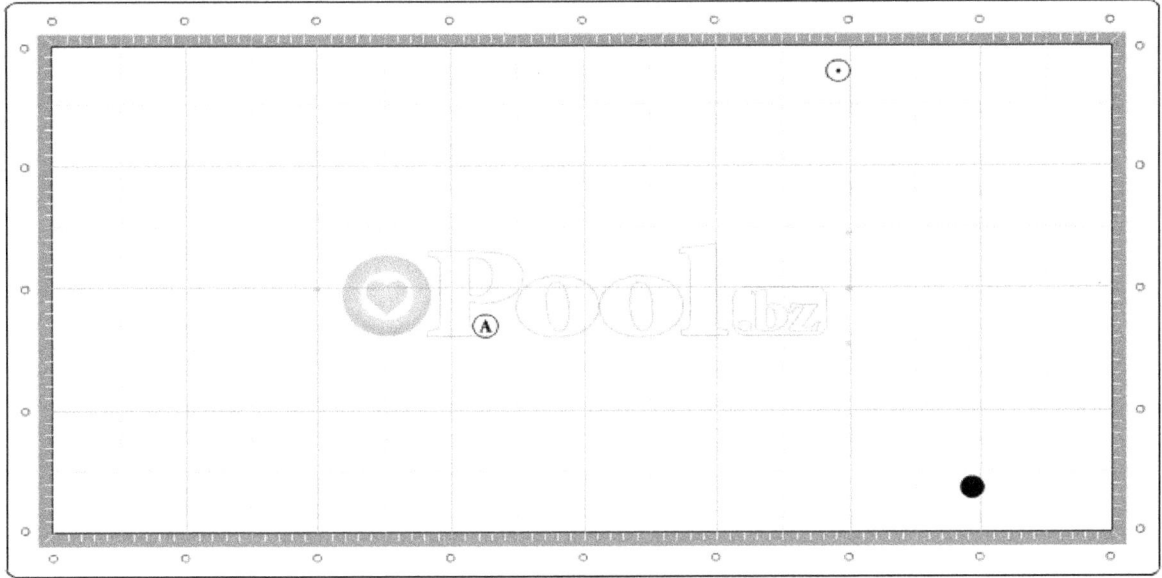

Notas e ideias:

Tiro padrão

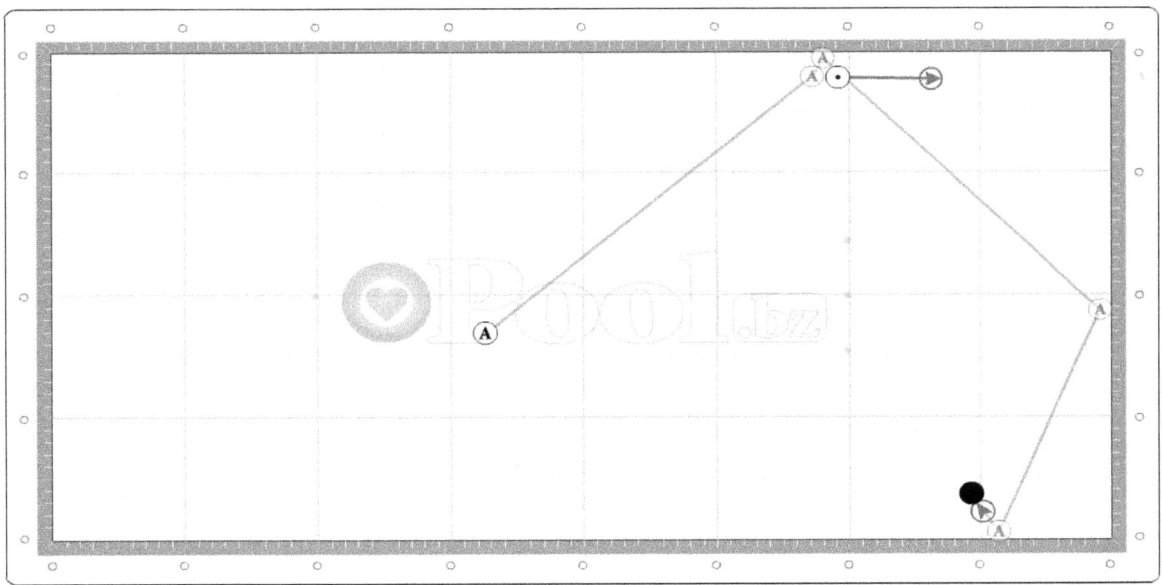

A:2b – Configuração

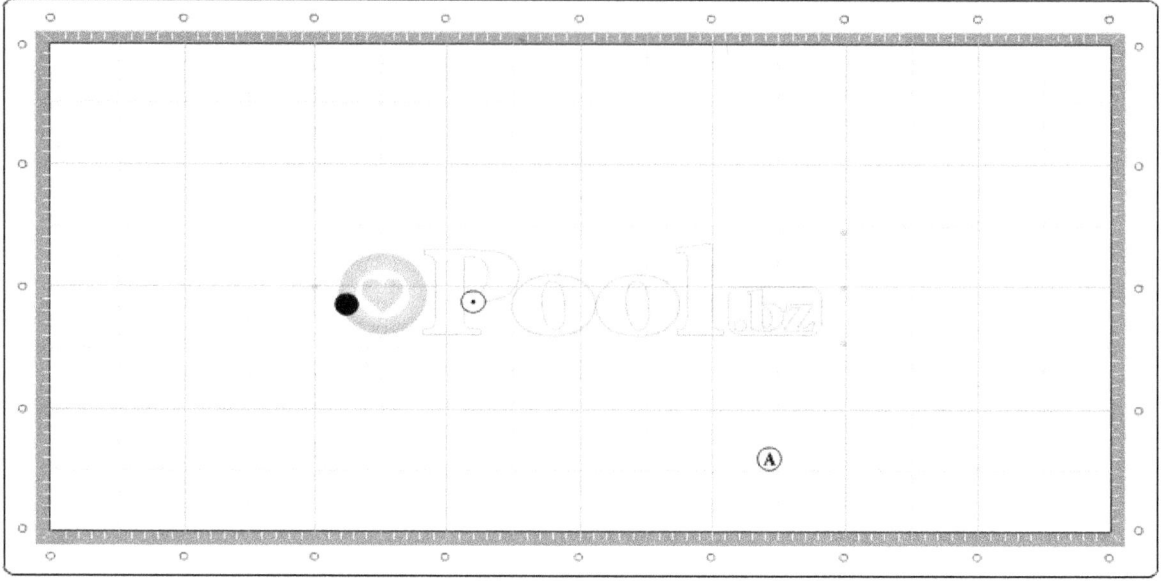

Notas e ideias:

Tiro padrão

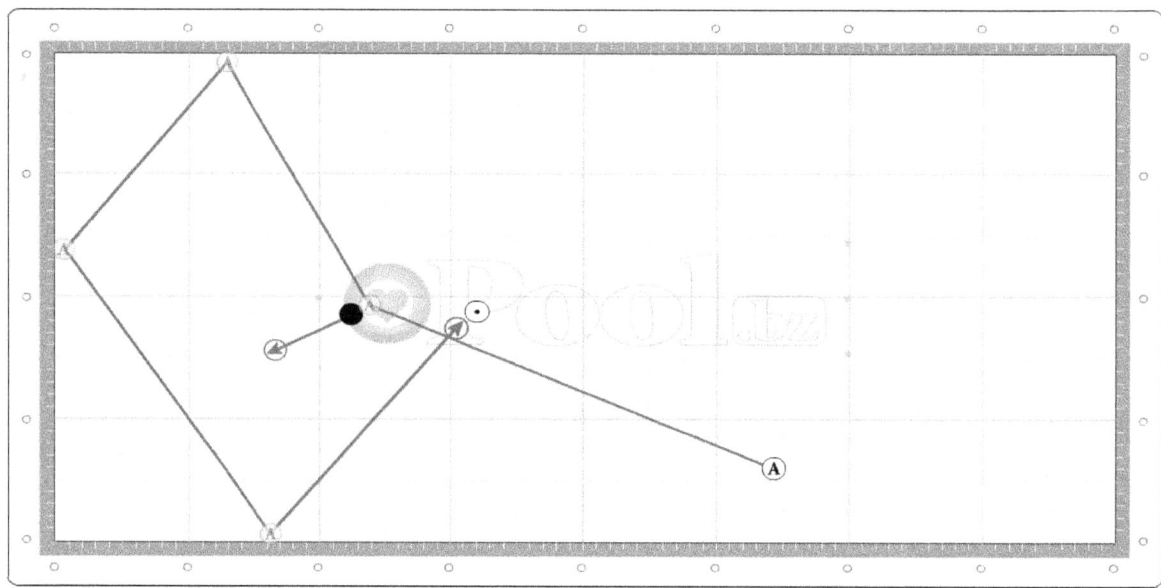

A:2c – Configuração

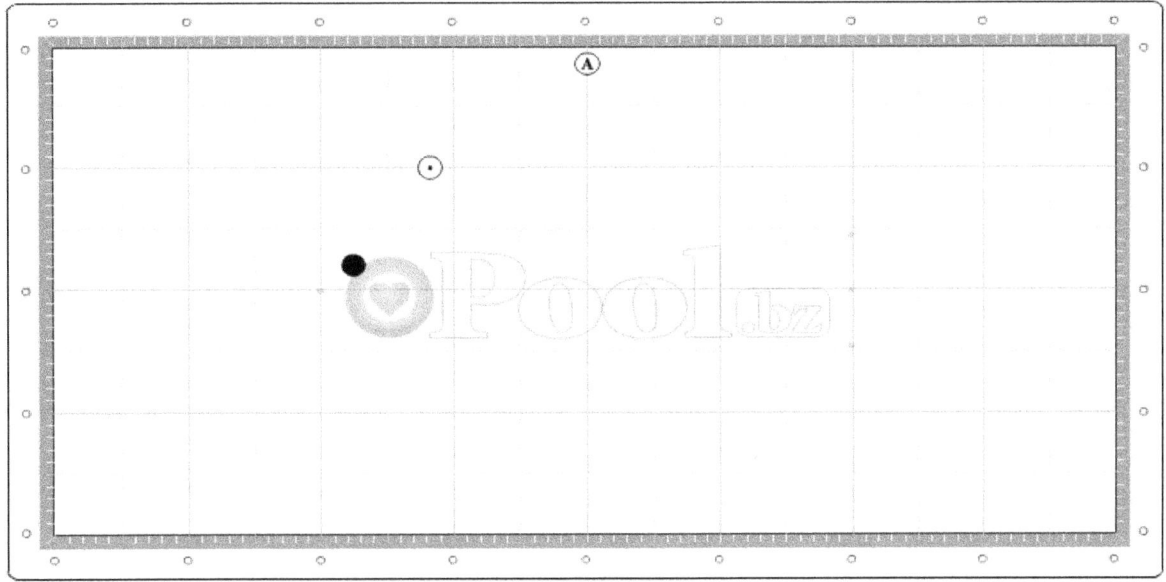

Notas e ideias:

Tiro padrão

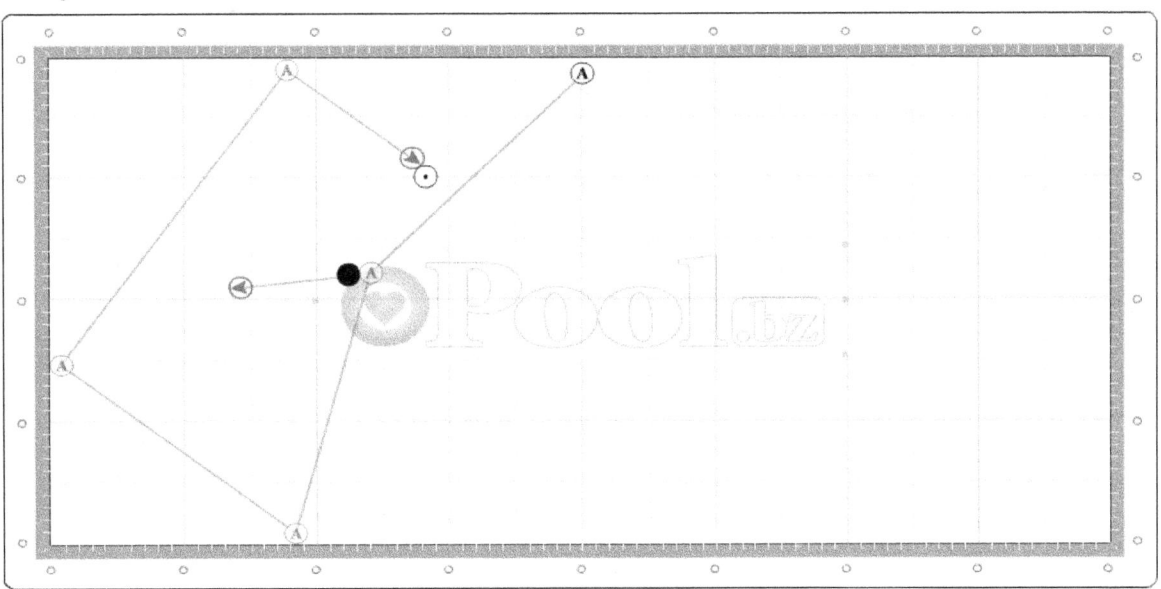

A:2d – Configuração

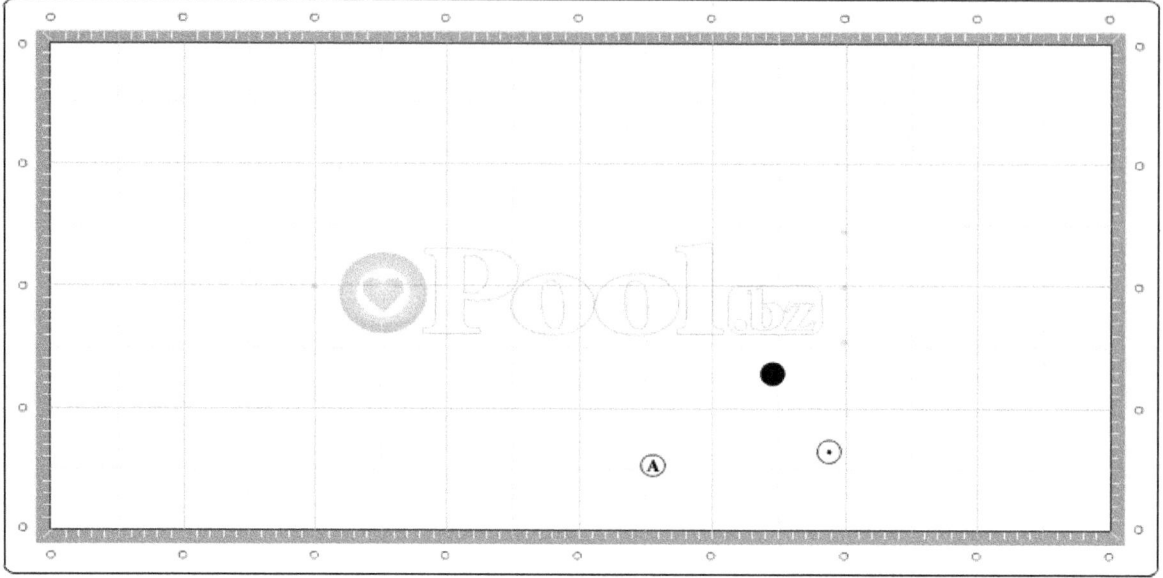

Notas e ideias:

Tiro padrão

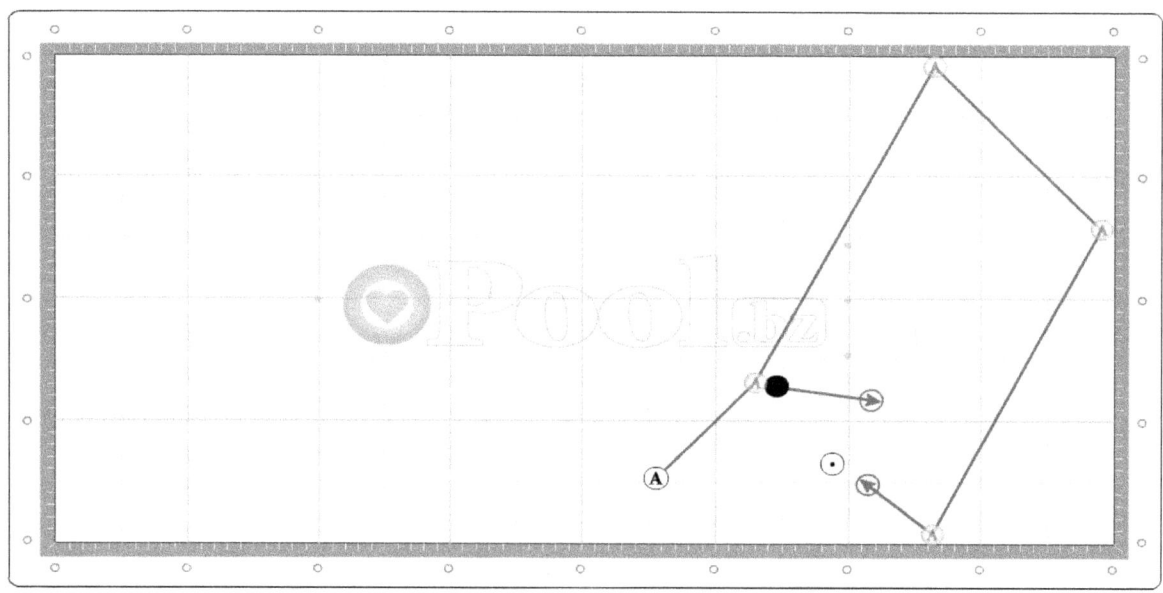

A: Grupo 3

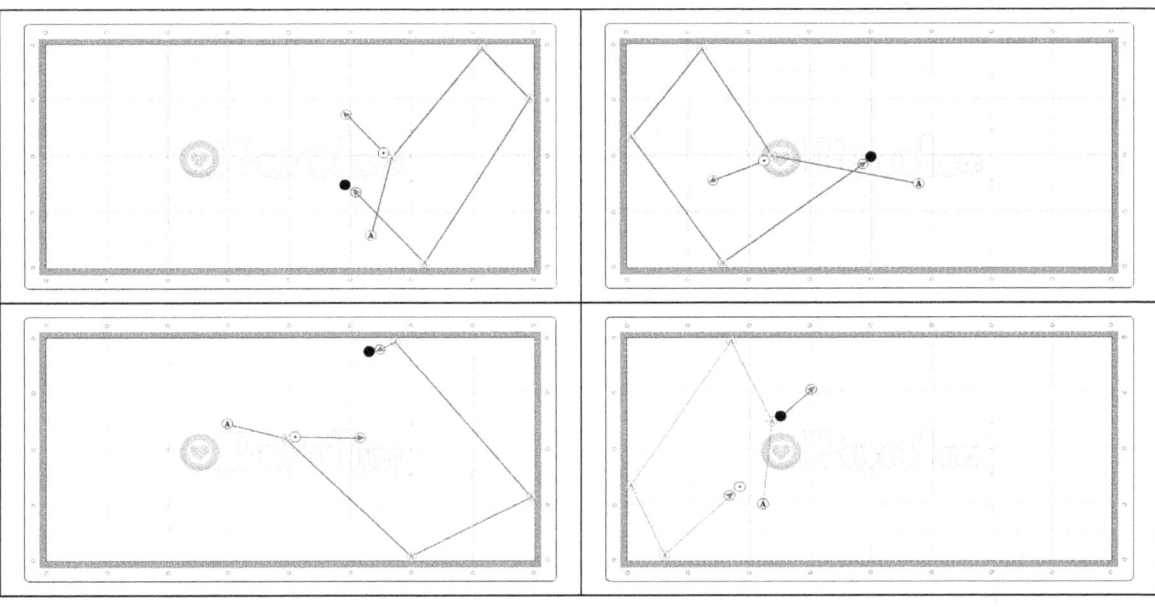

Análise:

A:3a. _____

A:3b. _____

A:3c. _____

A:3d. _____

A:3a – Configuração

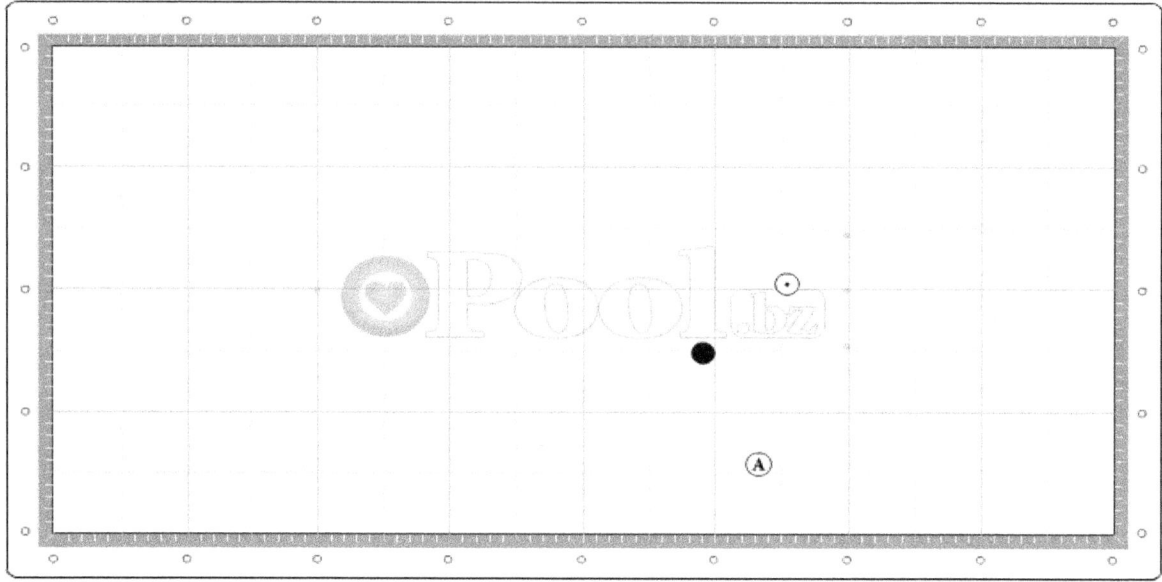

Notas e ideias:

Tiro padrão

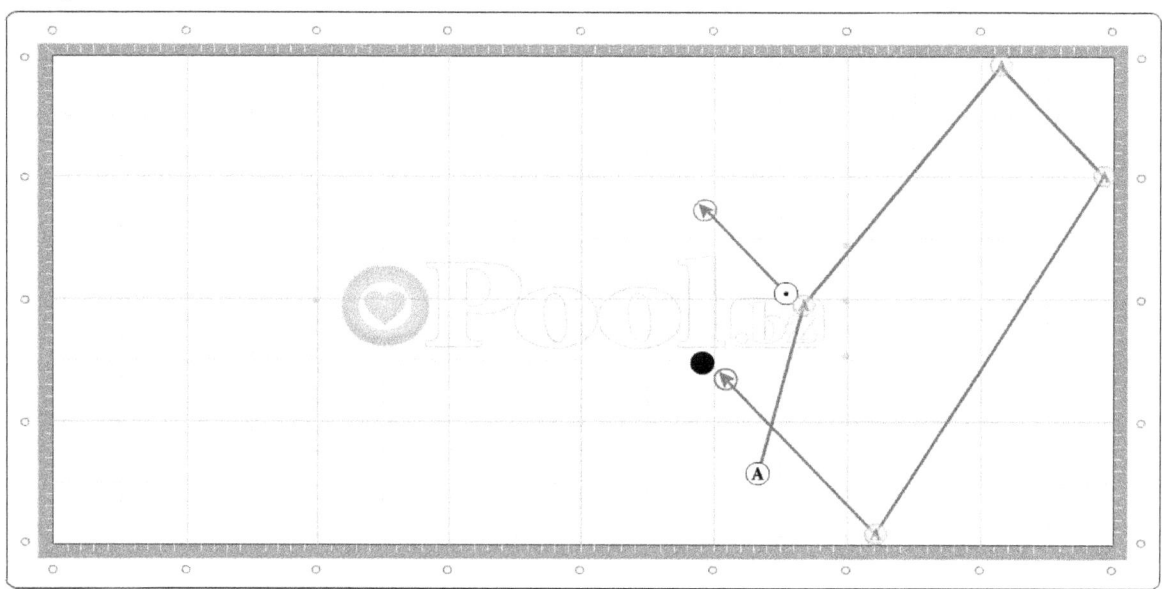

A:3b – Configuração

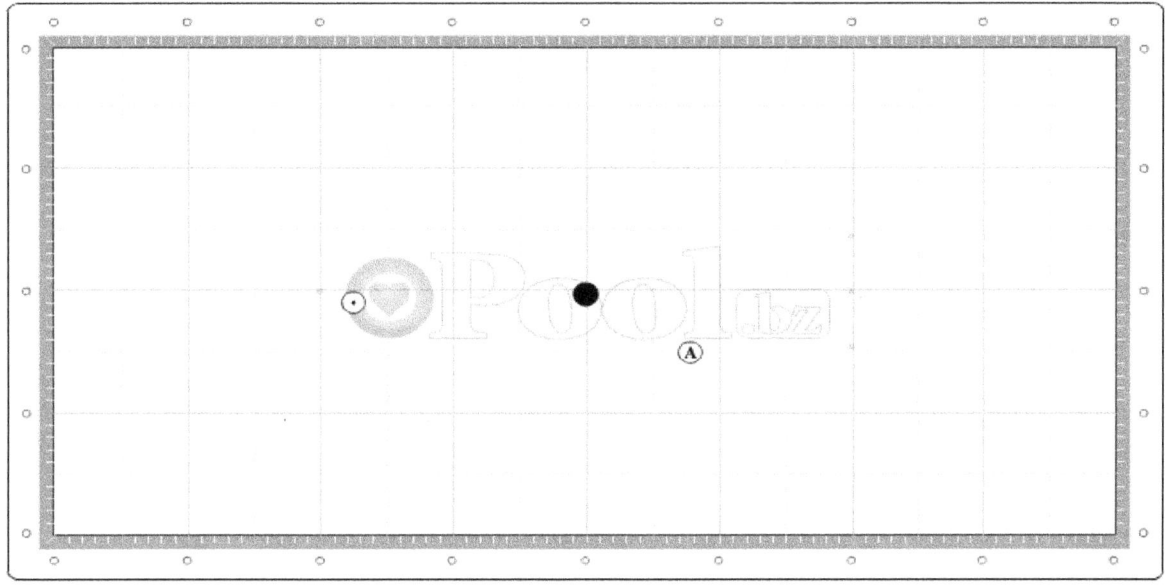

Notas e ideias:

Tiro padrão

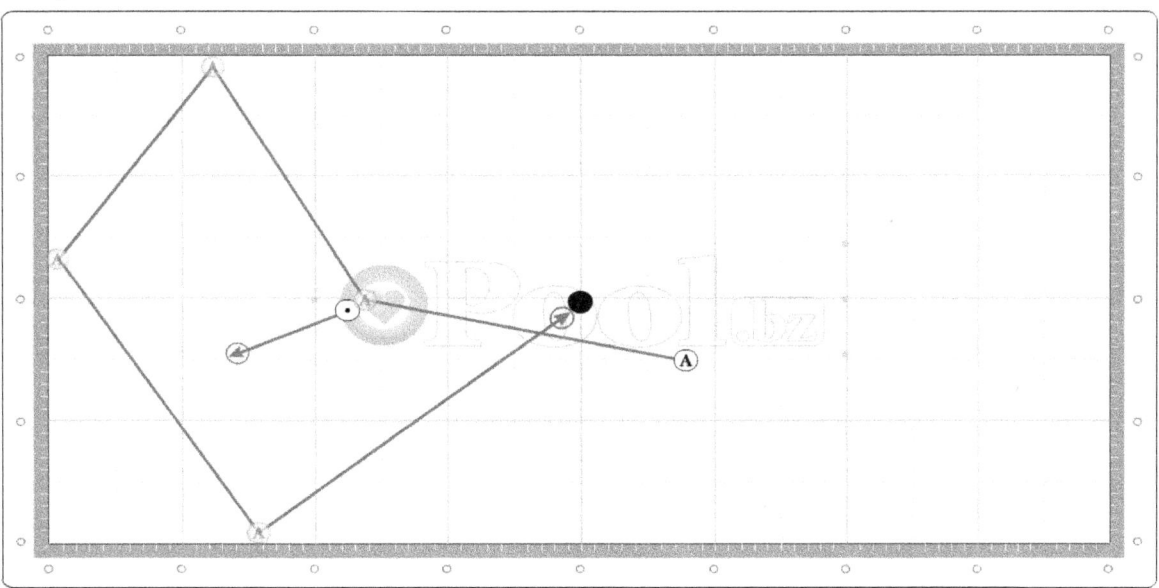

A:3c – Configuração

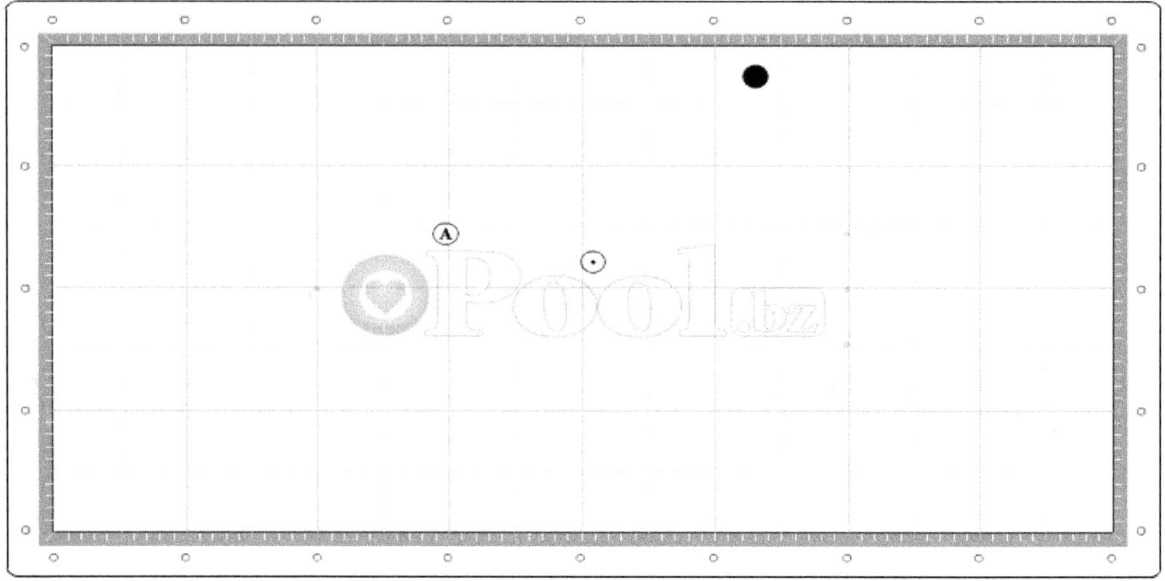

Notas e ideias:

Tiro padrão

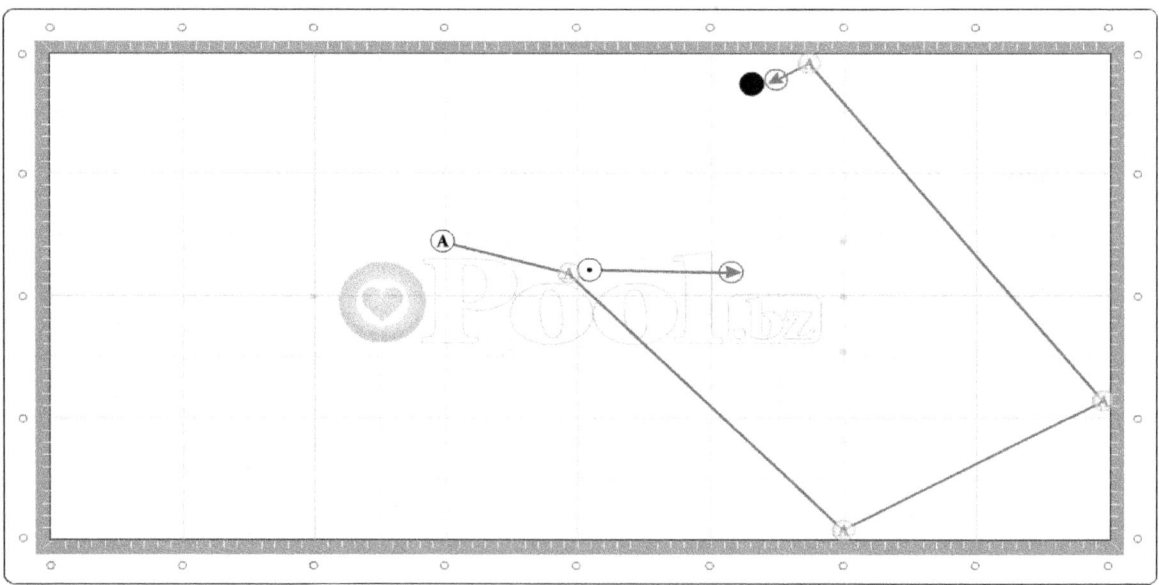

A:3d – Configuração

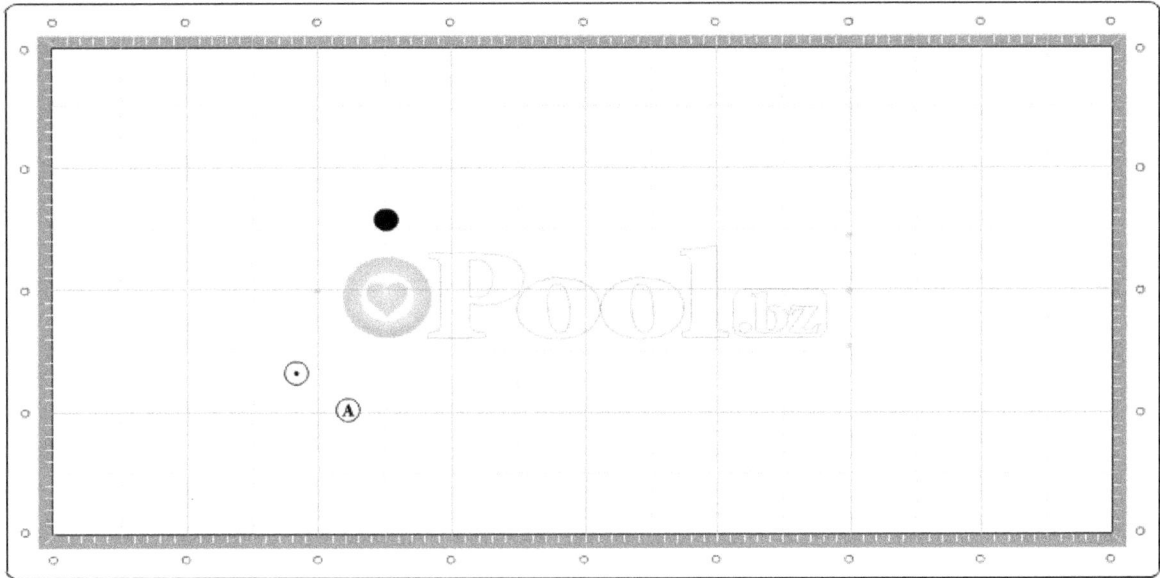

Notas e ideias:

Tiro padrão

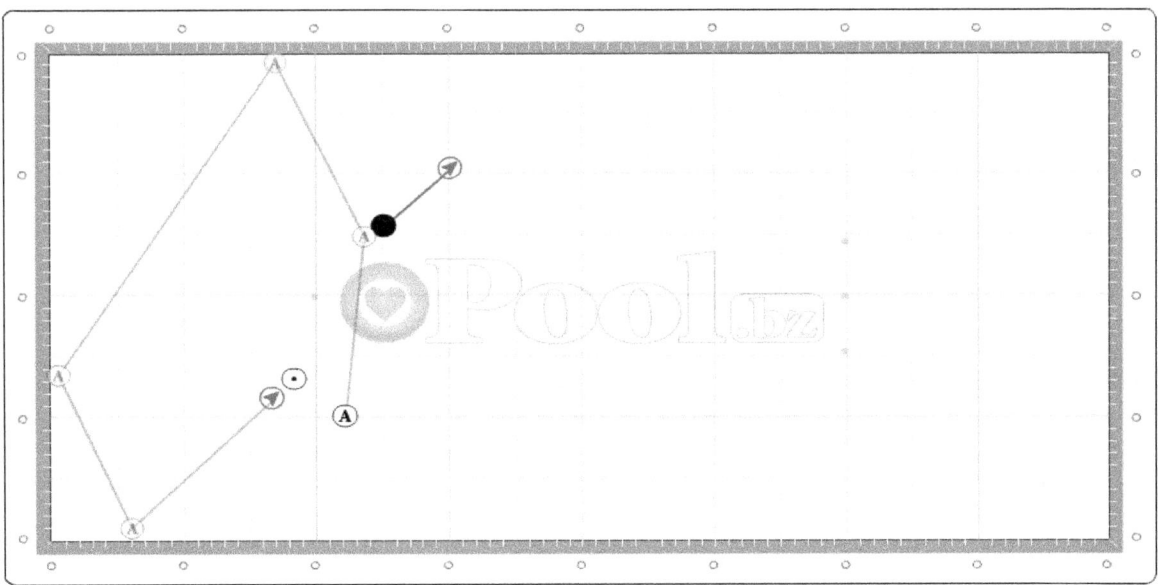

A: Grupo 4

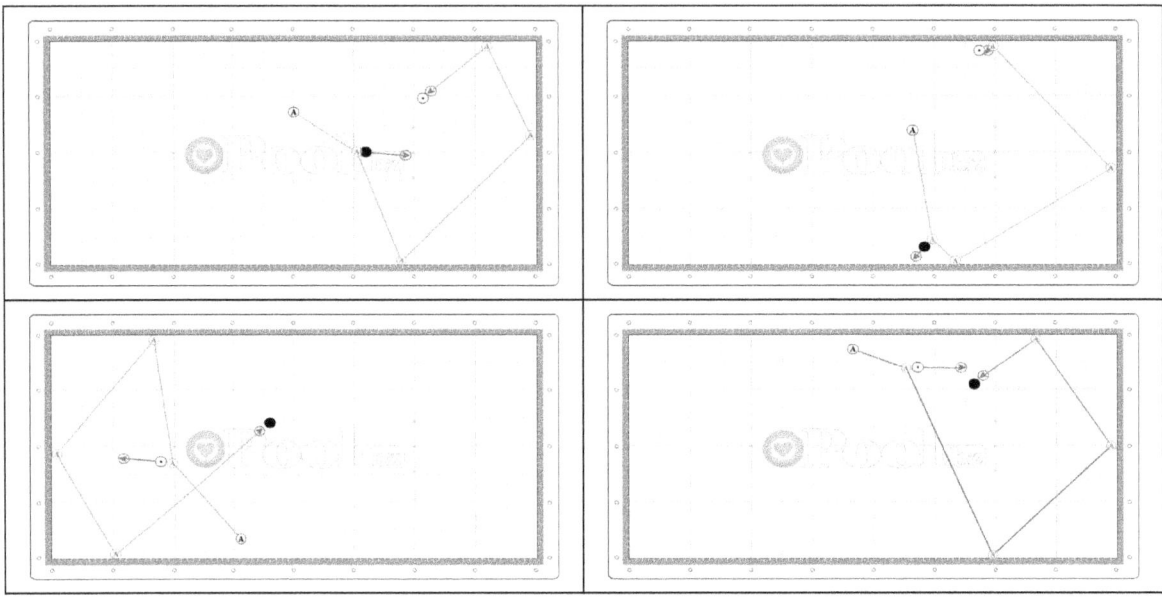

Análise:

A:4a. _____

A:4b. _____

A:4c. _____

A:4d. _____

A:4a – Configuração

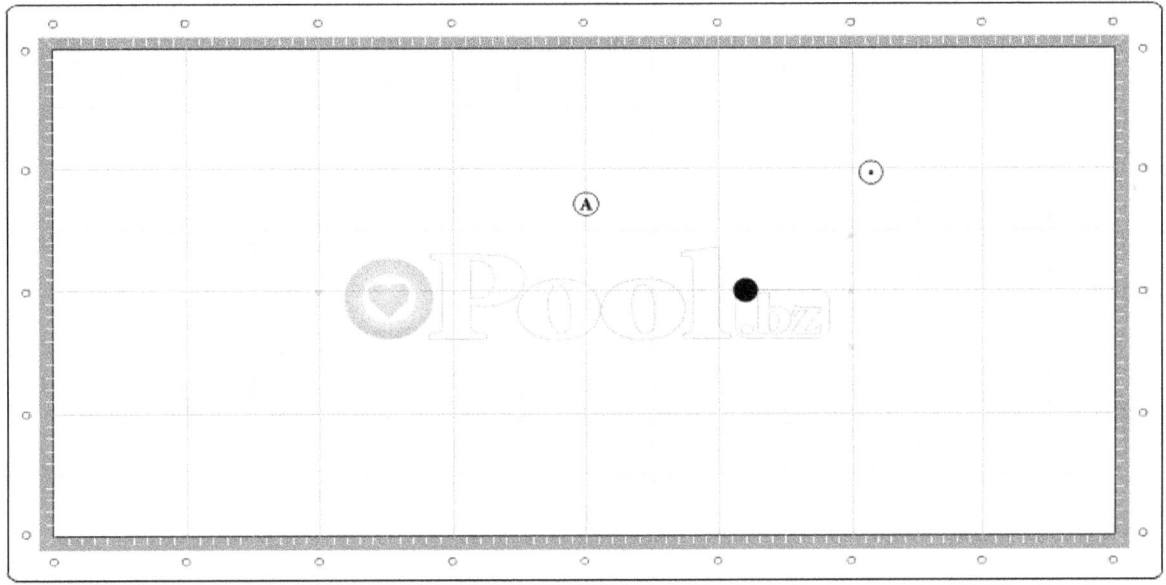

Notas e ideias:

Tiro padrão

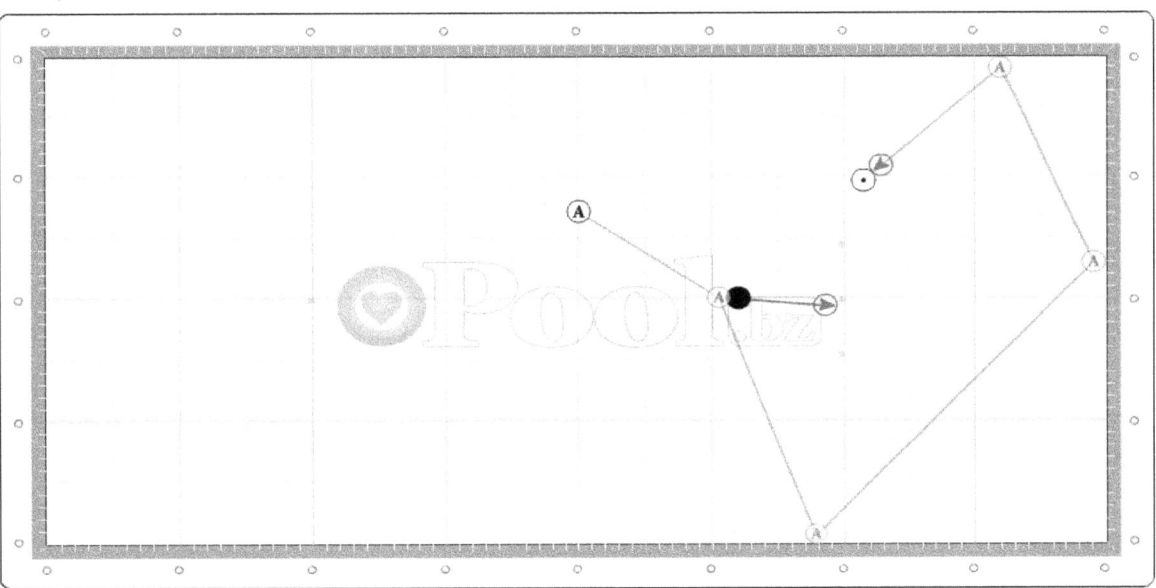

A:4b – Configuração

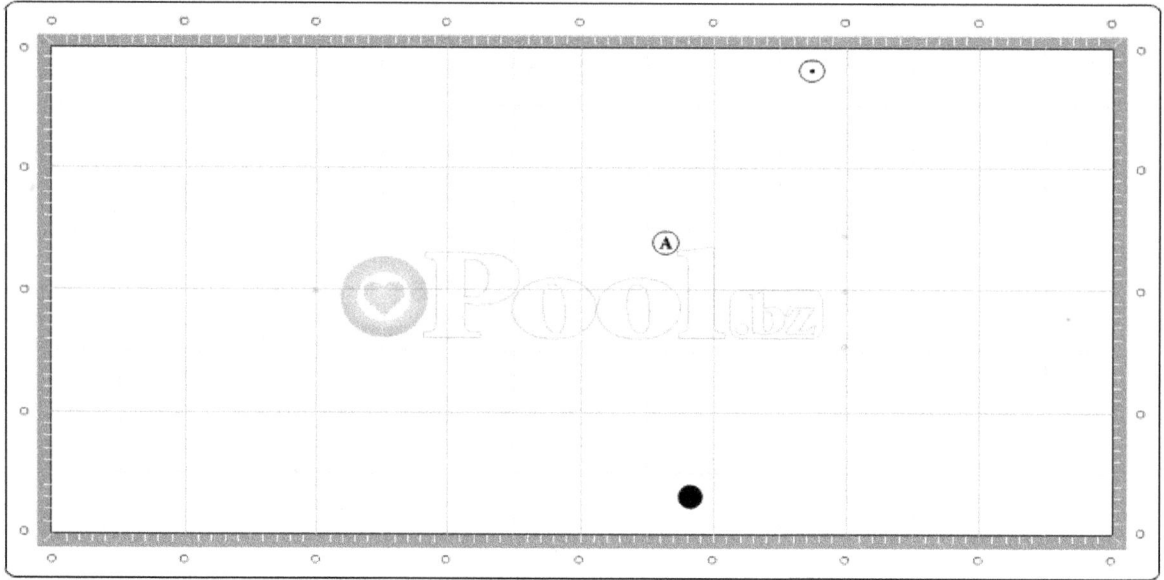

Notas e ideias:

Tiro padrão

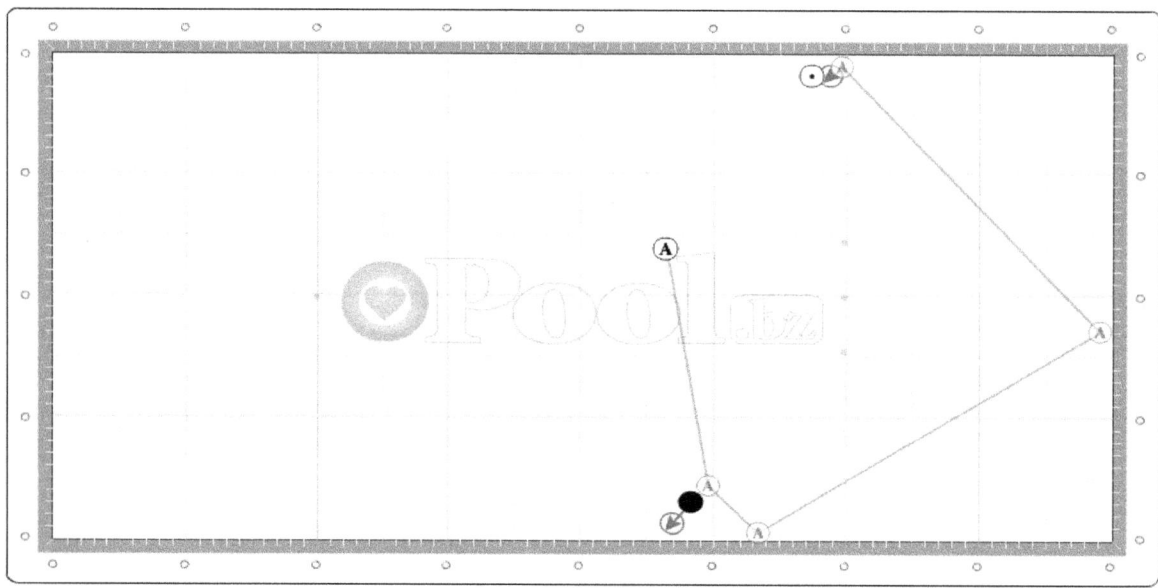

A:4c – Configuração

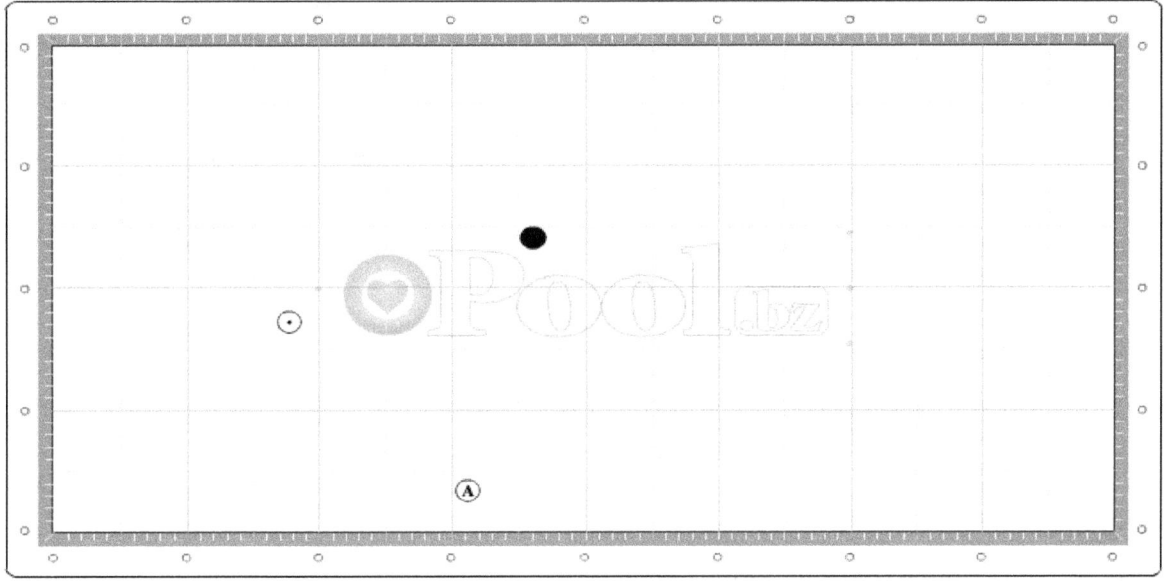

Notas e ideias:

Tiro padrão

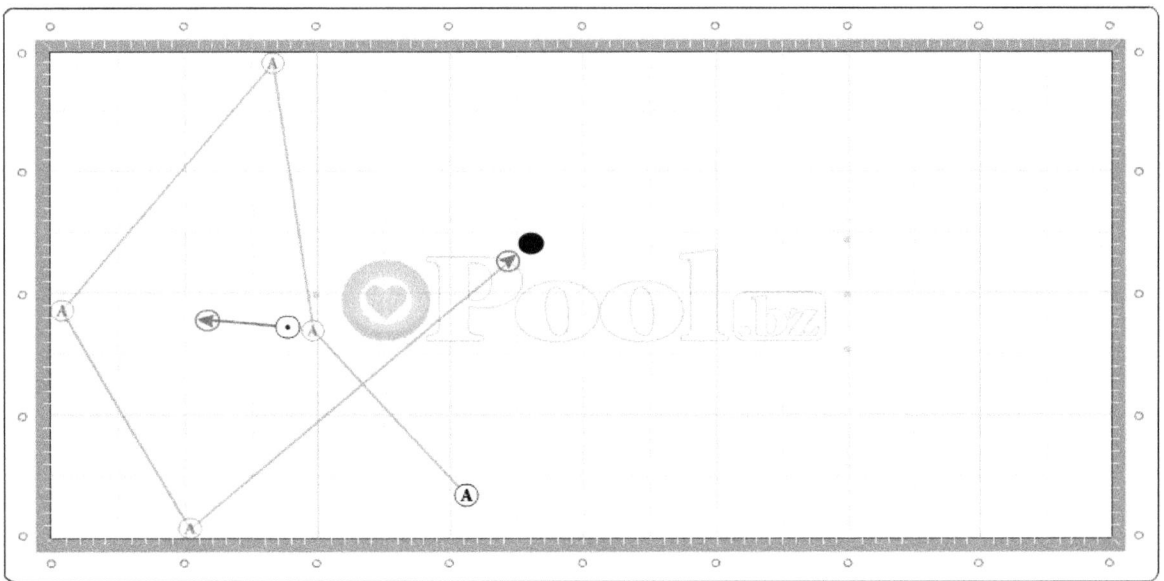

A:4d – Configuração

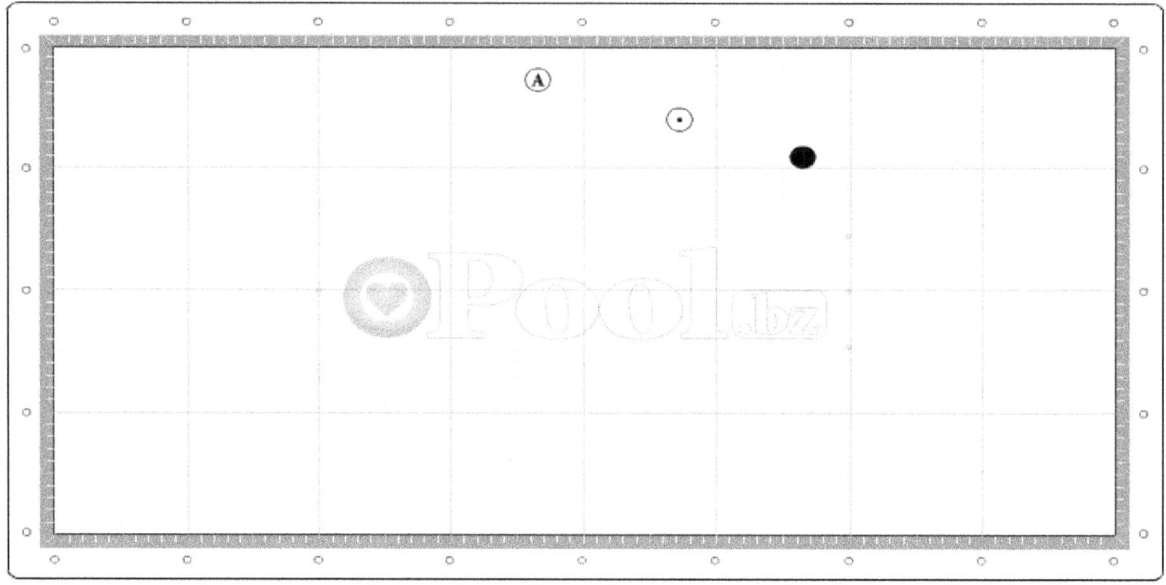

Notas e ideias:

Tiro padrão

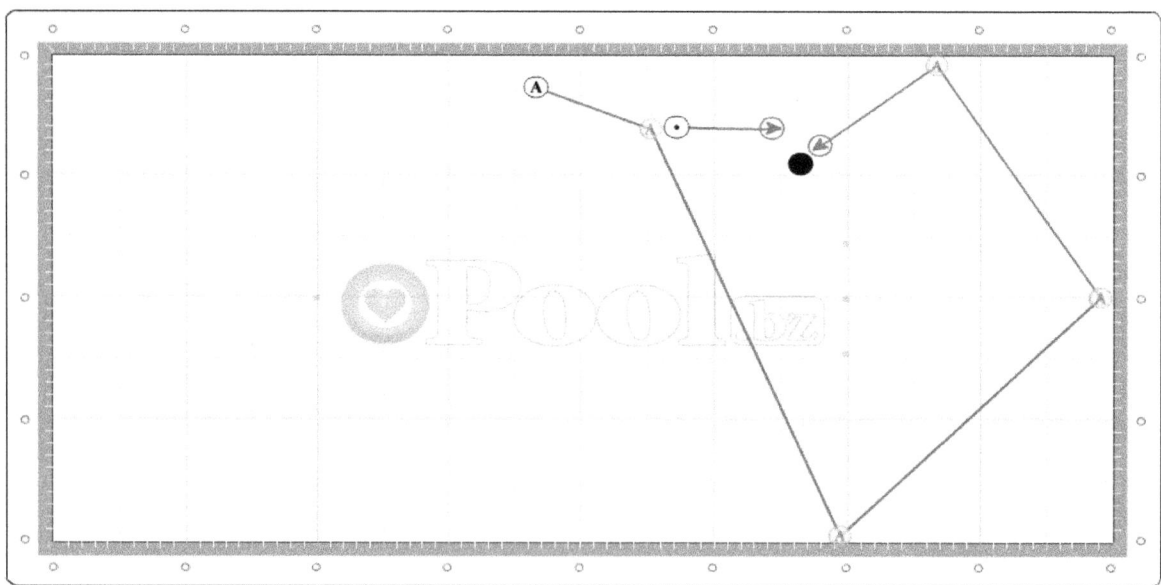

A: Grupo 5

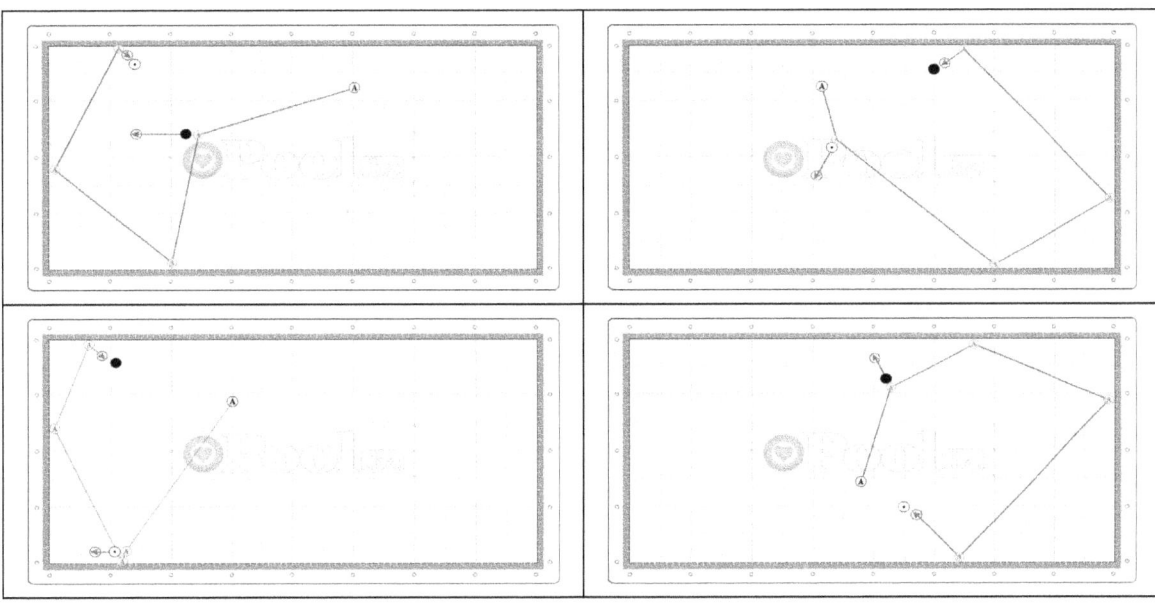

Análise:

A:5a. _____

A:5b. _____

A:5c. _____

A:5d. _____

A:5a – Configuração

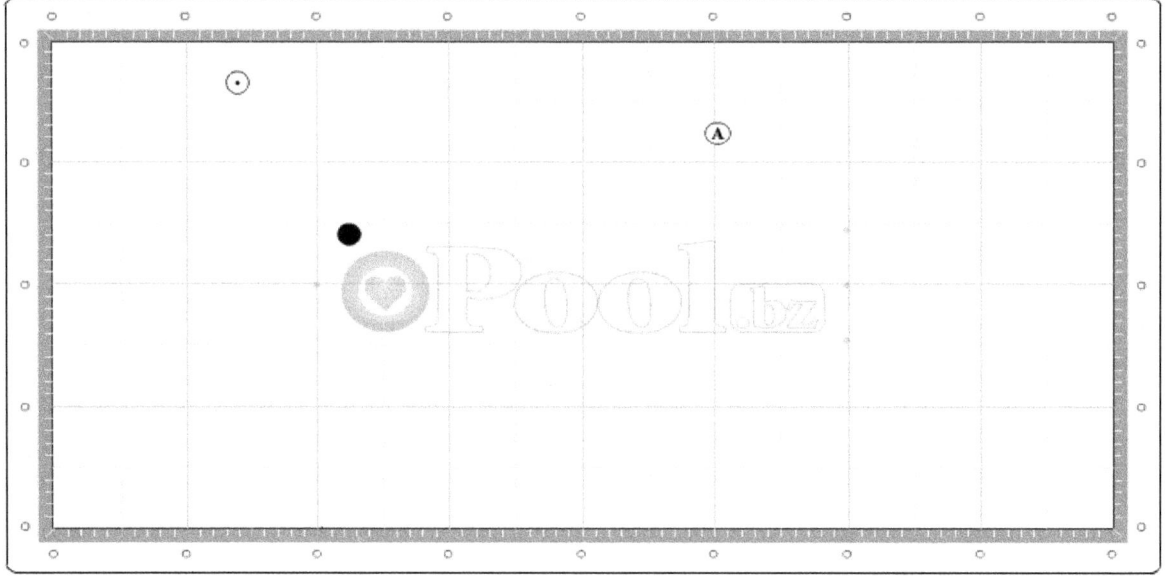

Notas e ideias:

Tiro padrão

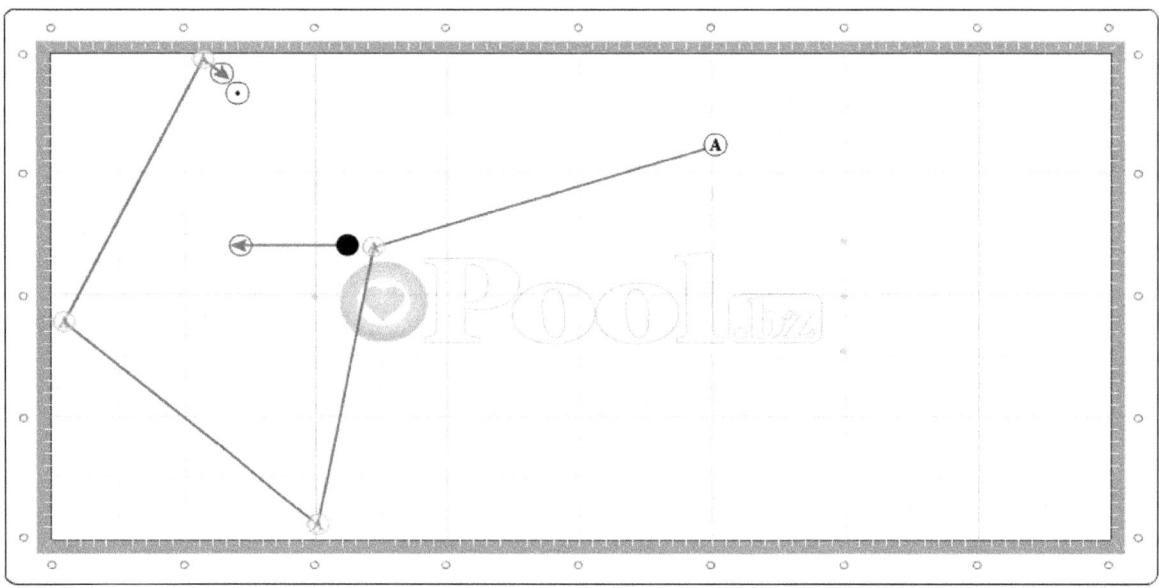

A:5b – Configuração

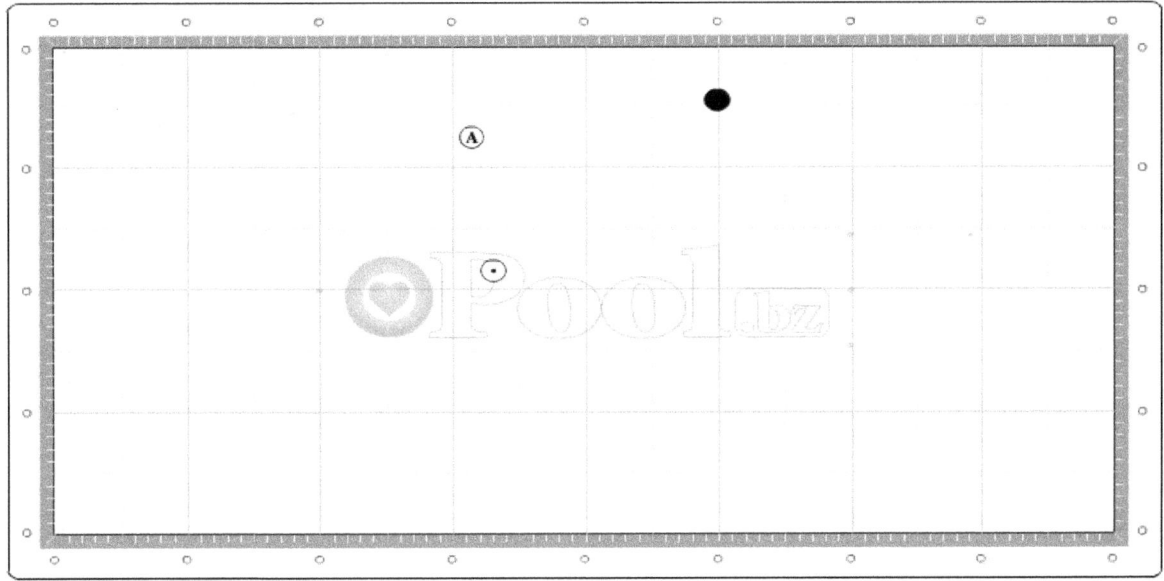

Notas e ideias:

Tiro padrão

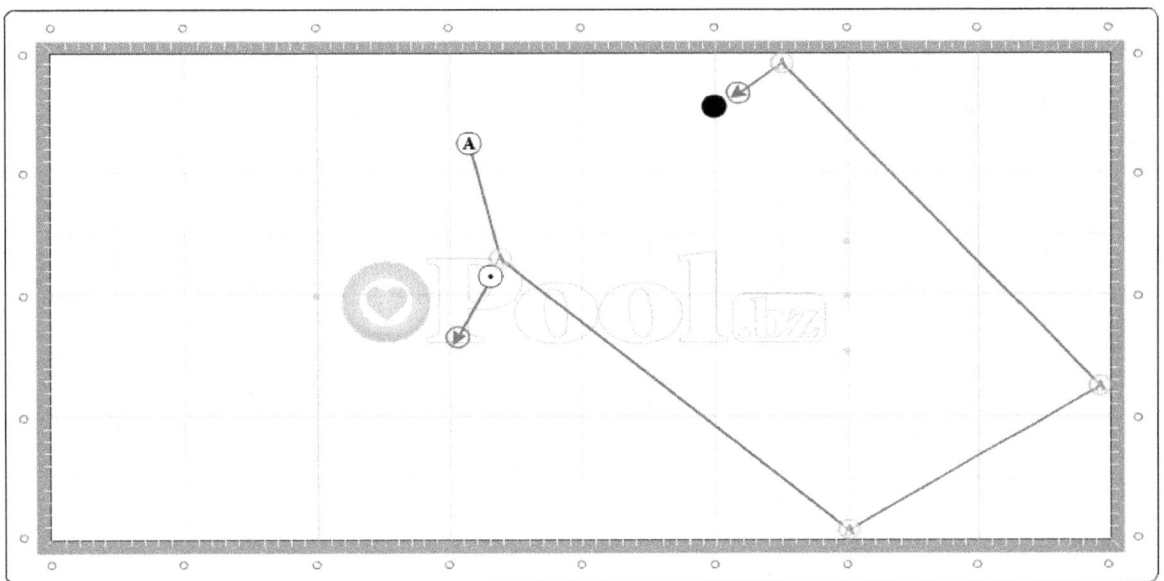

A:5c – Configuração

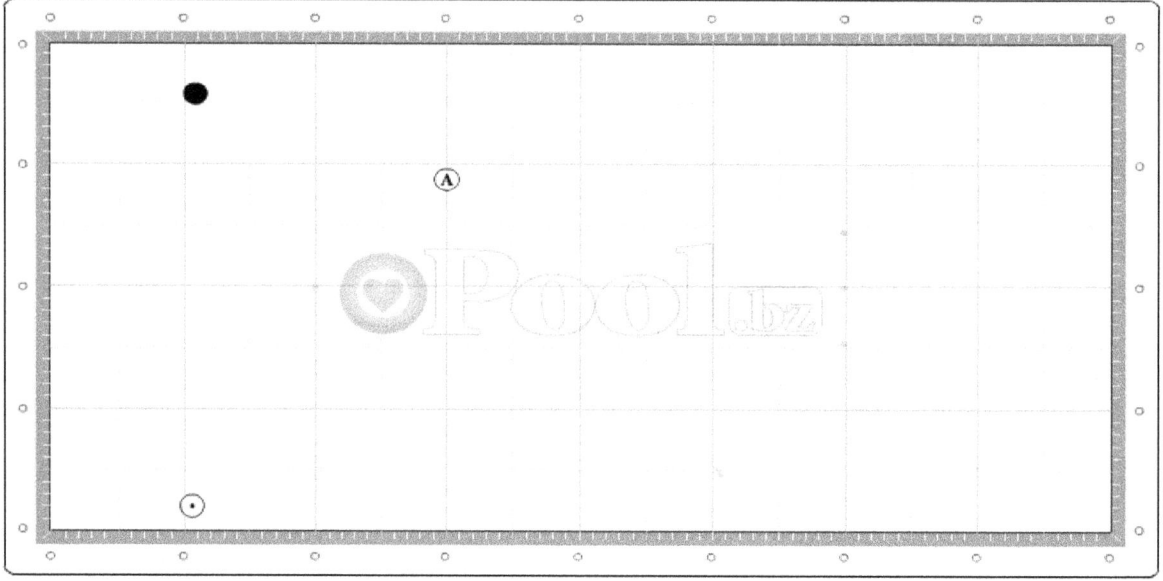

Notas e ideias:

Tiro padrão

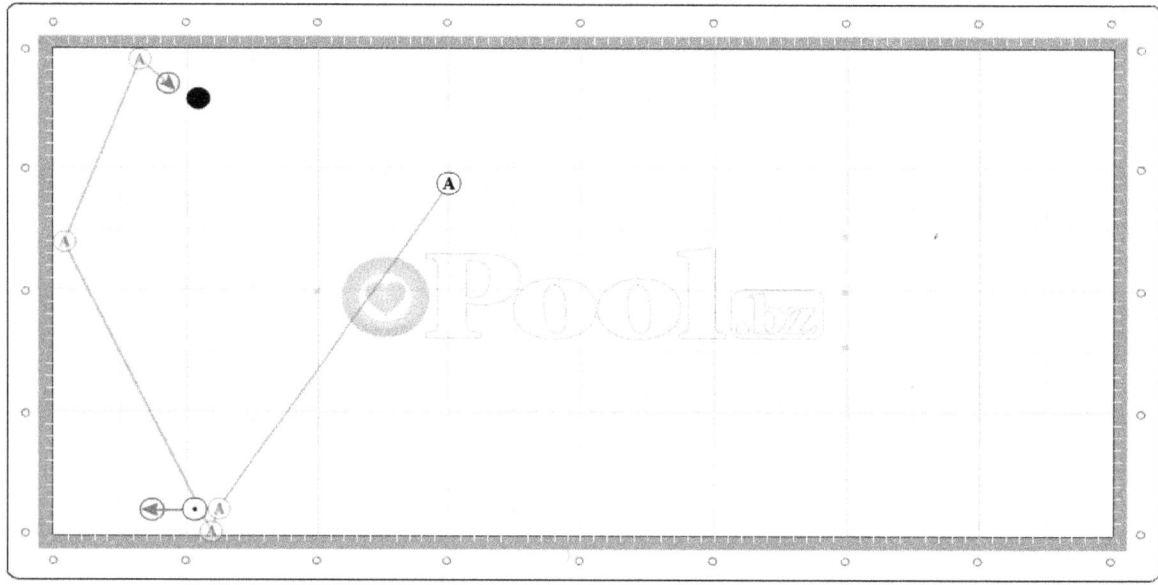

A:5d – Configuração

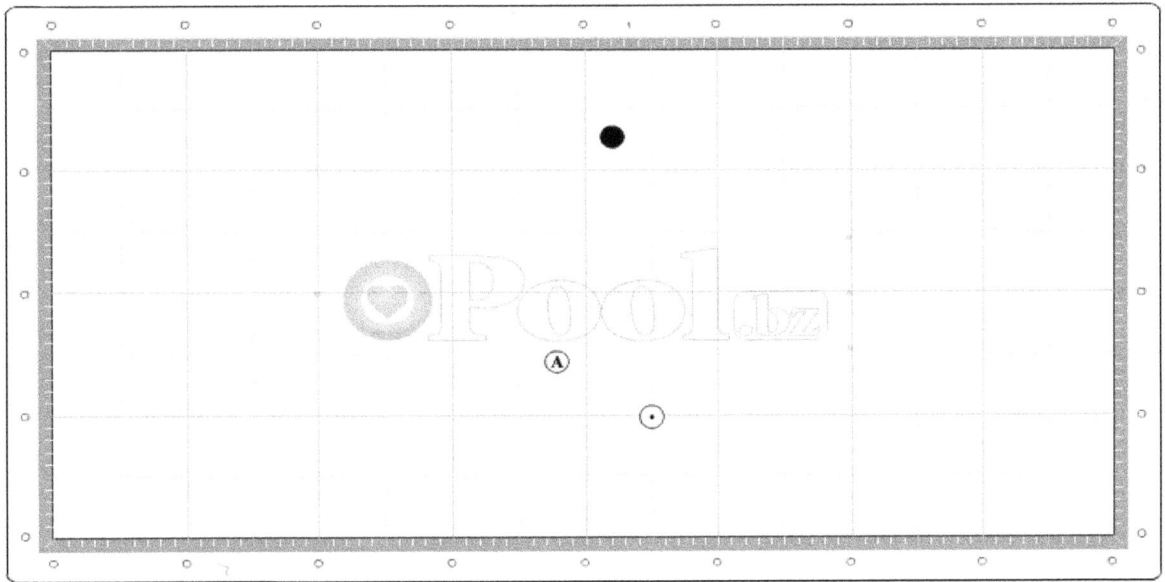

Notas e ideias:

Tiro padrão

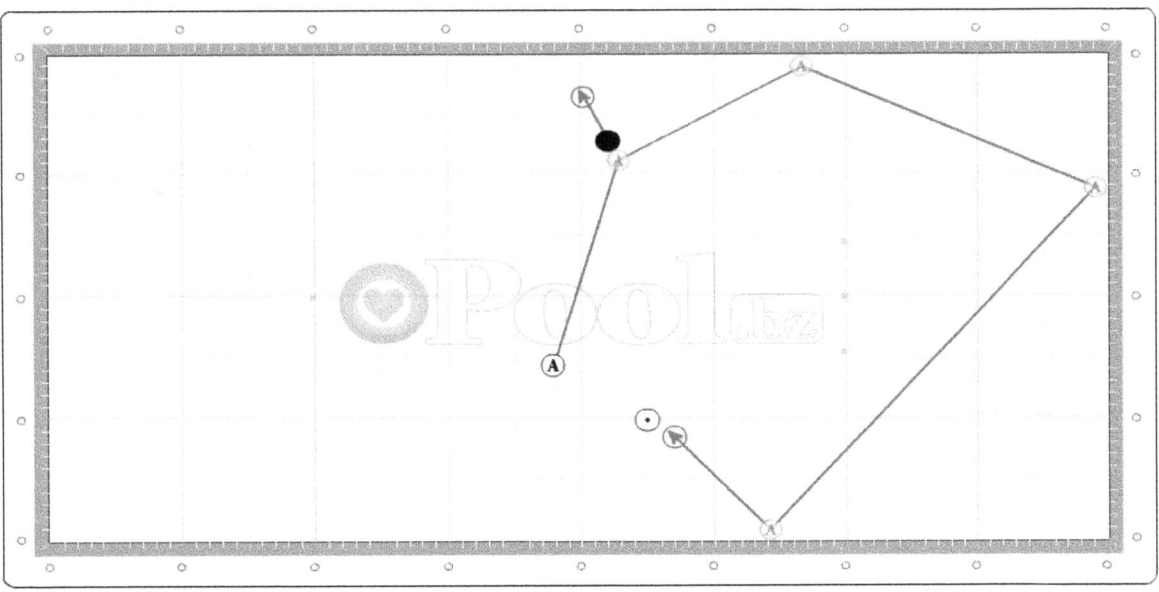

A: Grupo 6

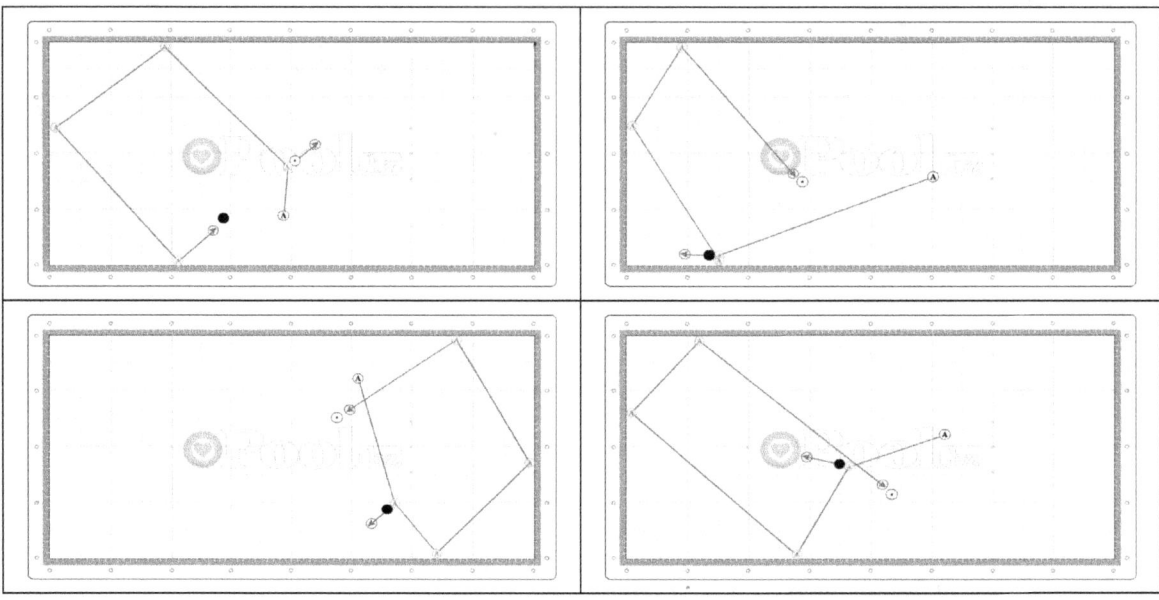

Análise:

A:6a. _____

A:6b. _____

A:6c. _____

A:6d. _____

A:6a – Configuração

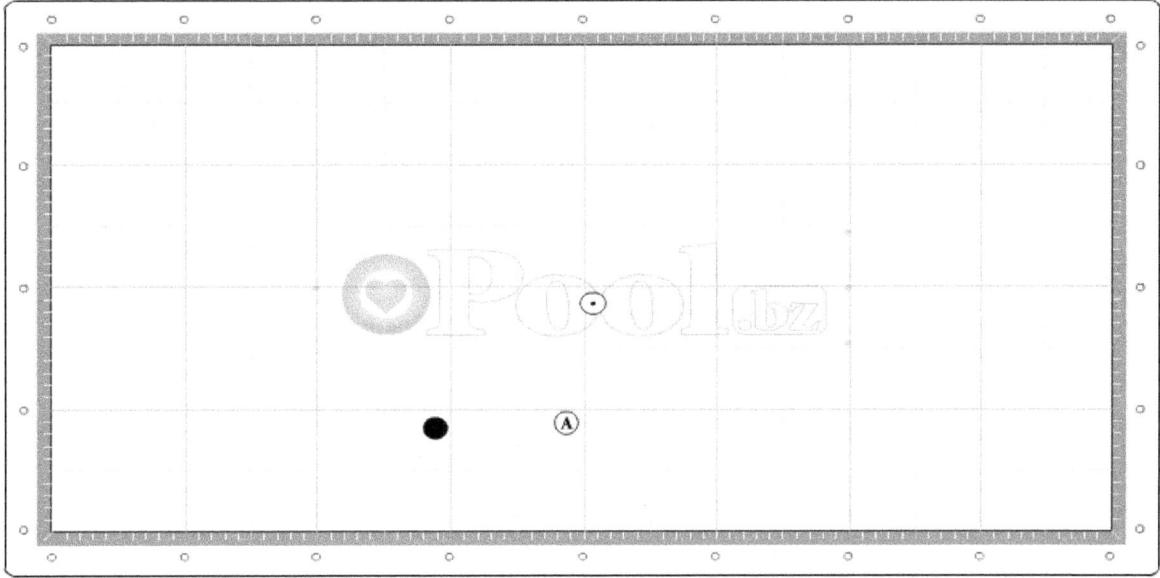

Notas e ideias:

Tiro padrão

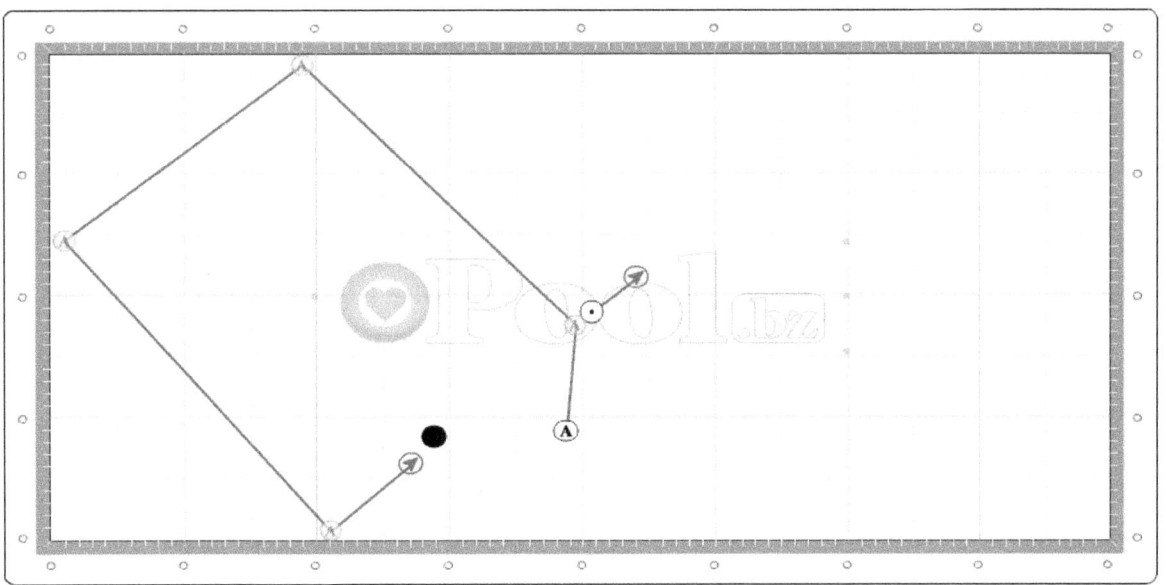

A:6b – Configuração

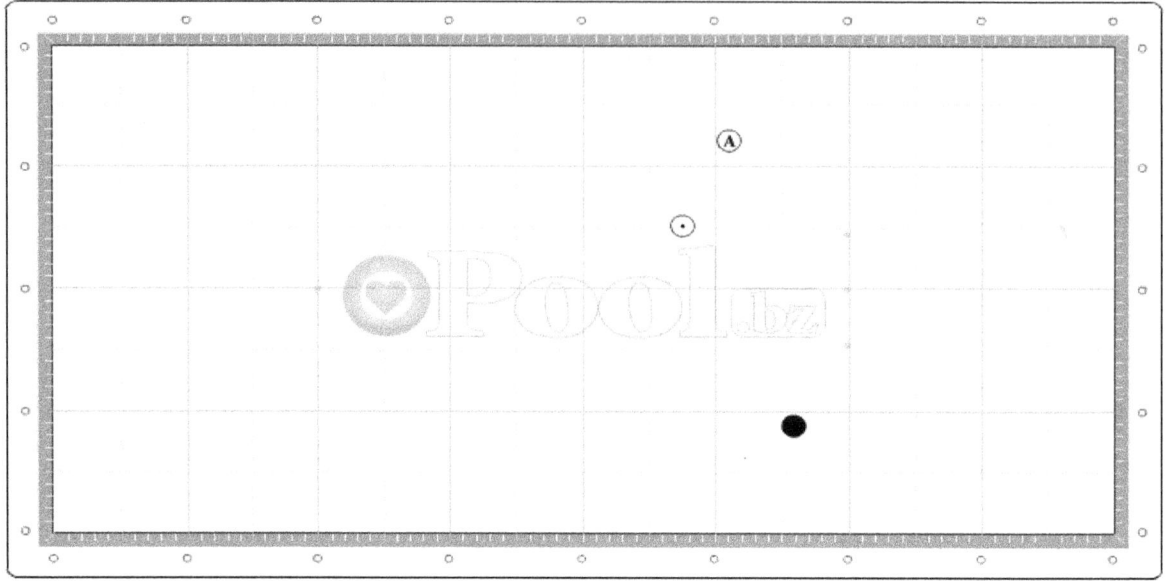

Notas e ideias:

Tiro padrão

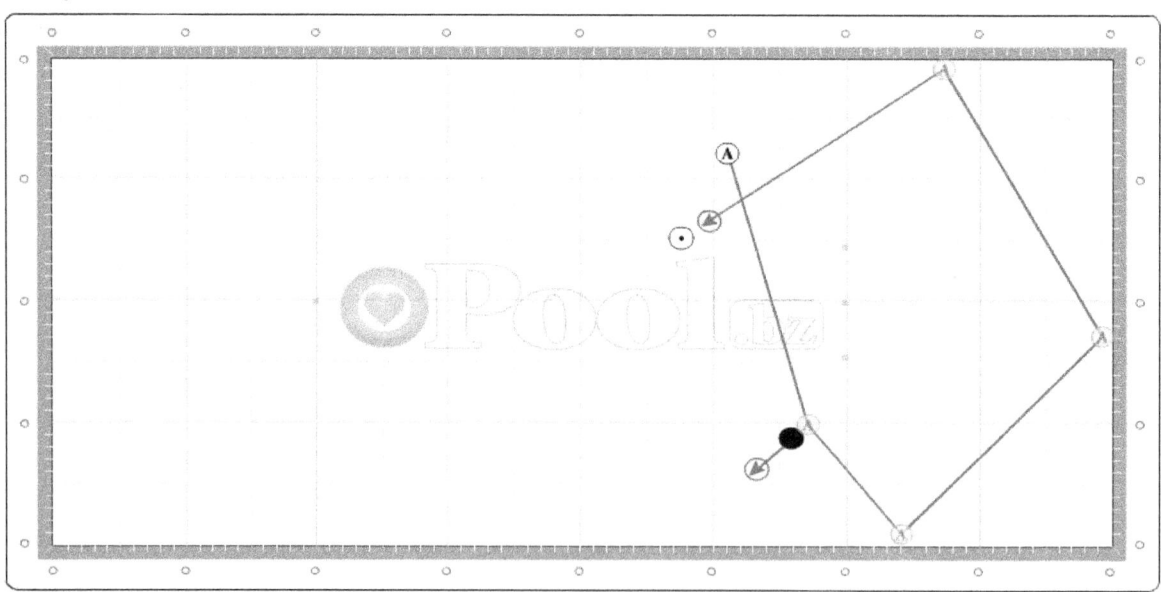

A:6c – Configuração

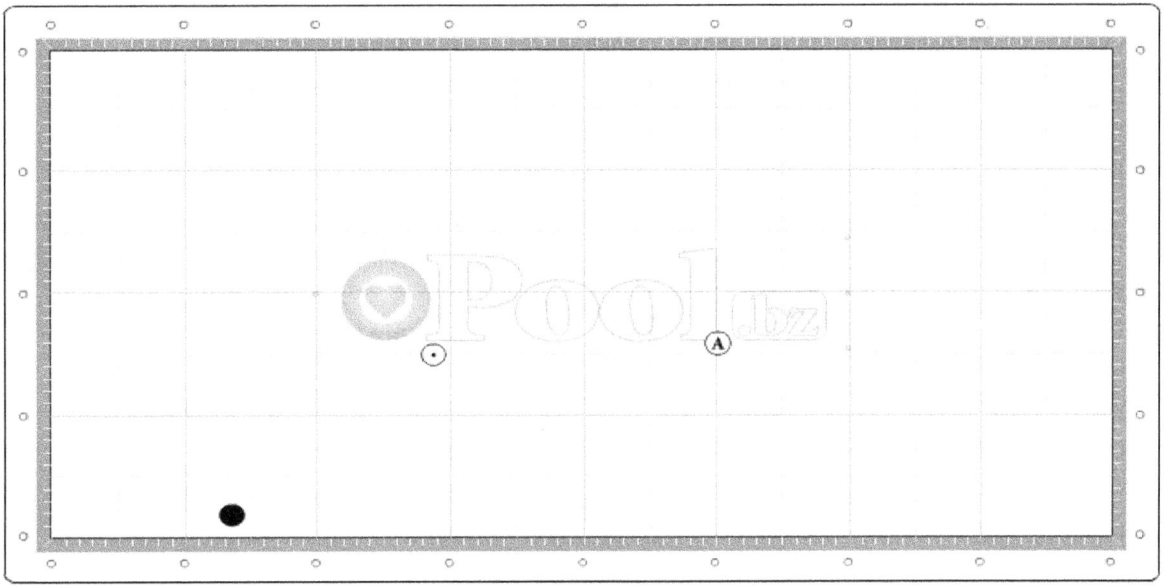

Notas e ideias:

Tiro padrão

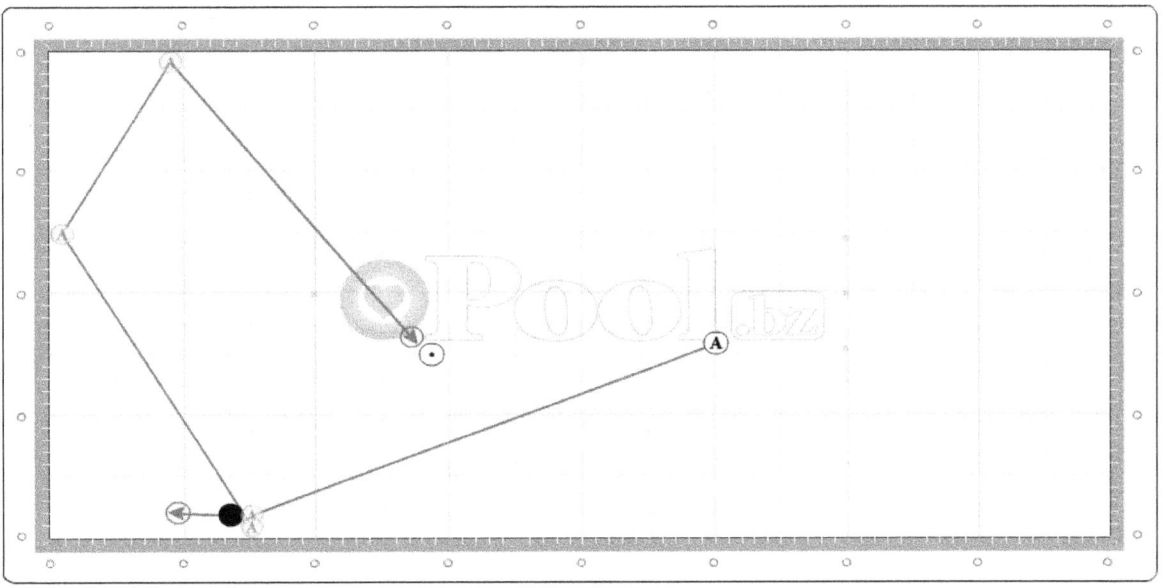

A:6d – Configuração

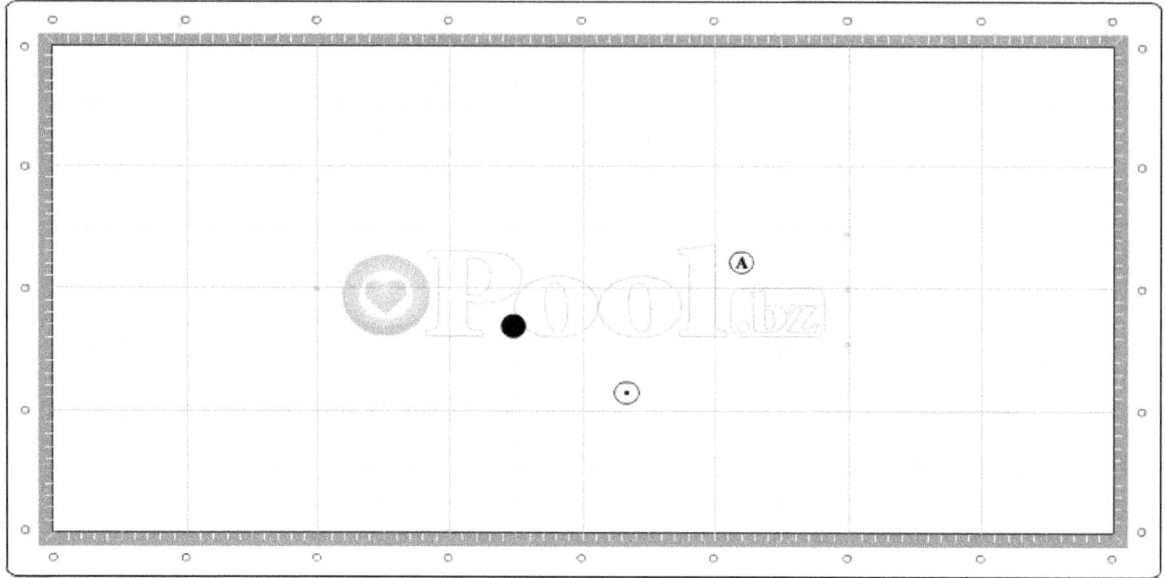

Notas e ideias:

Tiro padrão

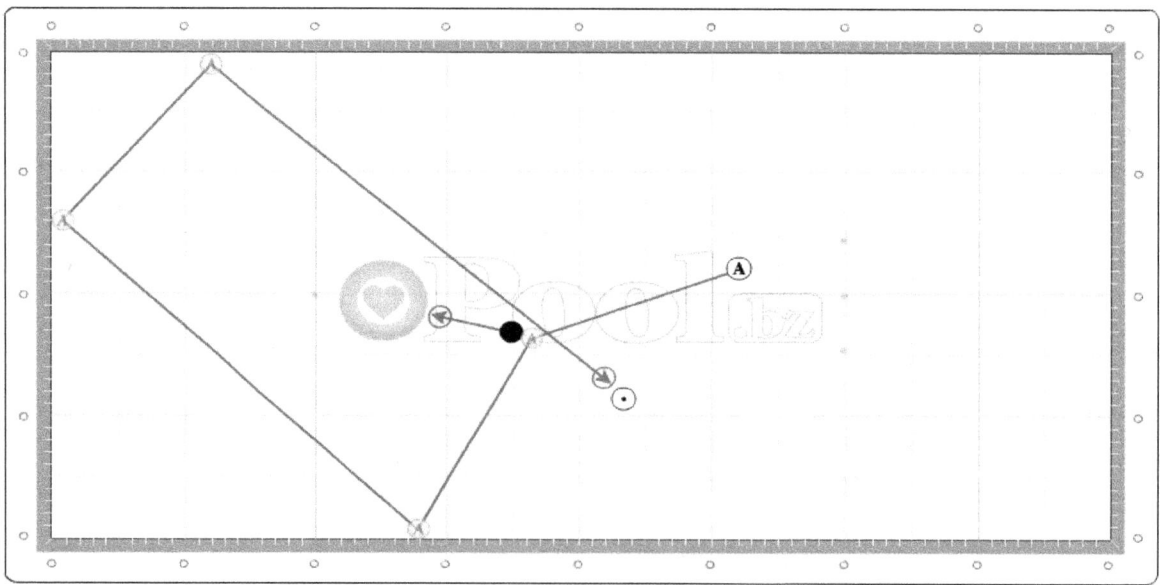

A: Grupo 7

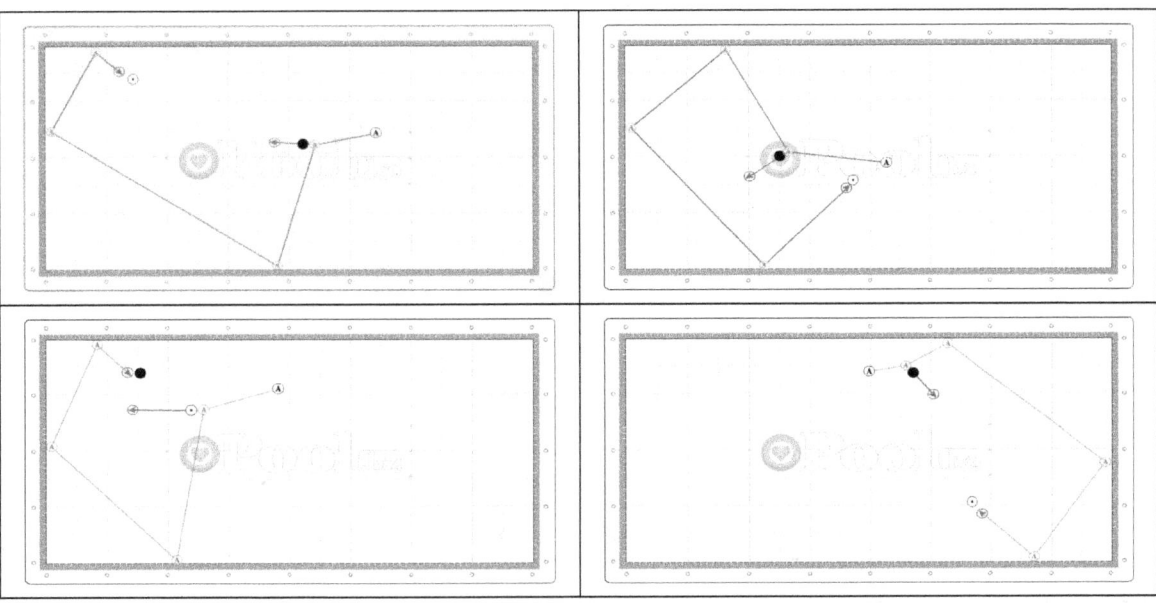

Análise:

A:7a. _____

A:7b. _____

A:7c. _____

A:7d. _____

A:7a – Configuração

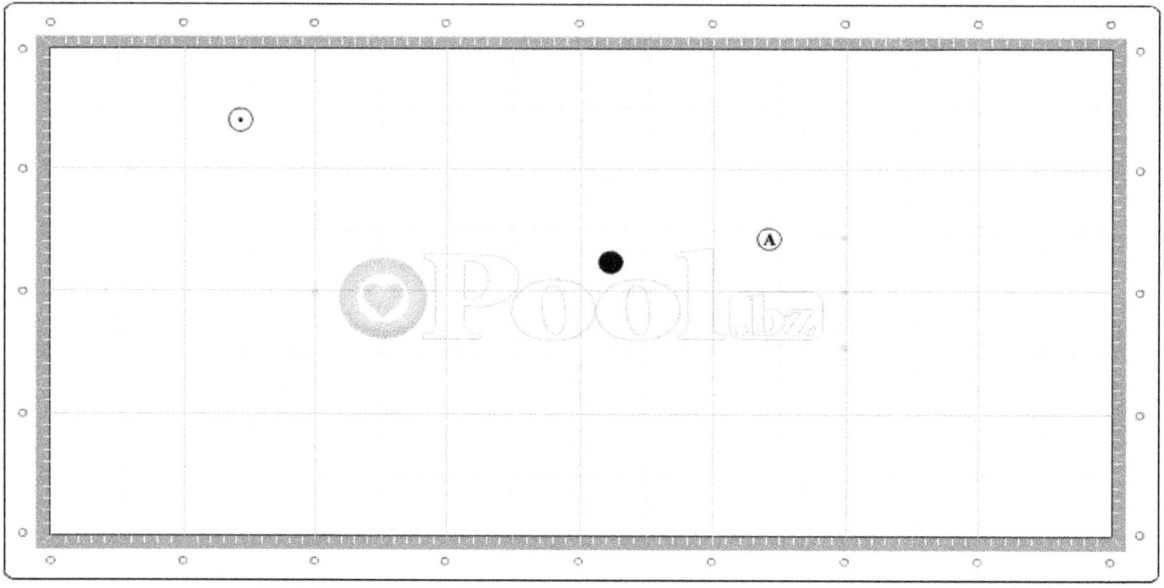

Notas e ideias:

Tiro padrão

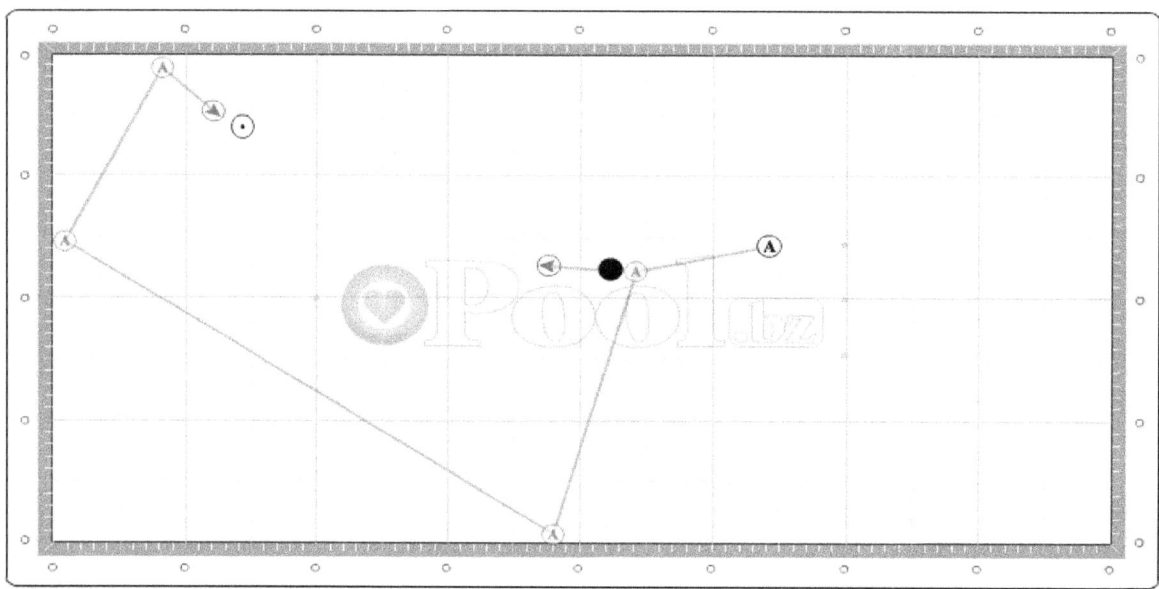

A:7b – Configuração

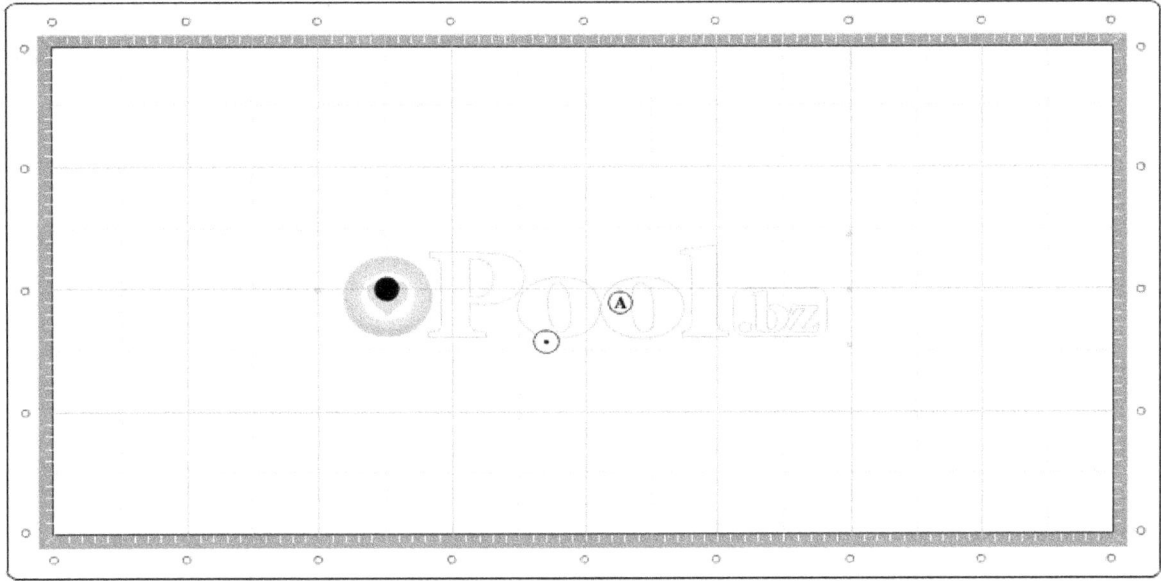

Notas e ideias:

Tiro padrão

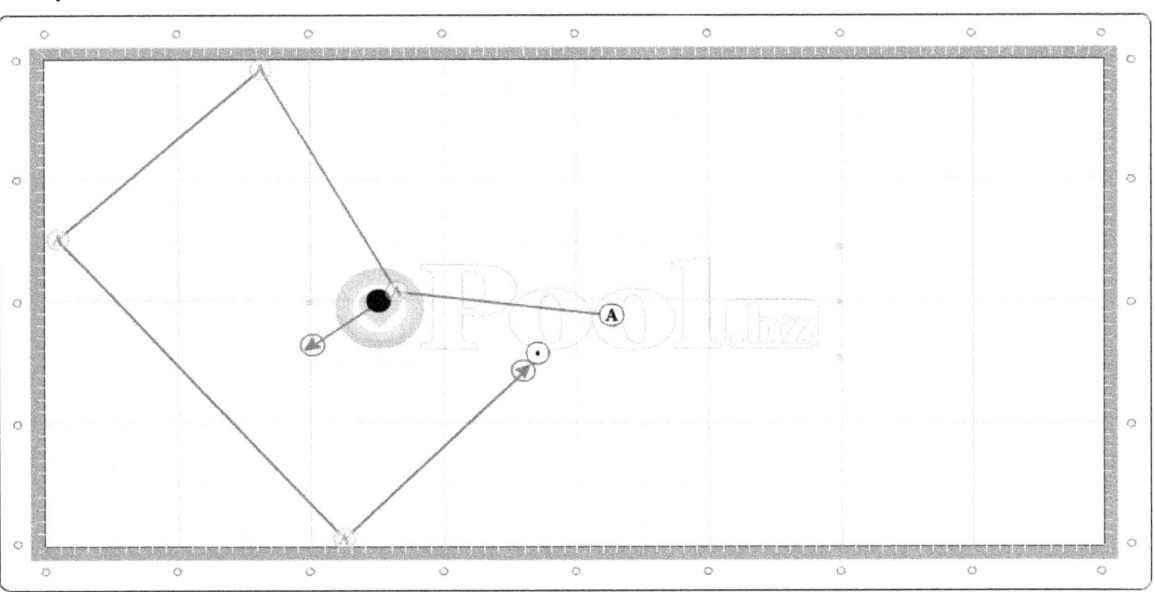

A:7c – Configuração

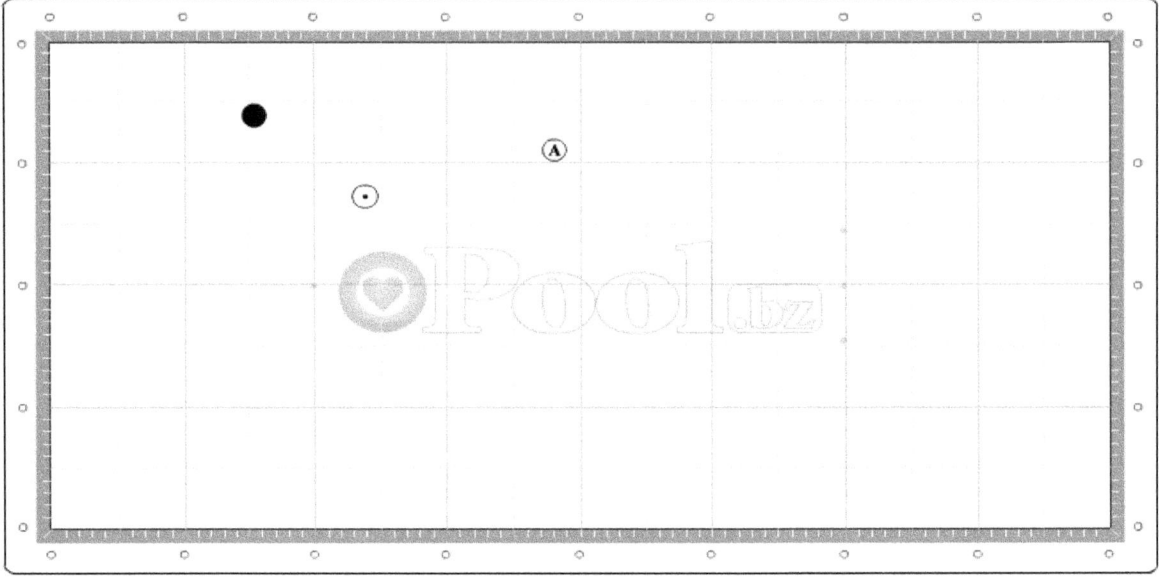

Notas e ideias:

Tiro padrão

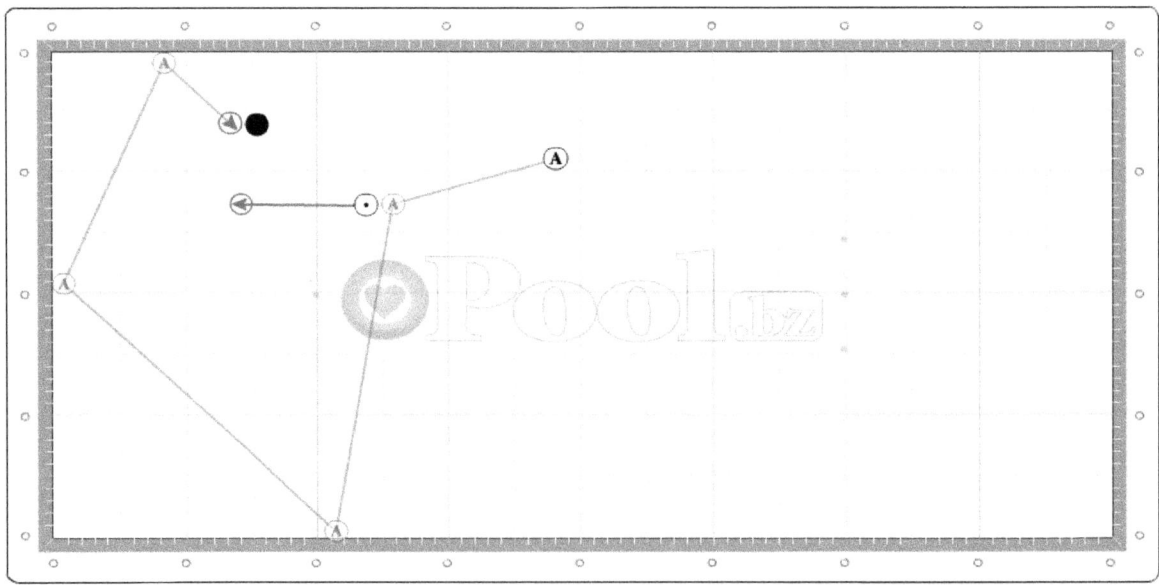

A:7d – Configuração

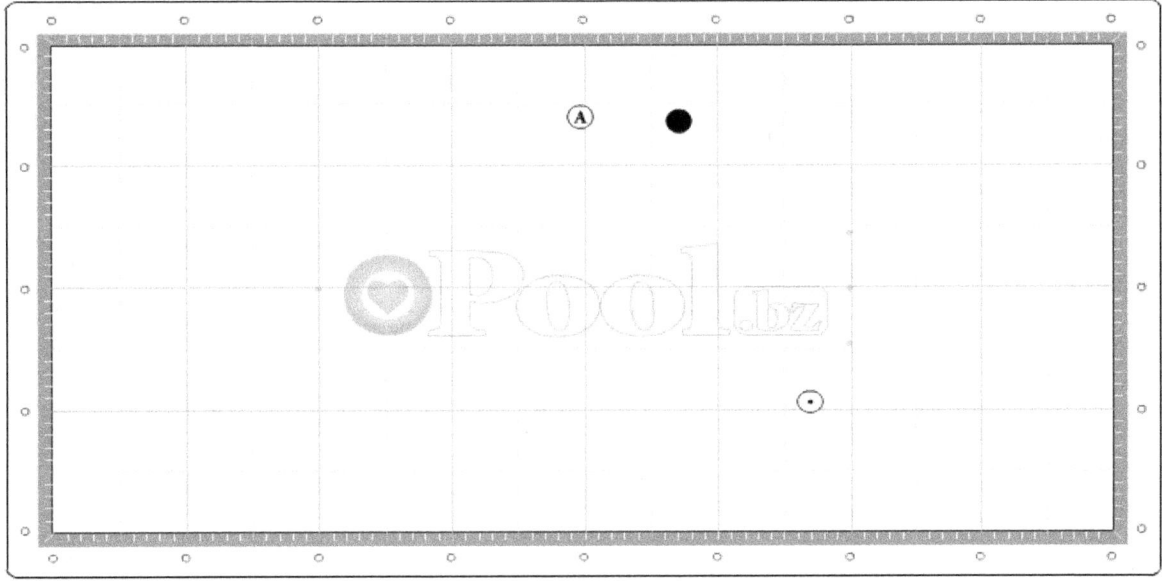

Notas e ideias:

Tiro padrão

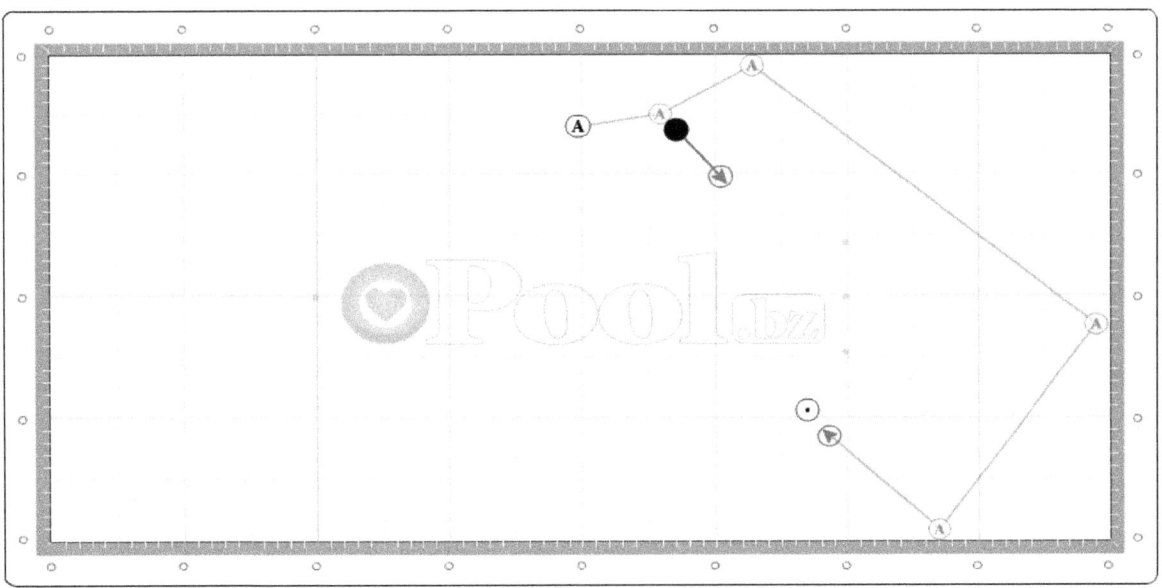

A: Grupo 8

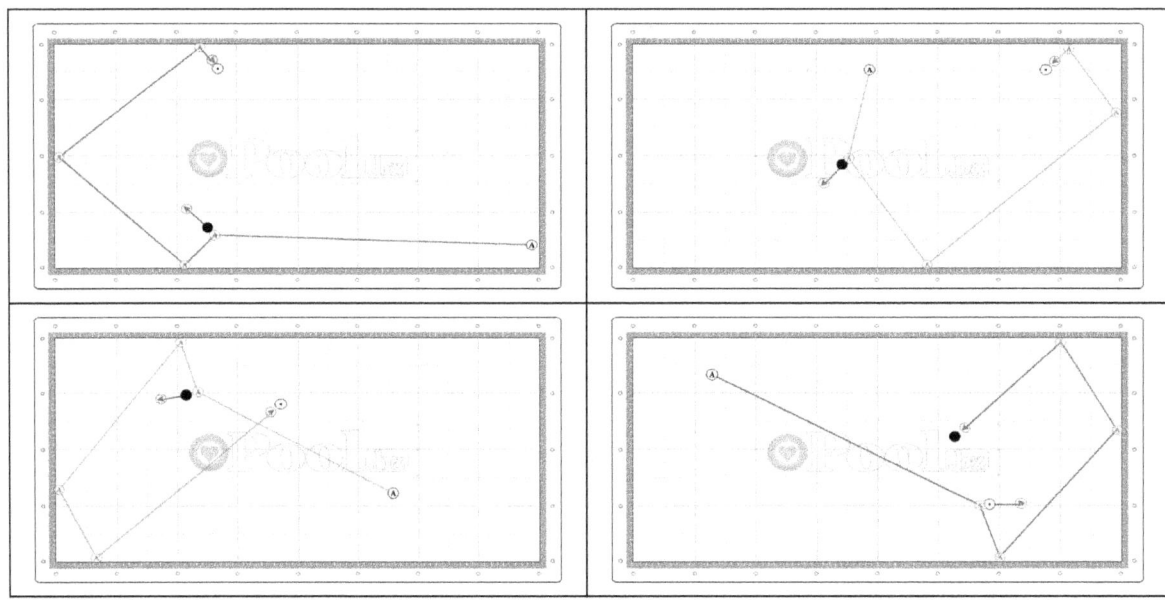

Análise:

A:8a. _____

A:8b. _____

A:8c. _____

A:8d. _____

A:8a – Configuração

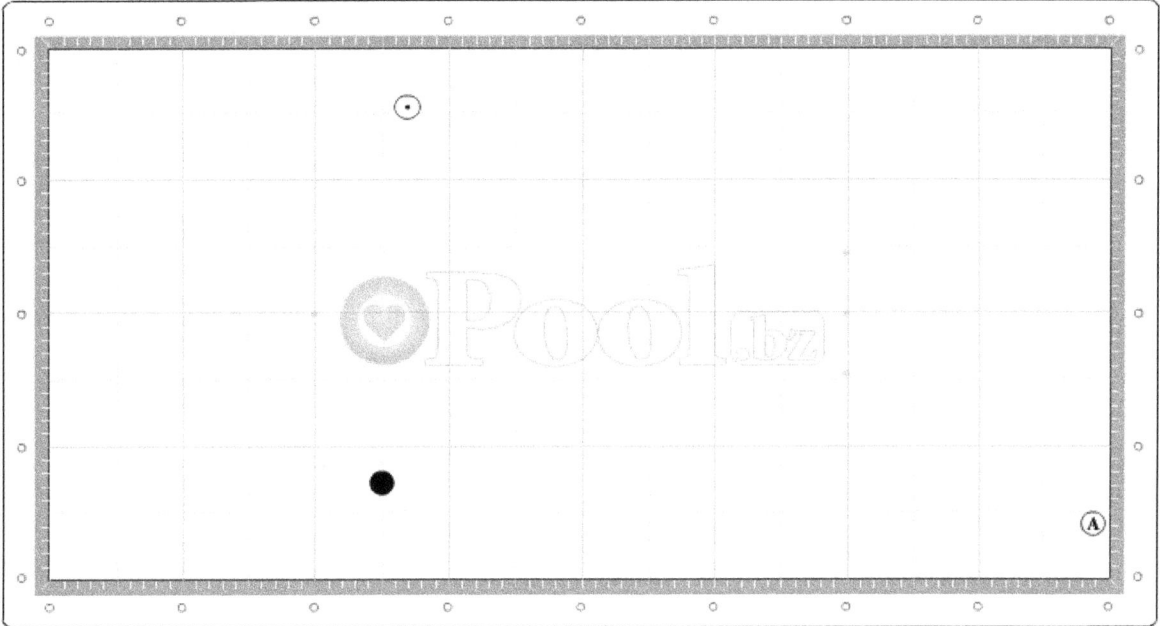

Notas e ideias:

Tiro padrão

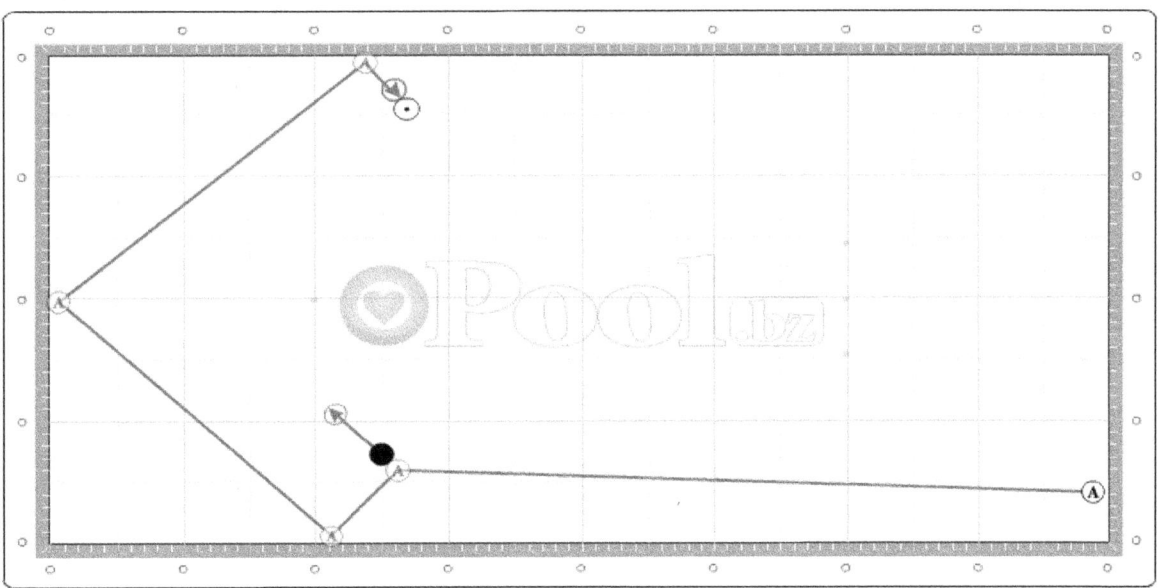

A:8b – Configuração

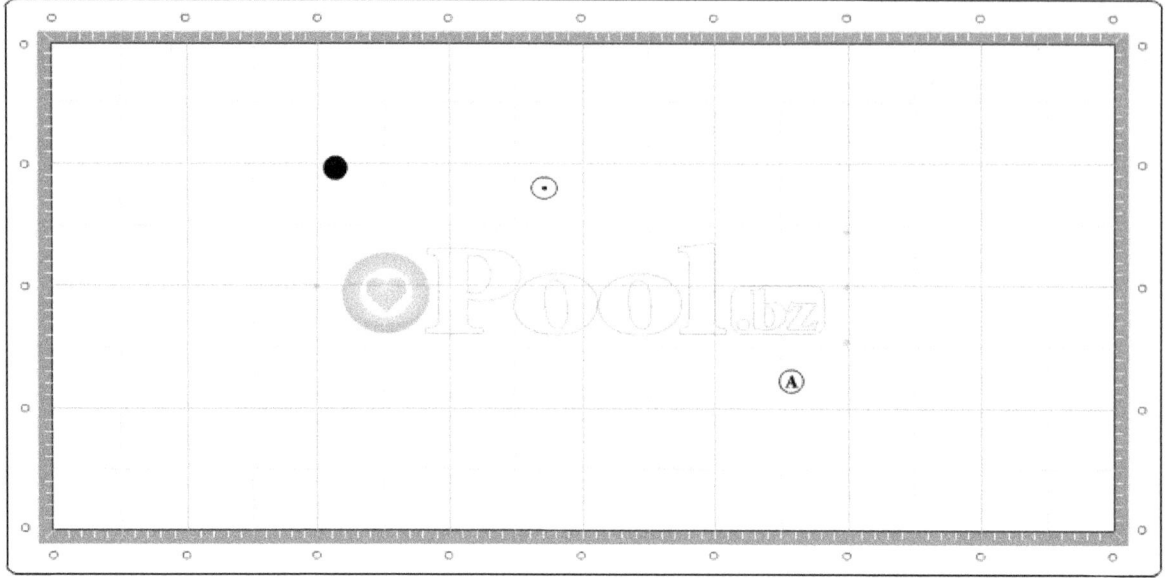

Notas e ideias:

Tiro padrão

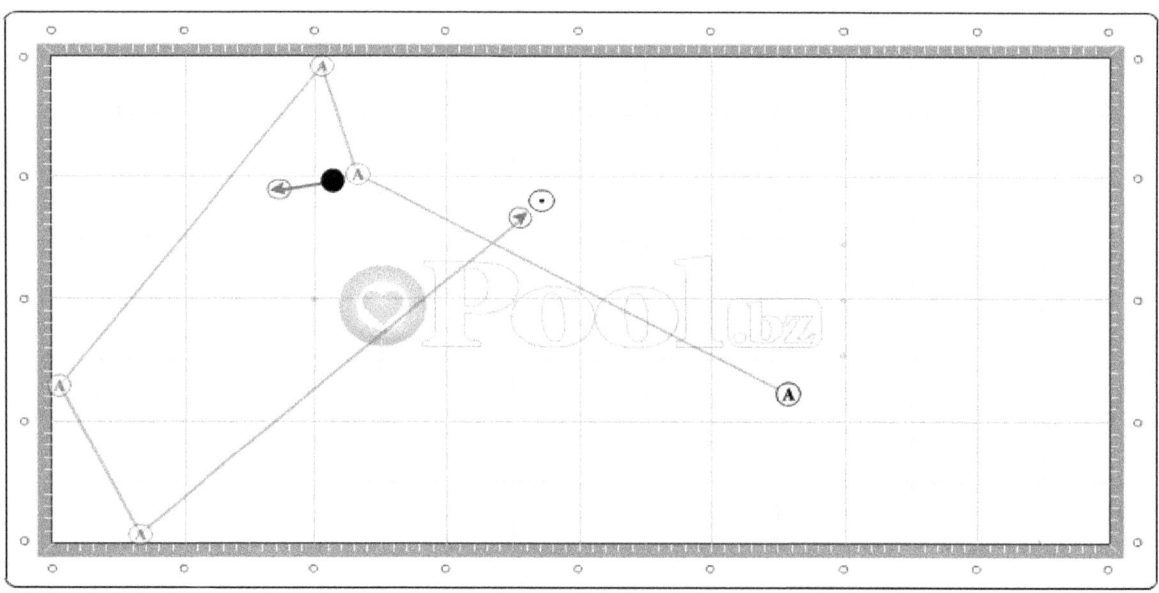

A:8c – Configuração

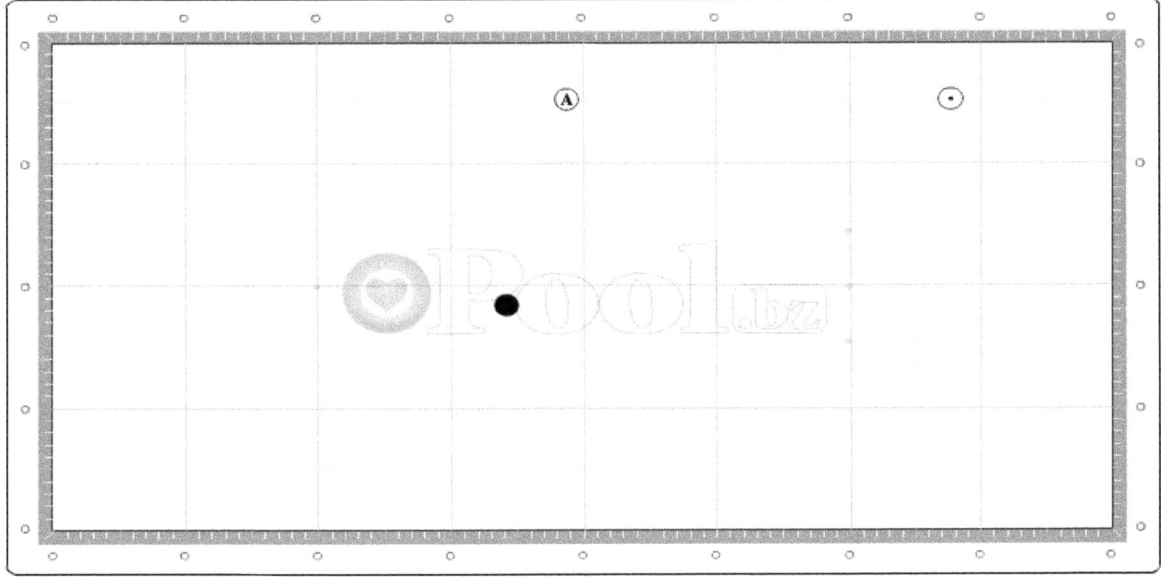

Notas e ideias:

Tiro padrão

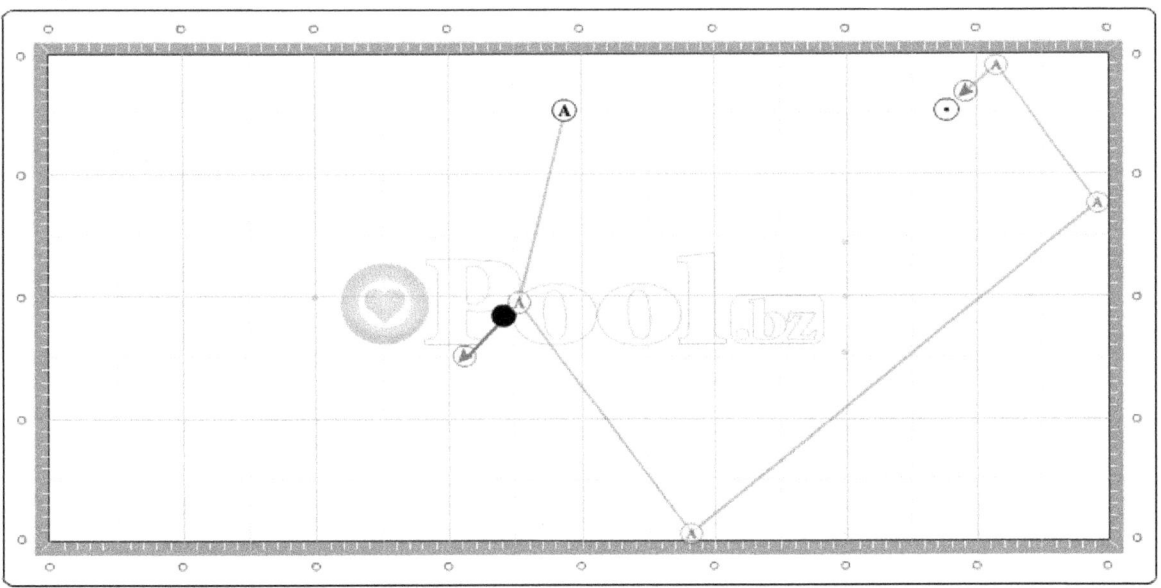

A:8d – Configuração

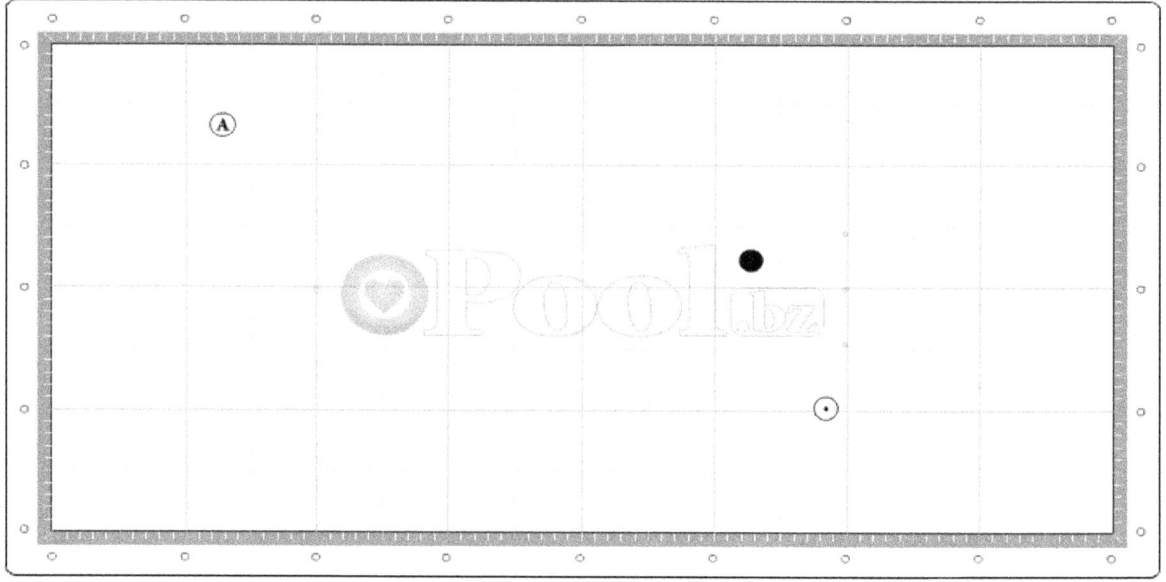

Notas e ideias:

Tiro padrão

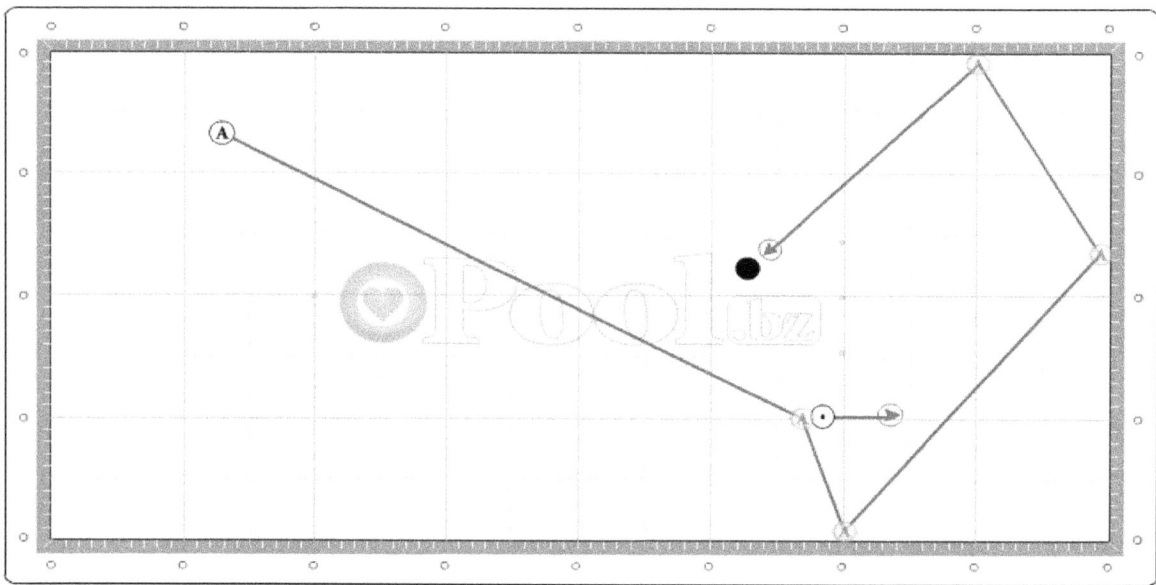

B: Dentro e fora de um pequeno canto

O (CB) sai do primeiro (OB) para a tabelas longa. Ele sai da tabelas longa e no canto para as próximas duas tabelas. Quando o (CB) sai do canto, ele entra em contato com o outro (OB).

Ⓐ (CB) (sua bola de bilhar) - ☉ (OB) (bola de bilhar oponente) - ● (RB) (bola de bilhar vermelha)

B: Grupo 1

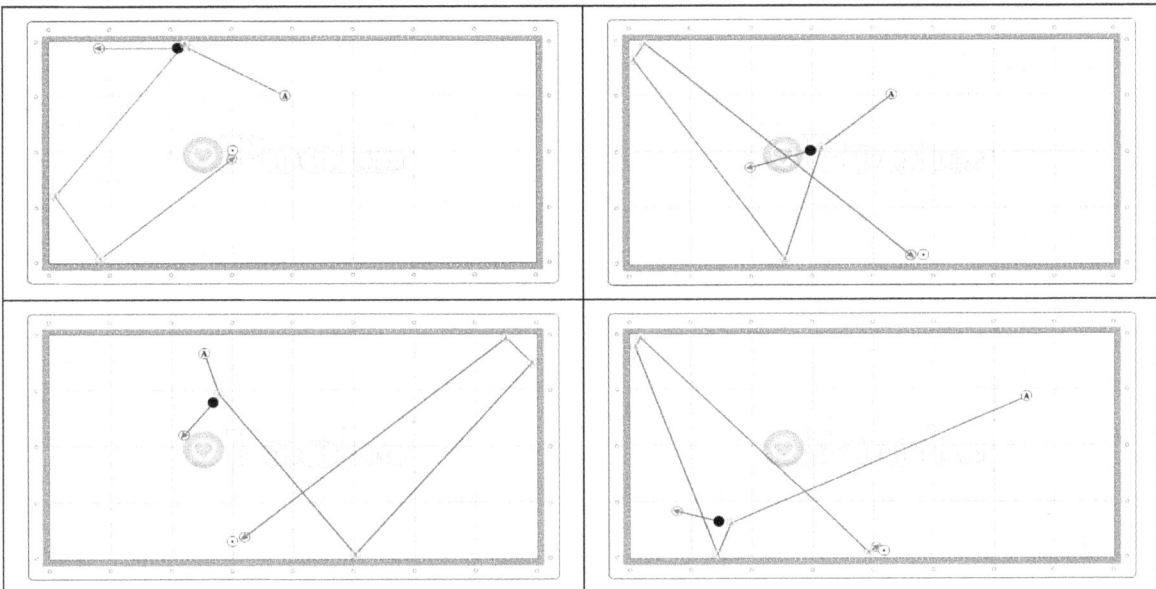

Análise:

B:1a. _____

B:1b. _____

B:1c. _____

B:1d. _____

B:1a – Configuração

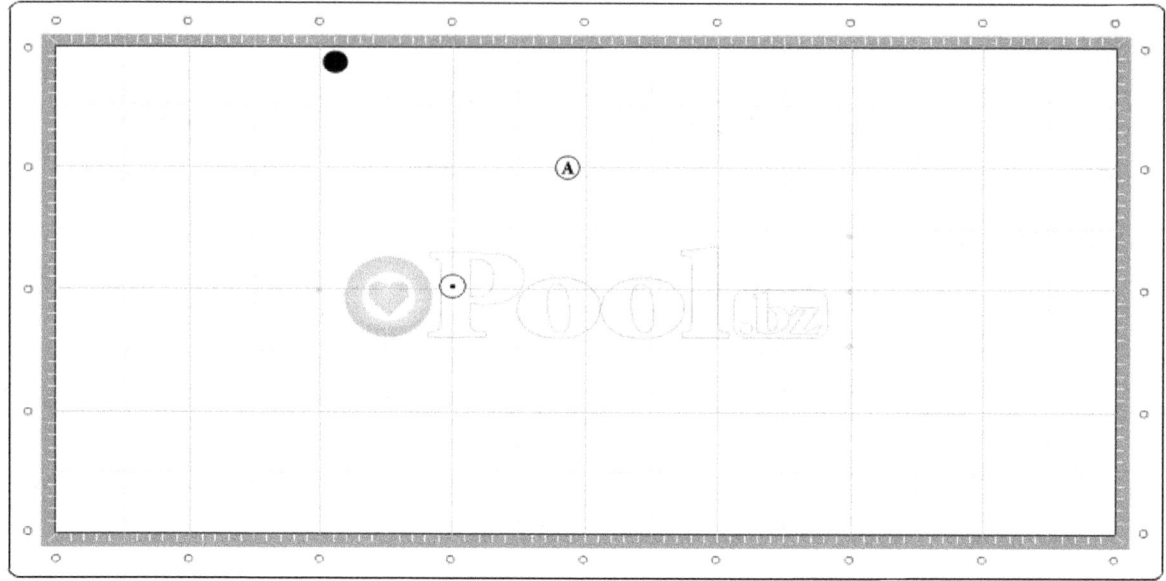

Notas e ideias:

Tiro padrão

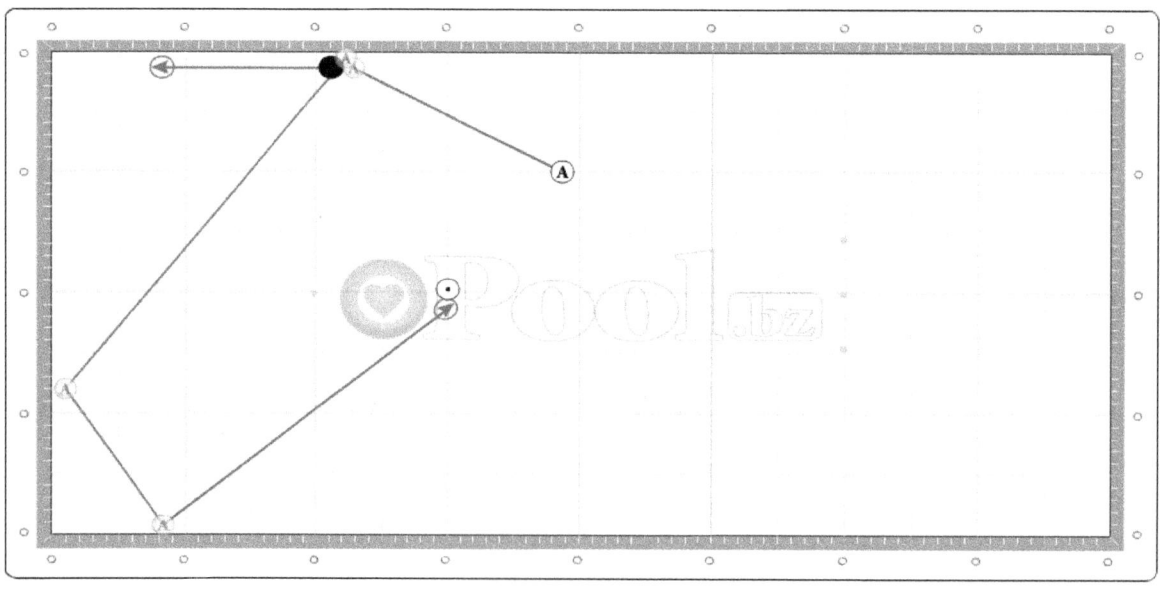

B:1b – Configuração

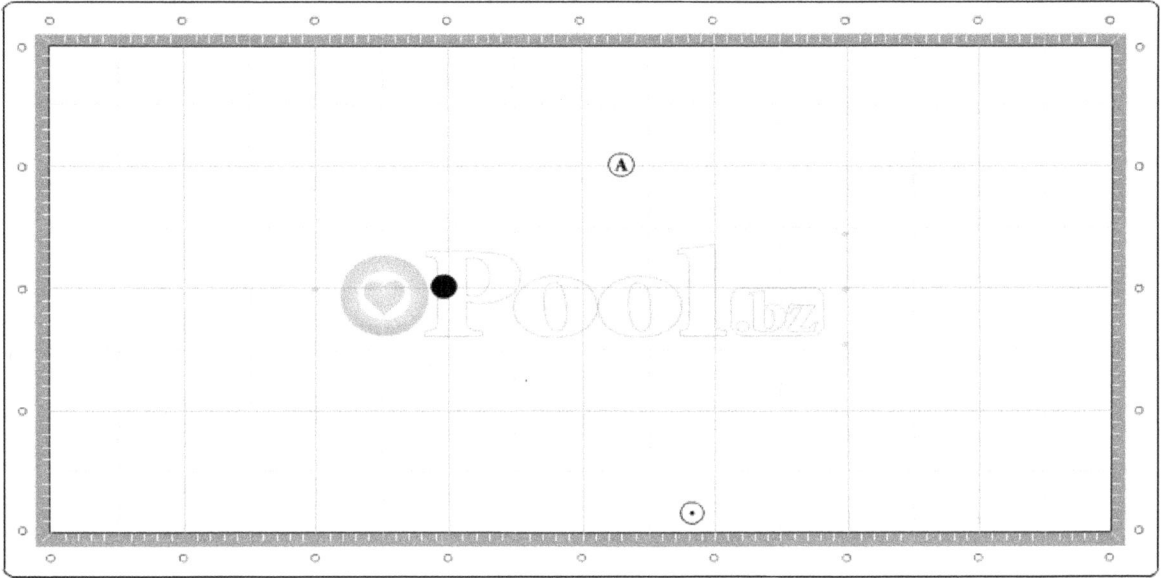

Notas e ideias:

Tiro padrão

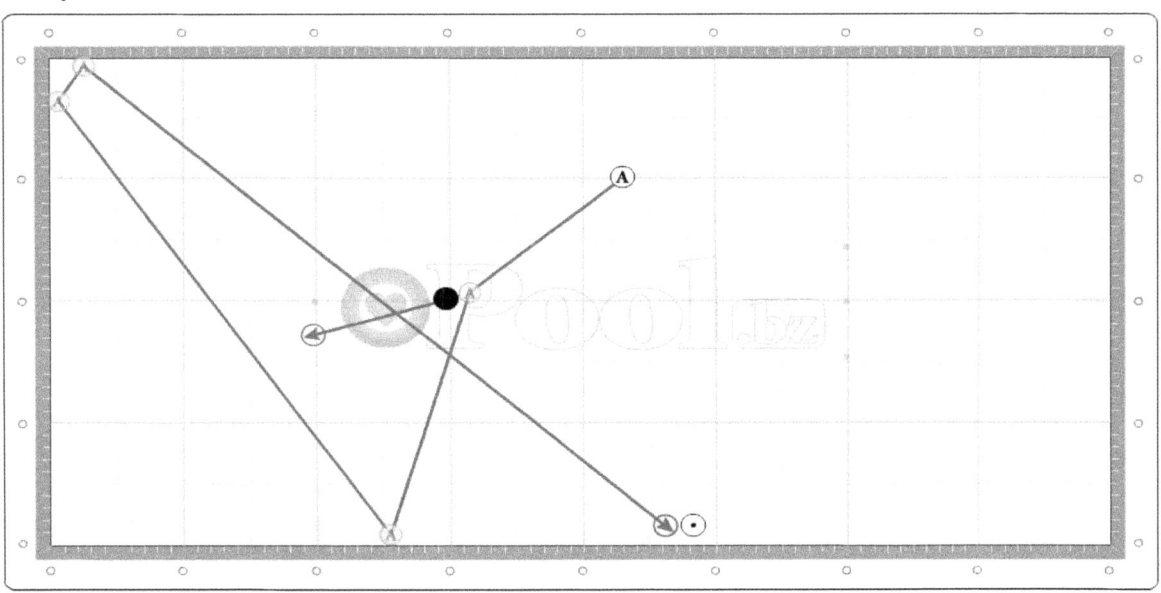

B:1c – Configuração

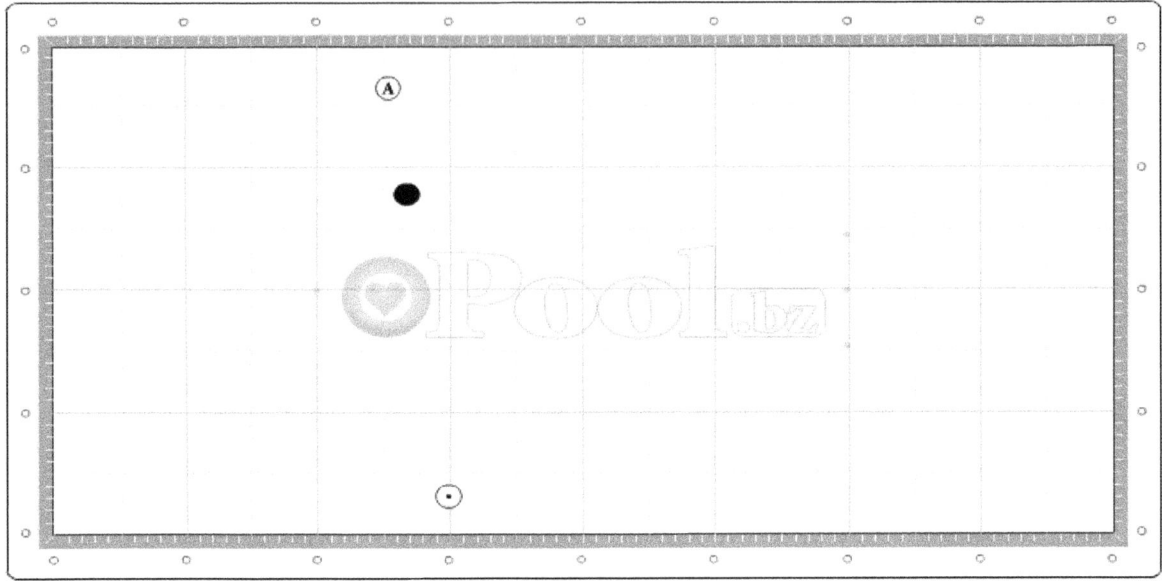

Notas e ideias:

Tiro padrão

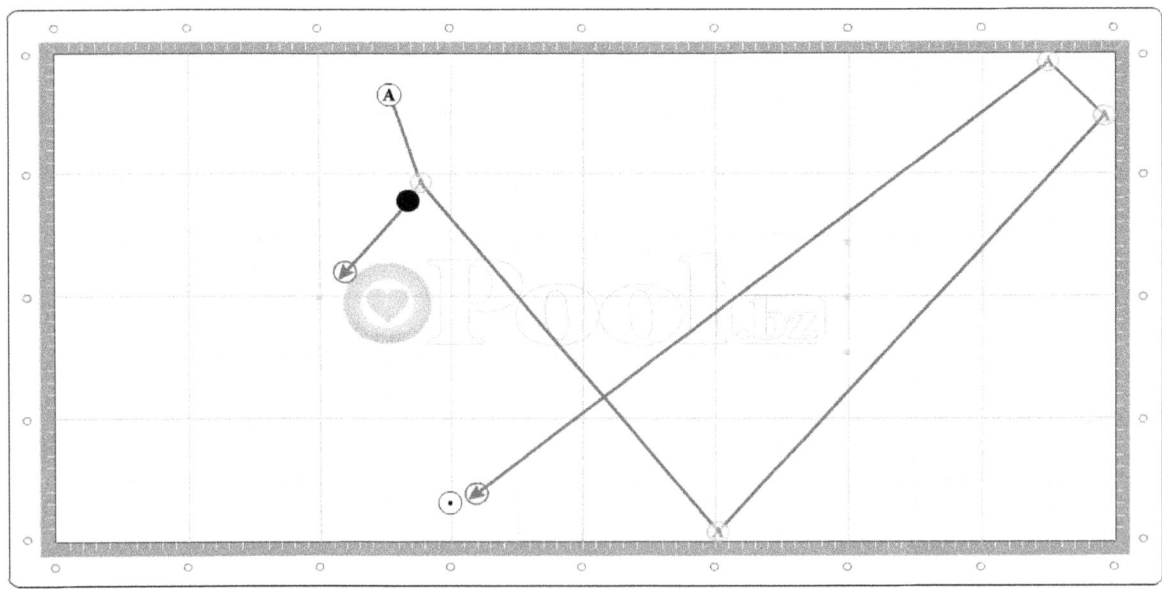

B:1d – Configuração

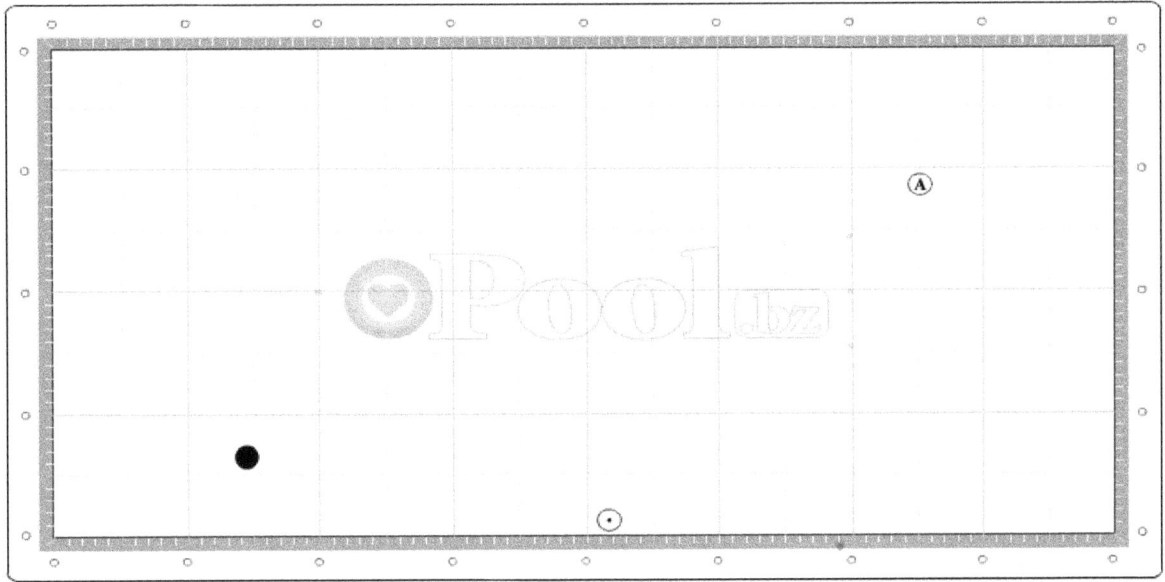

Notas e ideias:

Tiro padrão

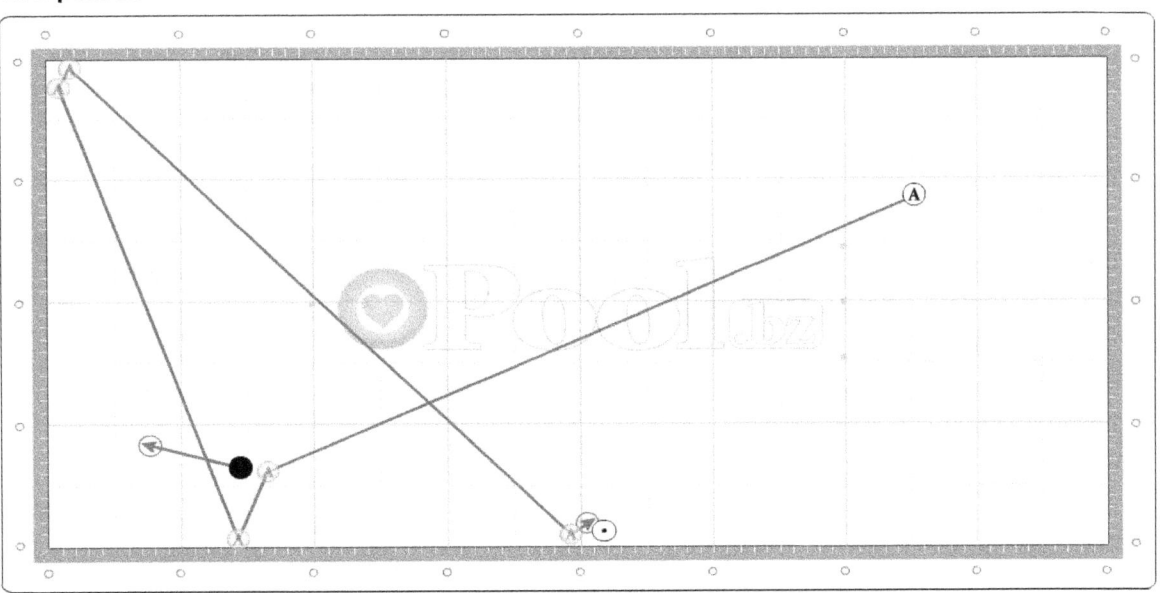

B: Grupo 2

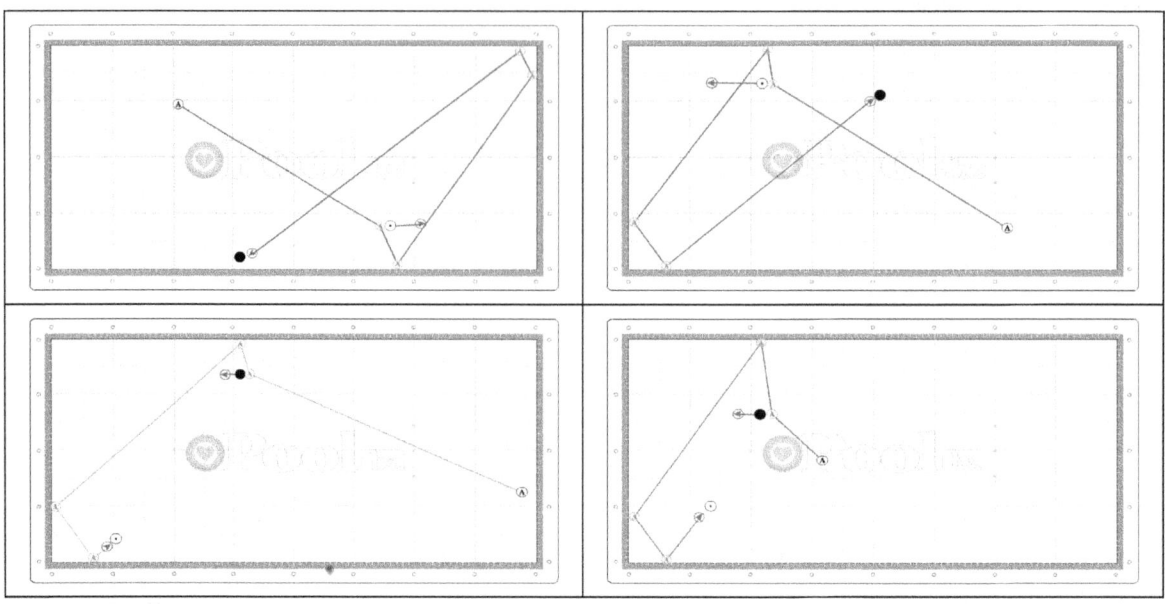

Análise:

B:2a. _____

B:2b. _____

B:2c. _____

B:2d. _____

B:2a – Configuração

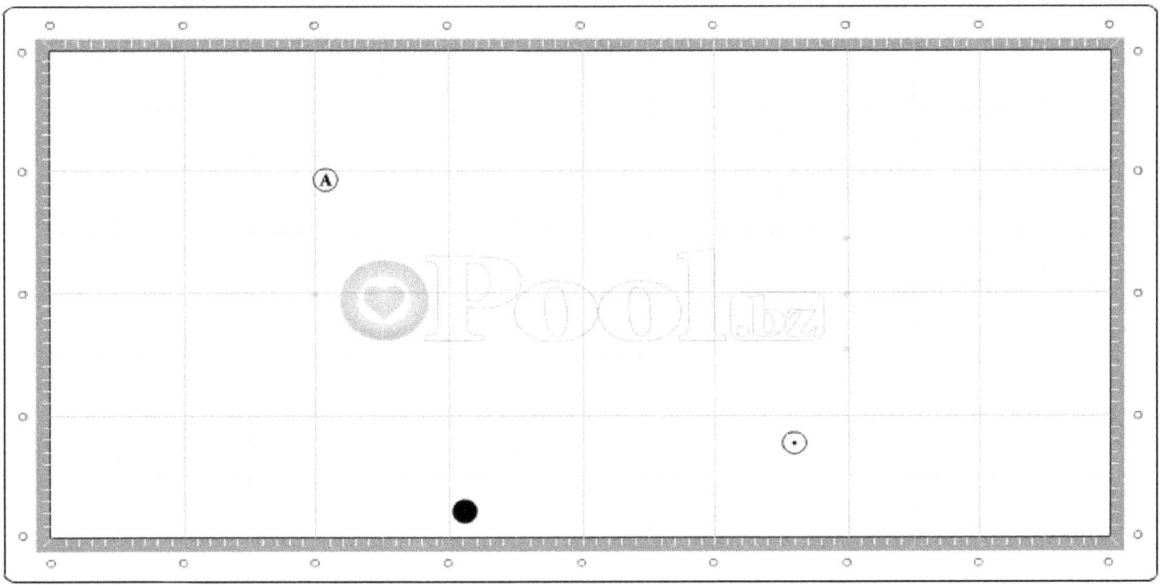

Notas e ideias:

Tiro padrão

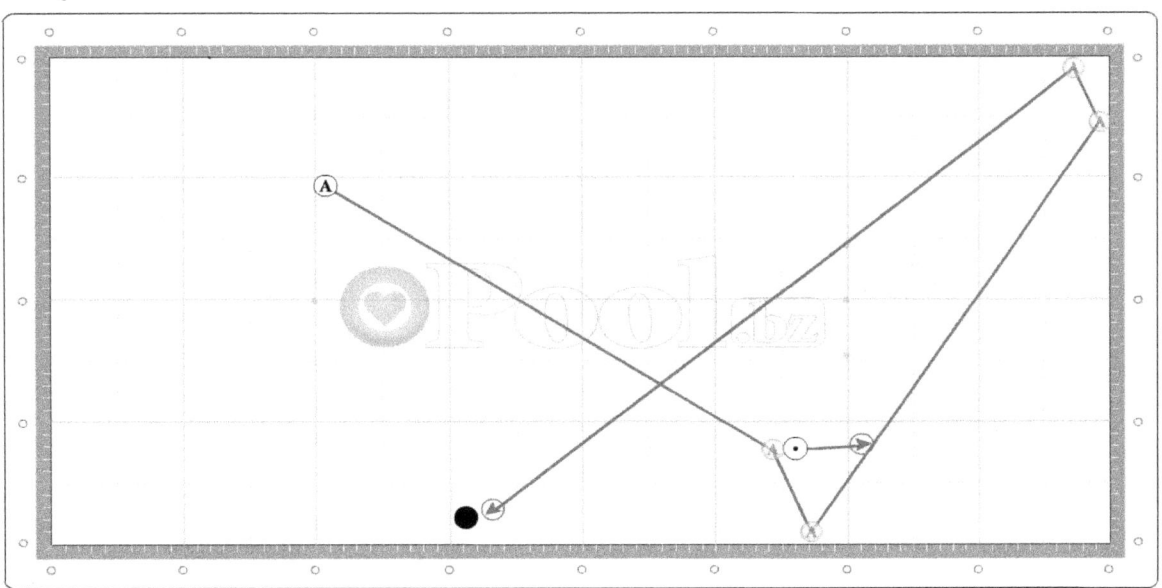

B:2b – Configuração

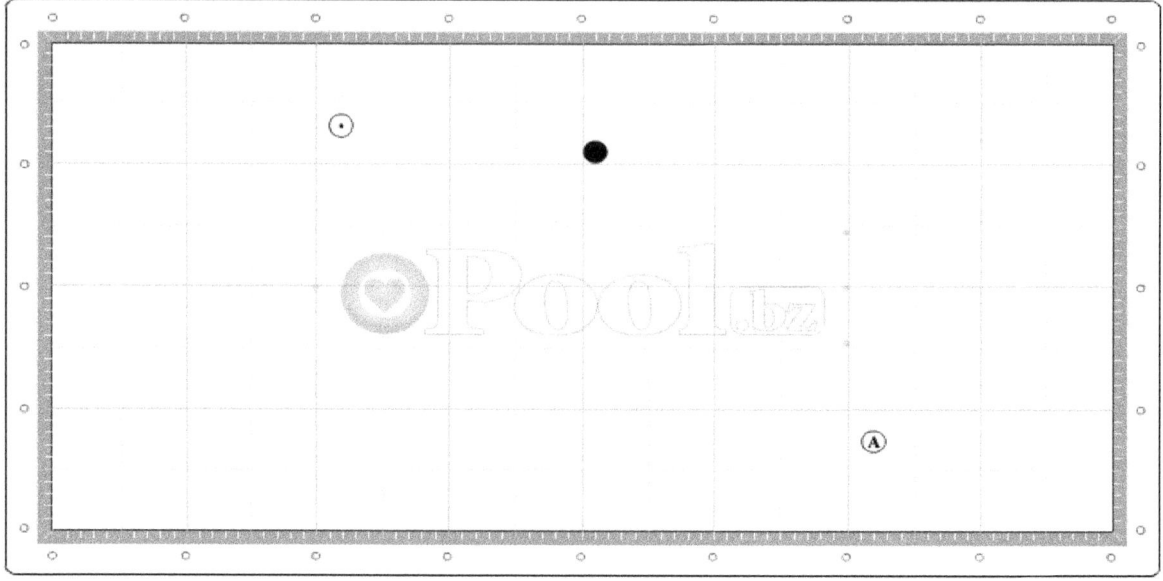

Notas e ideias:

Tiro padrão

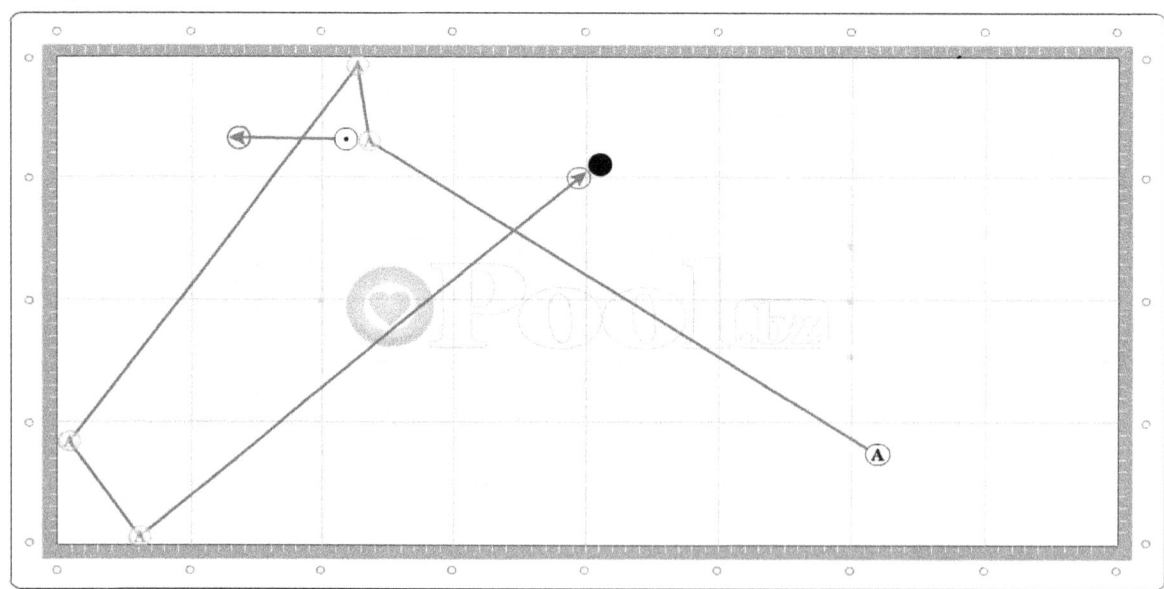

B:2c – Configuração

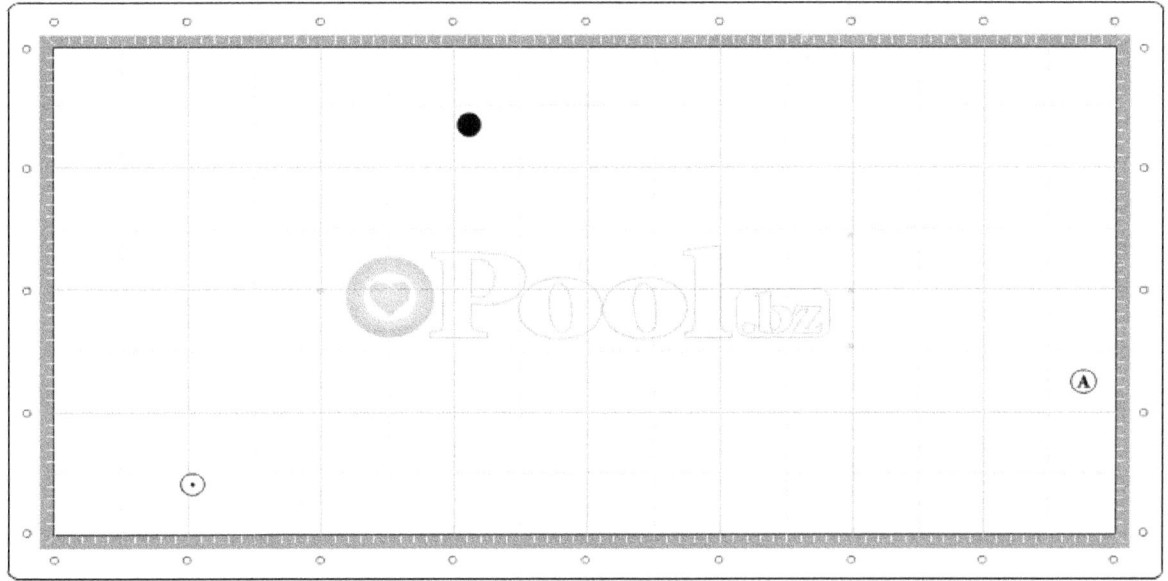

Notas e ideias:

Tiro padrão

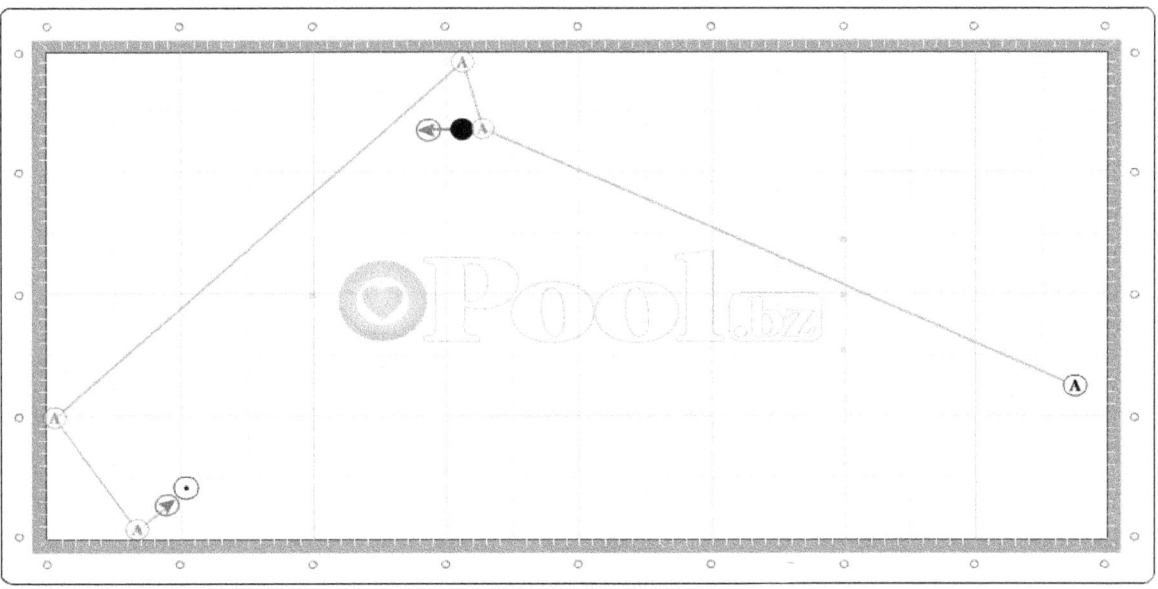

B:2d – Configuração

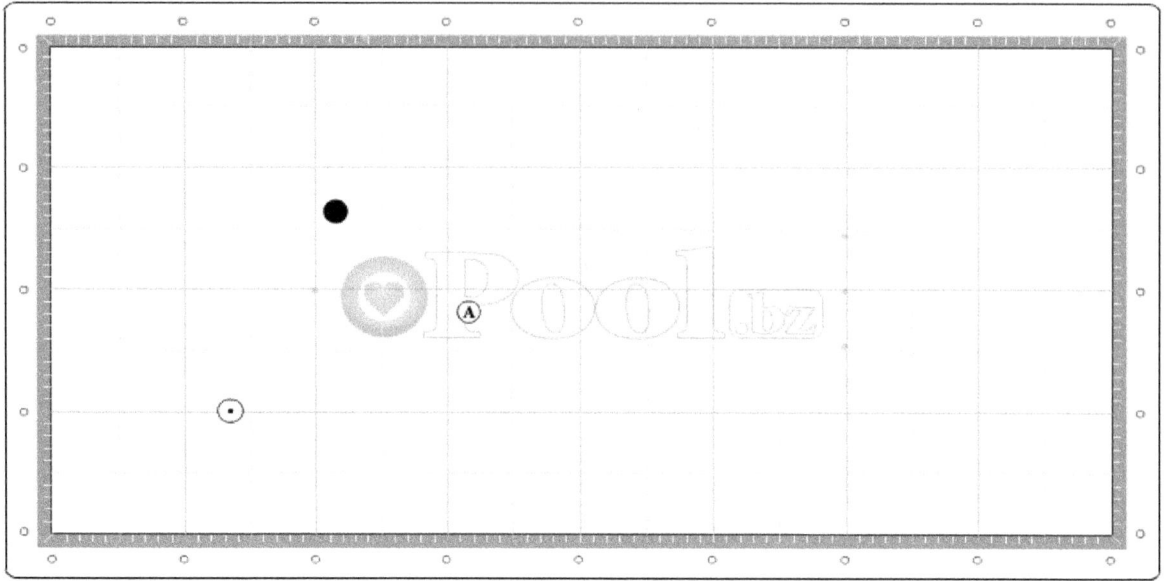

Notas e ideias:

Tiro padrão

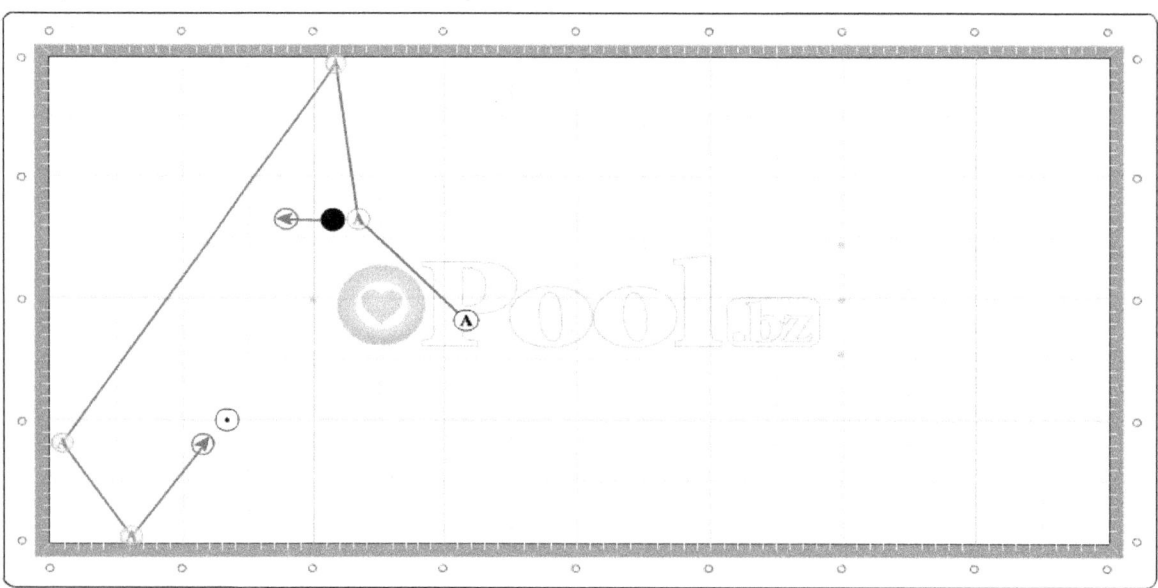

B: Grupo 3

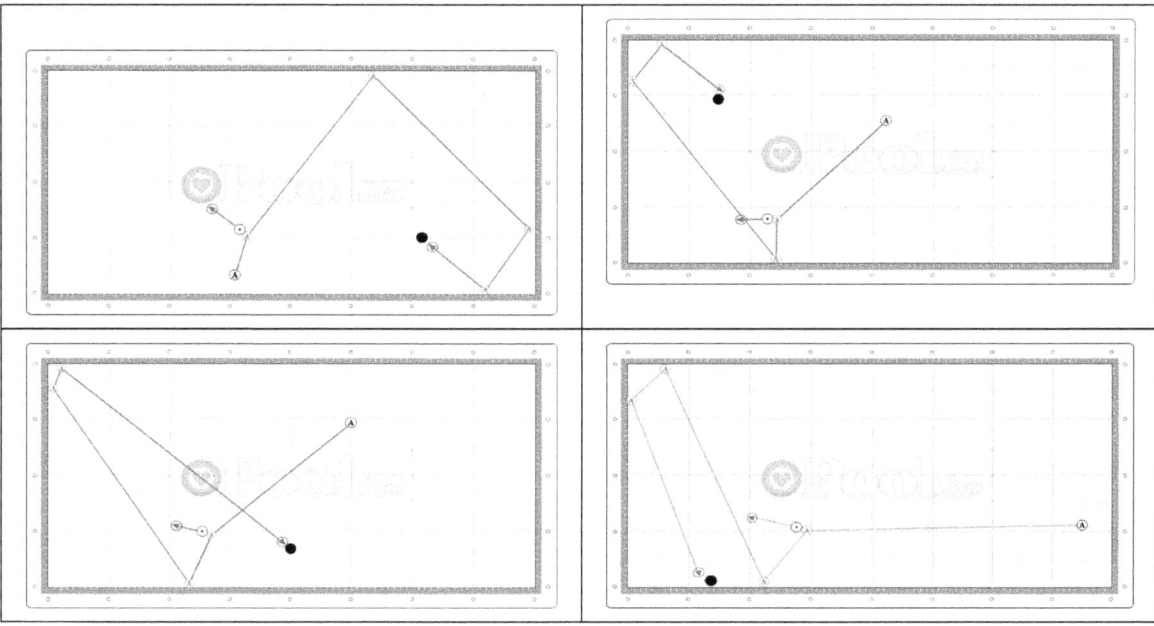

Análise:

B:3a. _____

B:3b. _____

B:3c. _____

B:3d. _____

B:3a – Configuração

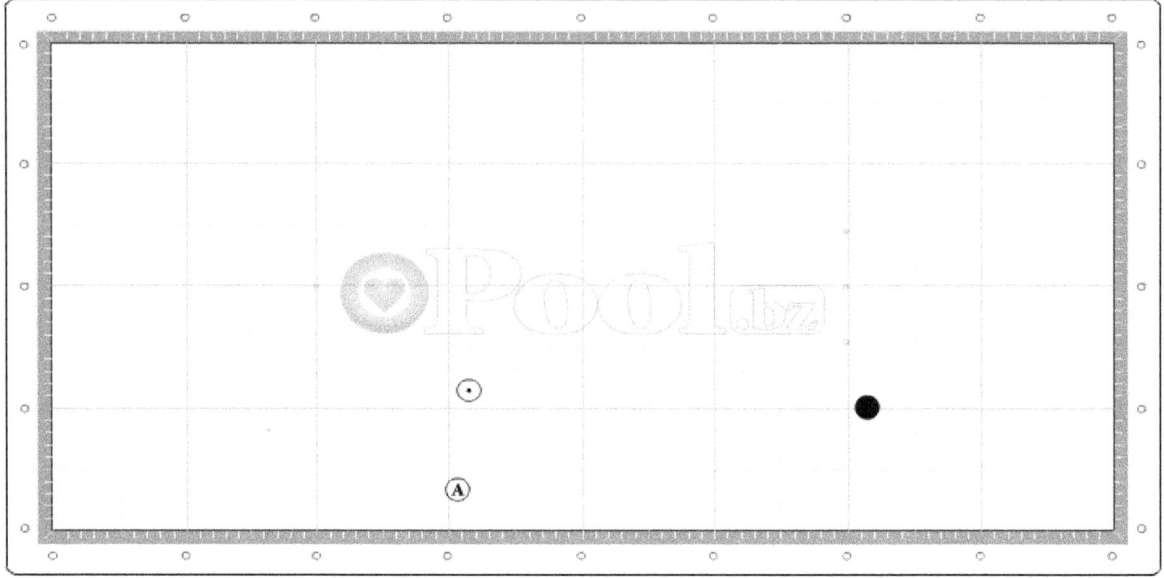

Notas e ideias:

Tiro padrão

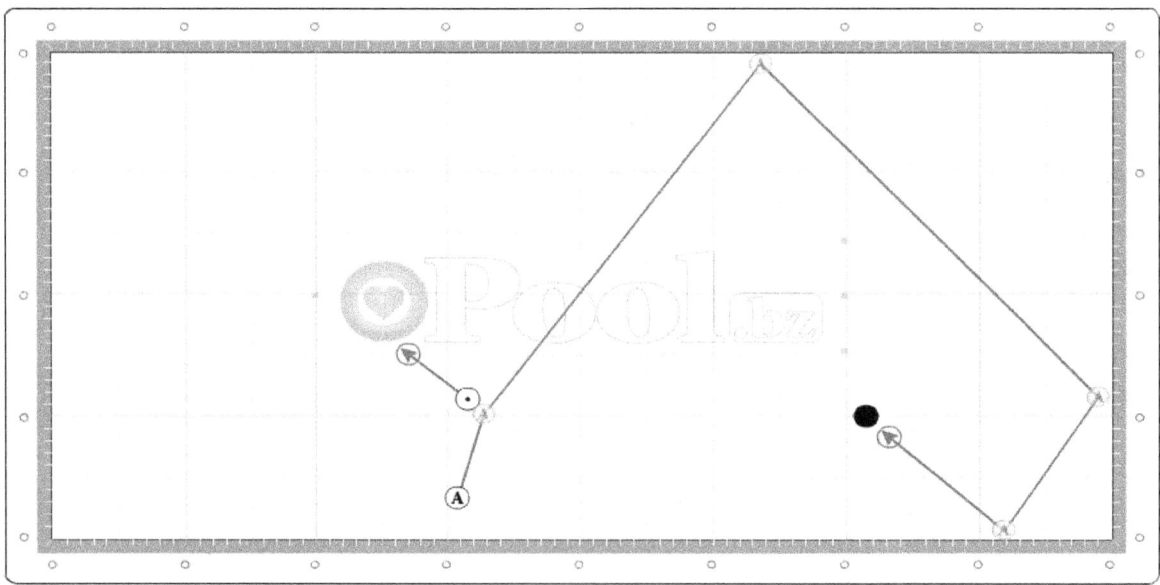

B:3b – Configuração

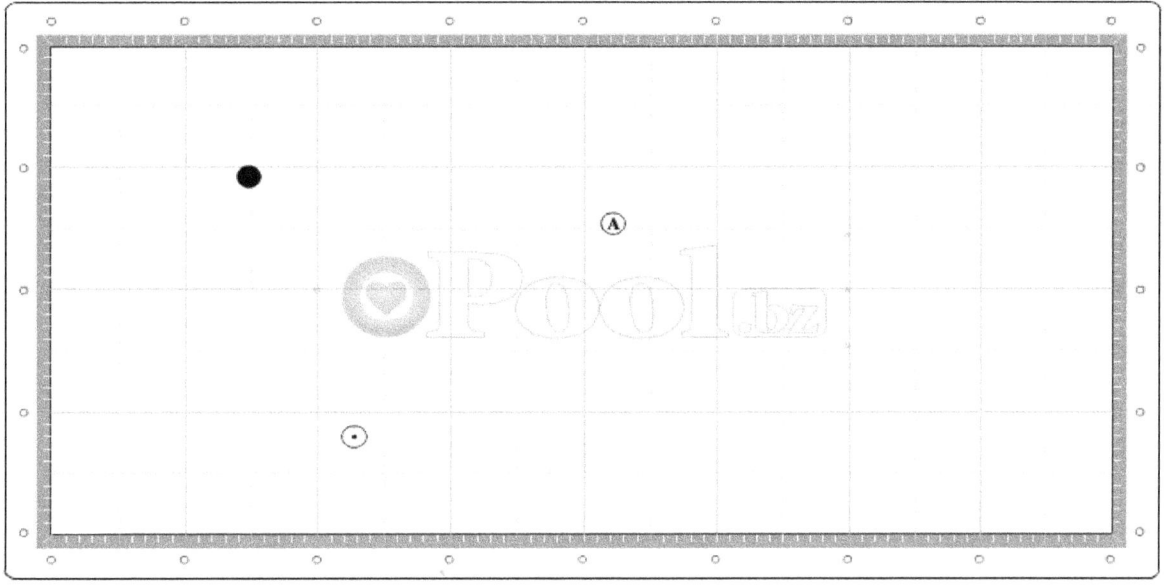

Notas e ideias:

Tiro padrão

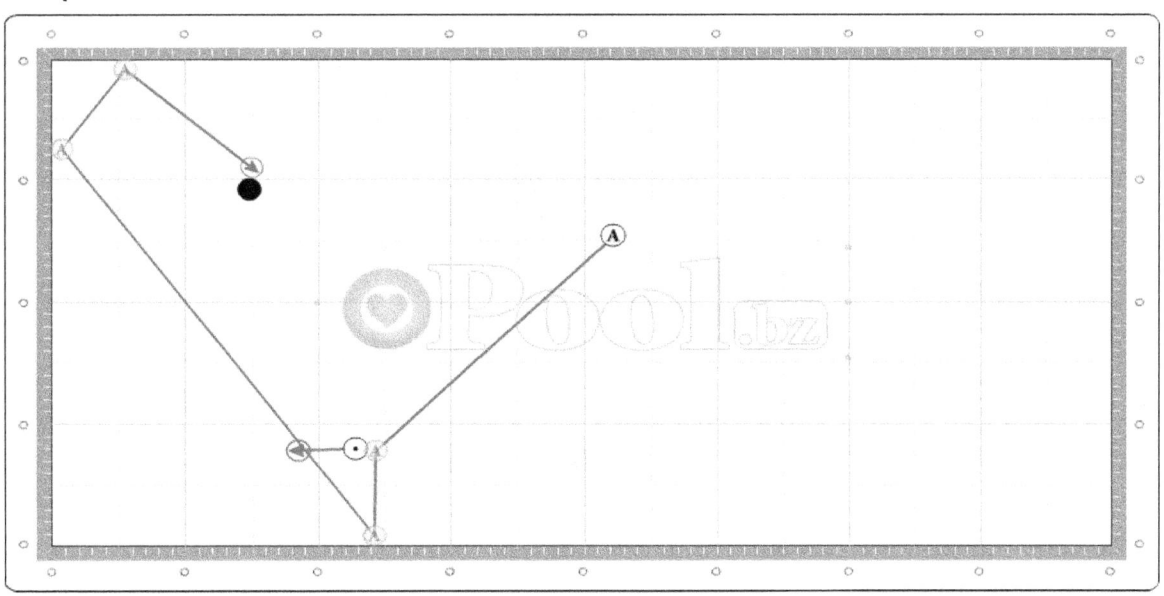

B:3c – Configuração

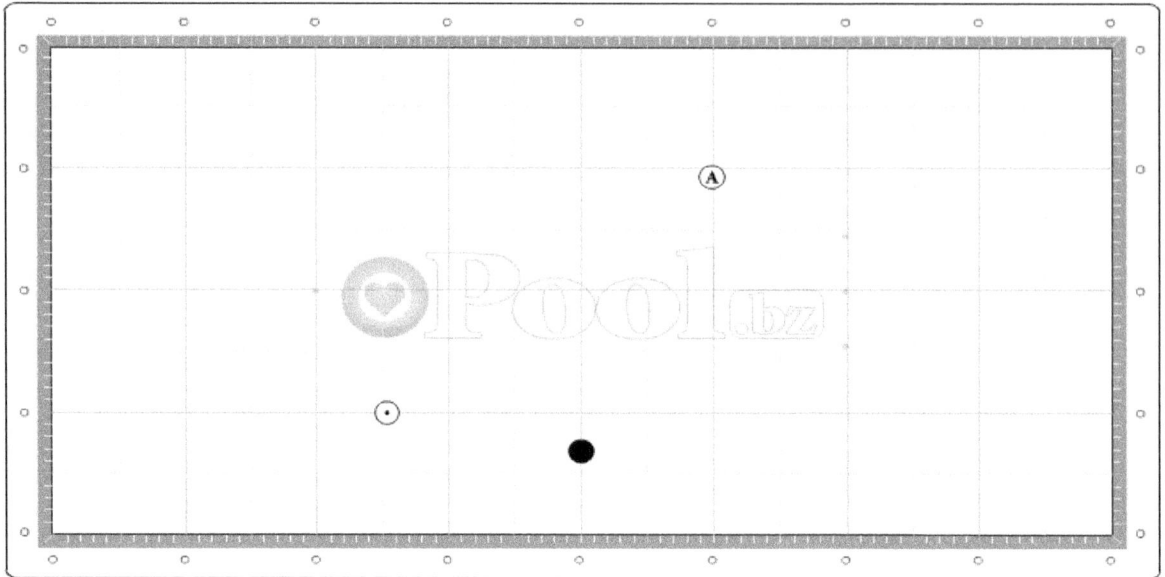

Notas e ideias:

Tiro padrão

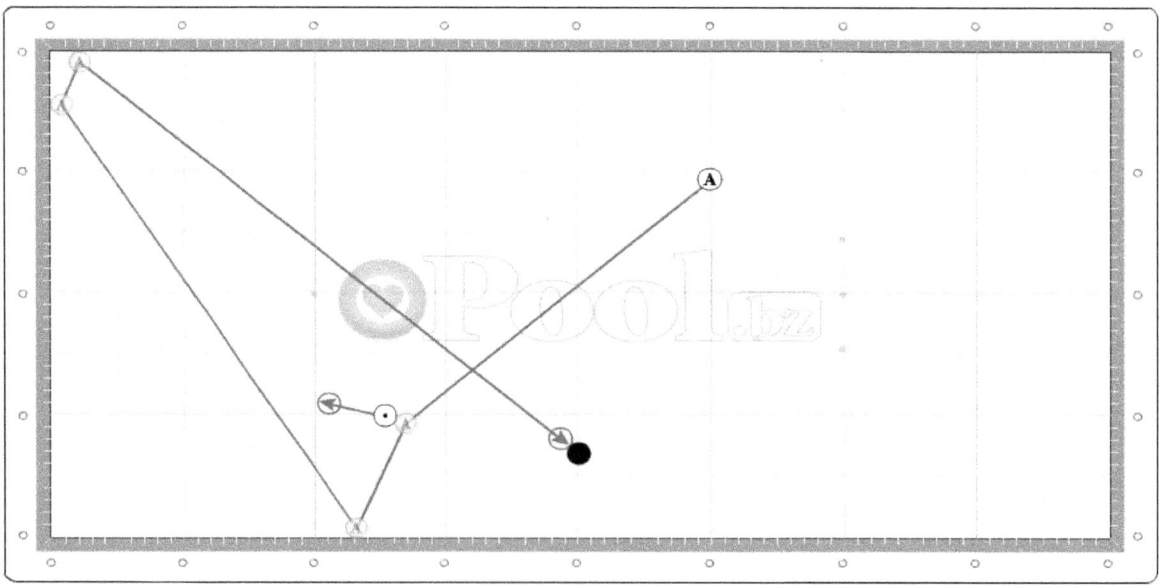

B:3d – Configuração

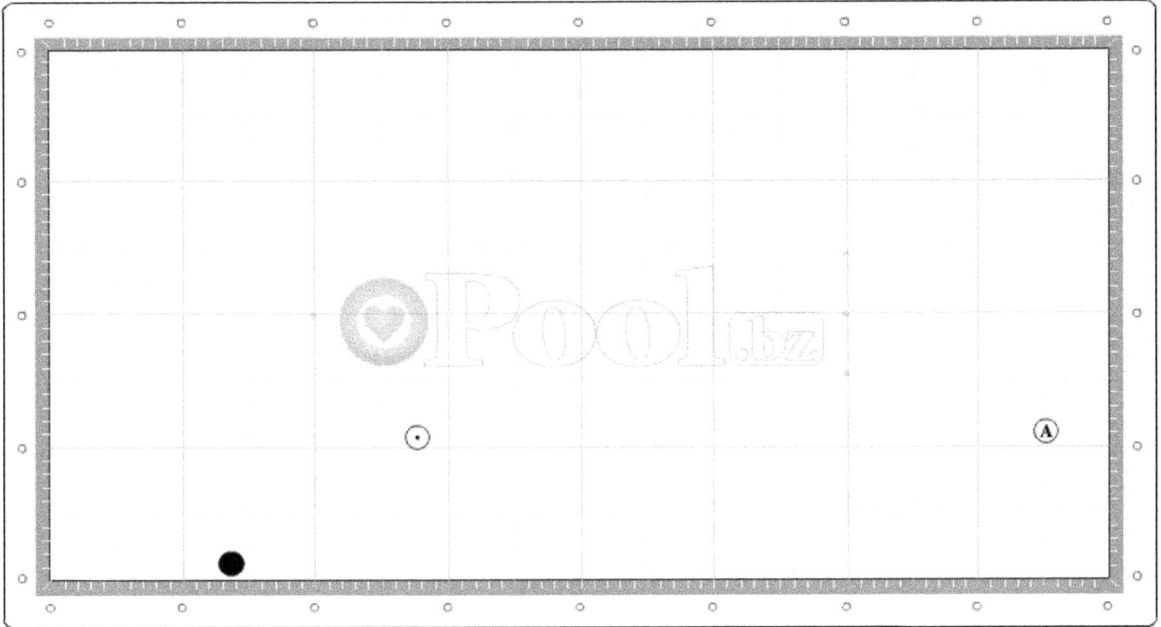

Notas e ideias:

Tiro padrão

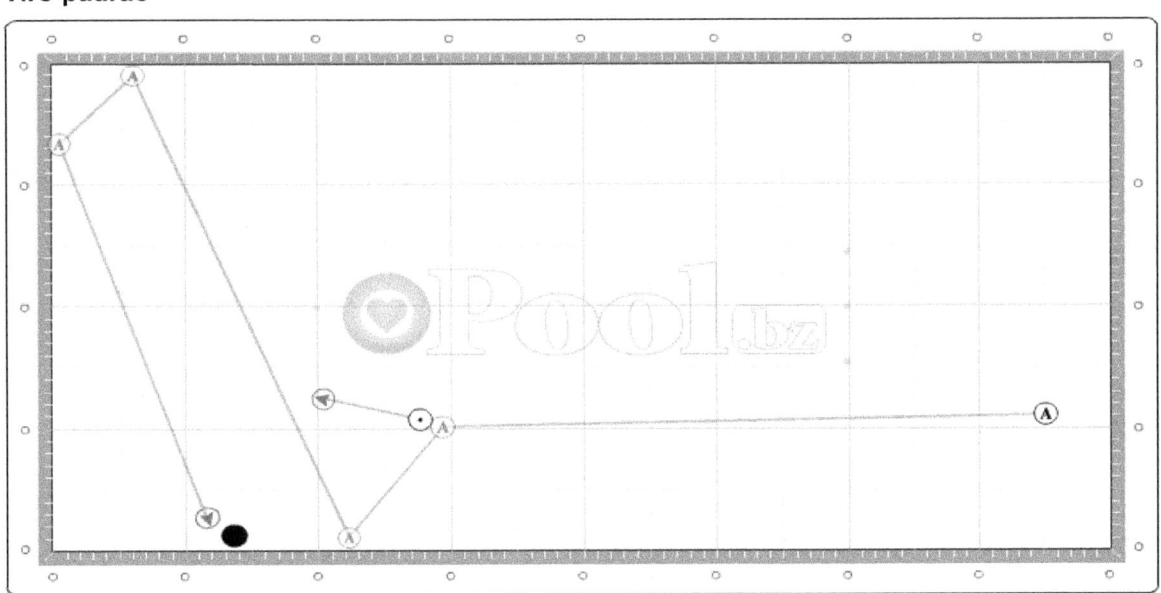

C: Em um canto pequeno

O (CB) sai do primeiro (OB) para o canto das duas primeiras tabelas. Quando o (CB) sai do canto, ele vai para a tabelas longa oposta. O (CB), em seguida, sai da tabelas longa e para o outro (OB).

Ⓐ (CB) (sua bola de bilhar) - ⊙ (OB) (bola de bilhar oponente) - ● (RB) (bola de bilhar vermelha)

C: Grupo 1

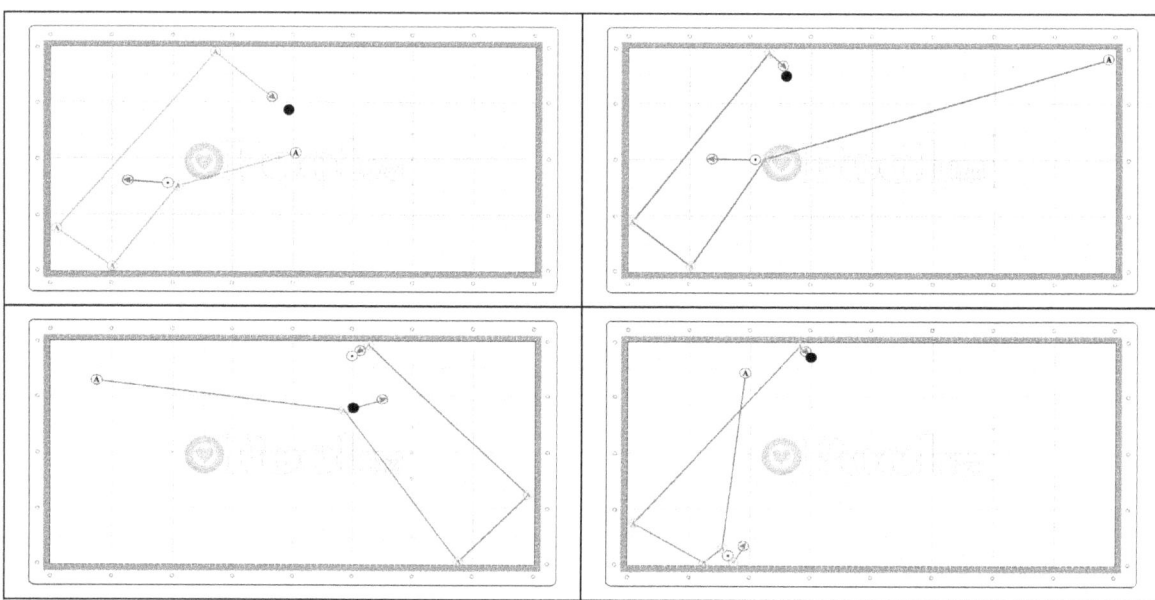

Análise:

C:1a. _____

C:1b. _____

C:1c. _____

C:1d. _____

C:1a – Configuração

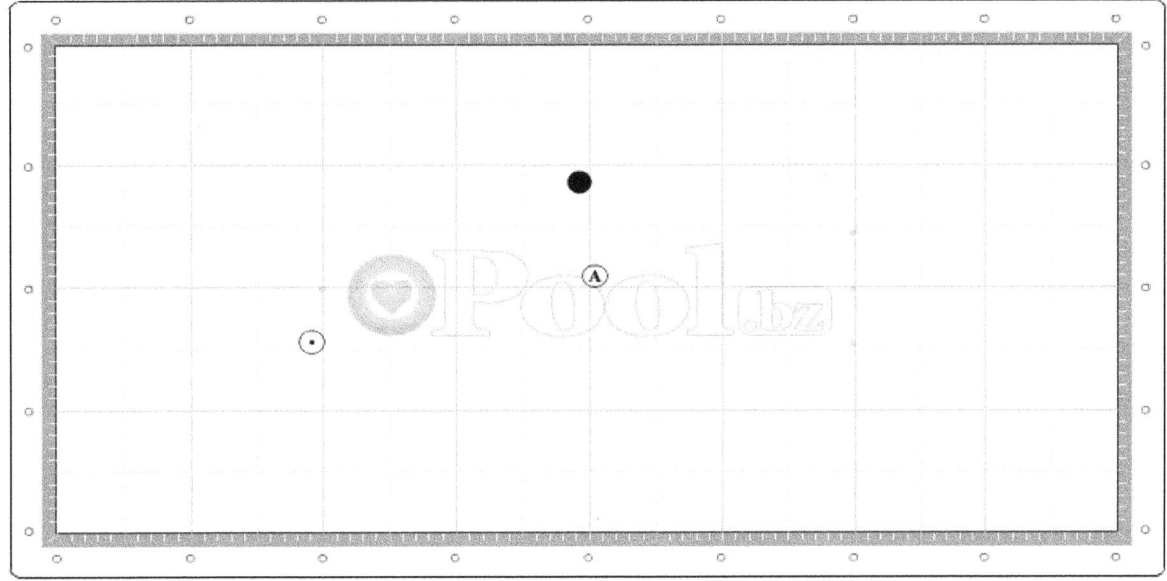

Notas e ideias:

Tiro padrão

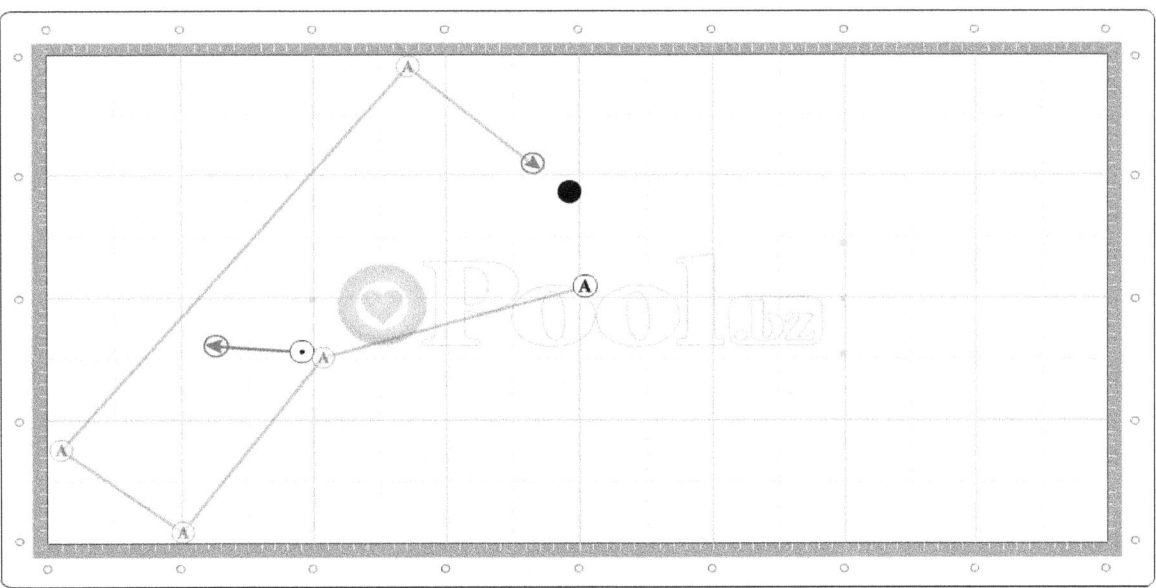

C:1b – Configuração

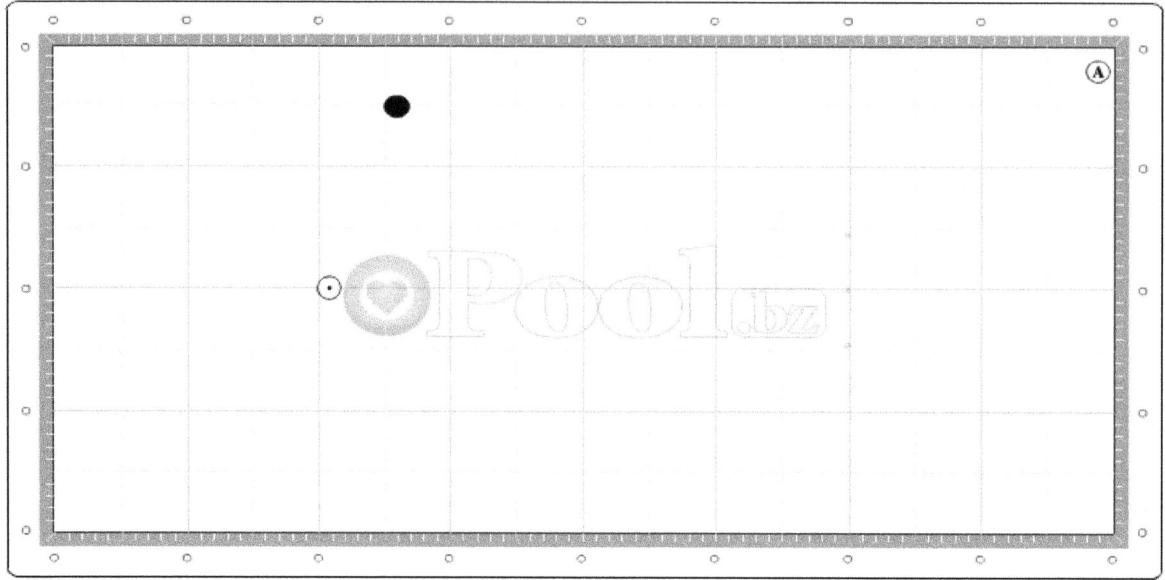

Notas e ideias:

Tiro padrão

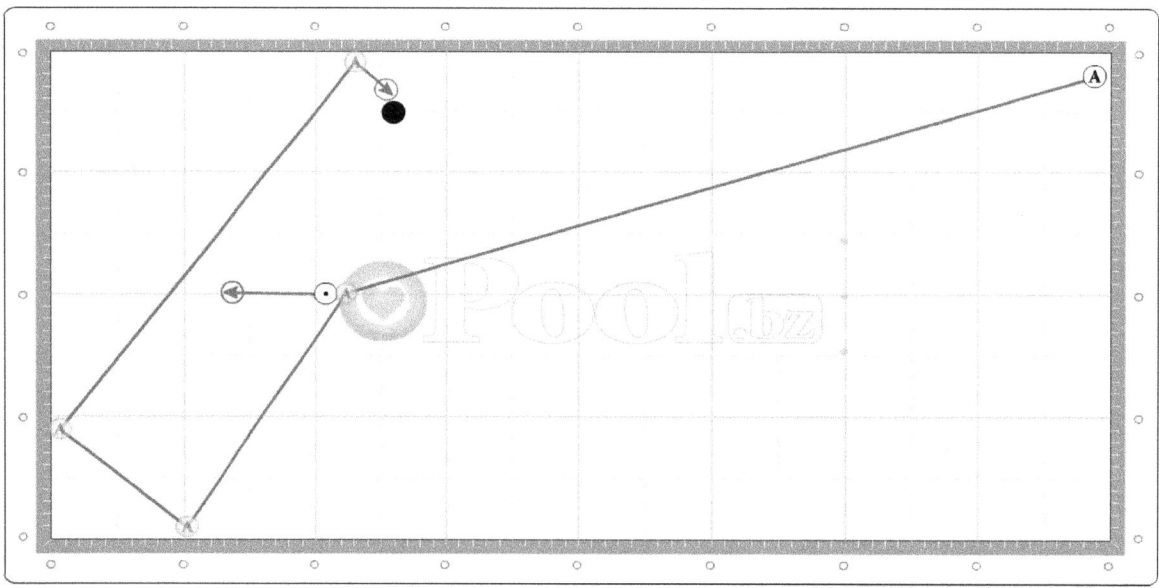

C:1c – Configuração

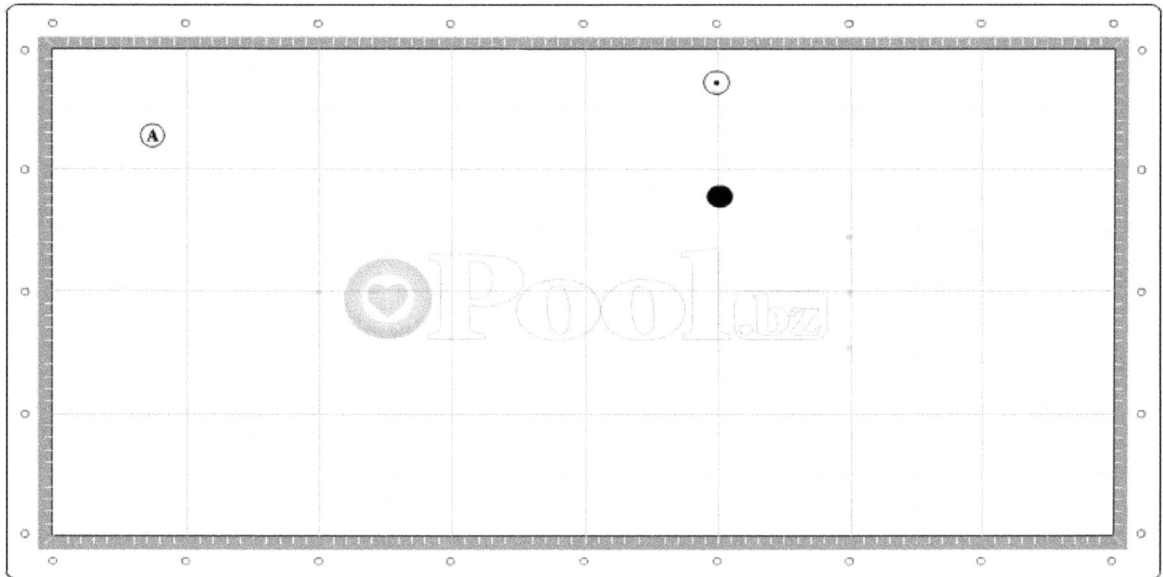

Notas e ideias:

Tiro padrão

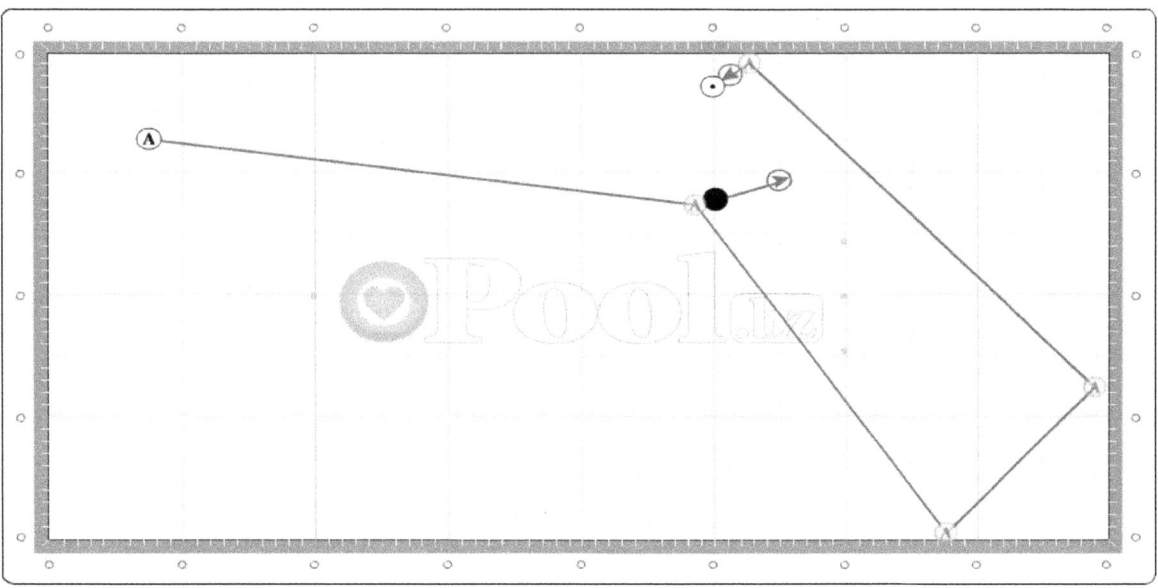

C:1d – Configuração

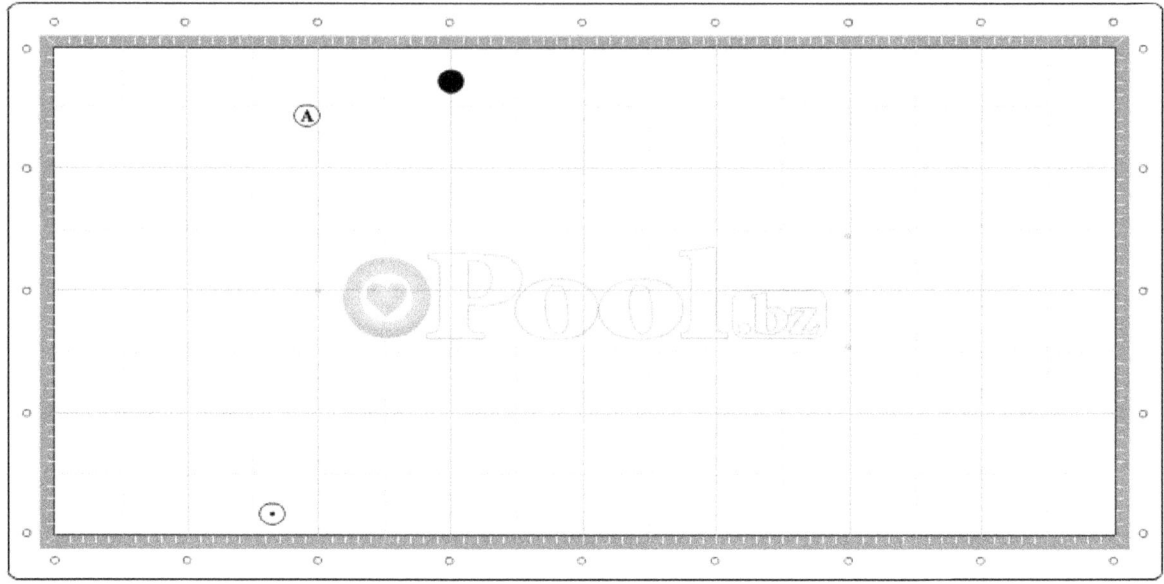

Notas e ideias:

Tiro padrão

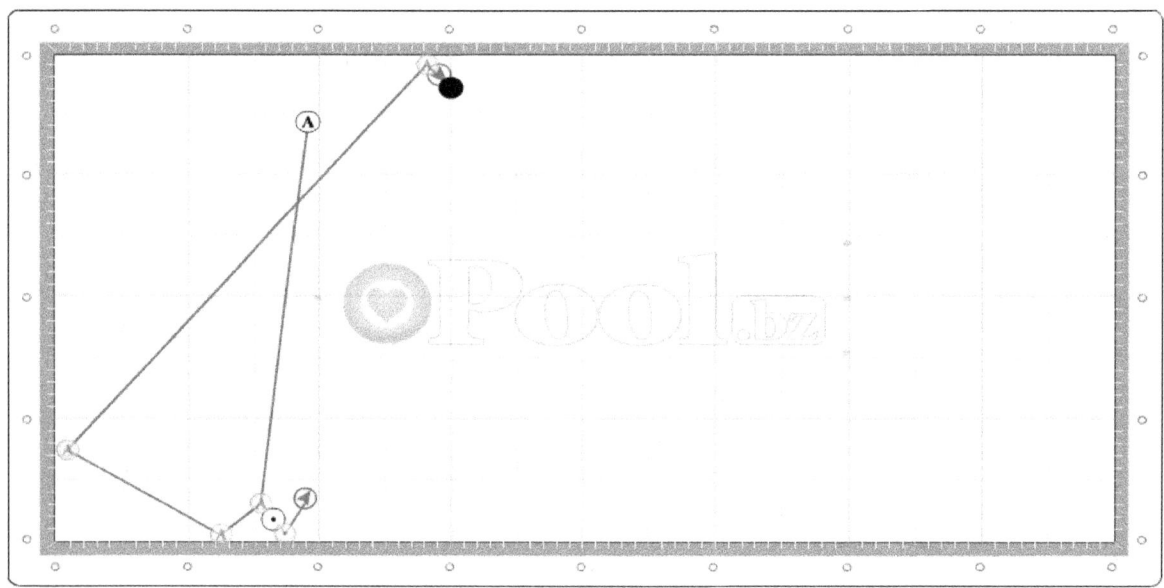

C: Grupo 2

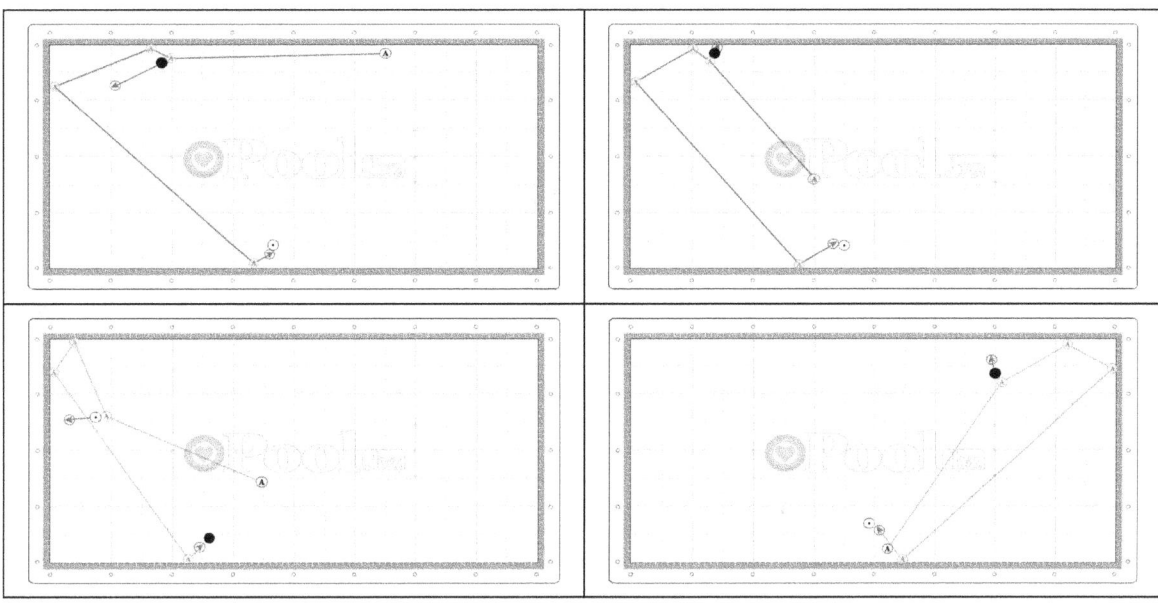

Análise:

C:2a. _____

C:2b. _____

C:2c. _____

C:2d. _____

C:2a – Configuração

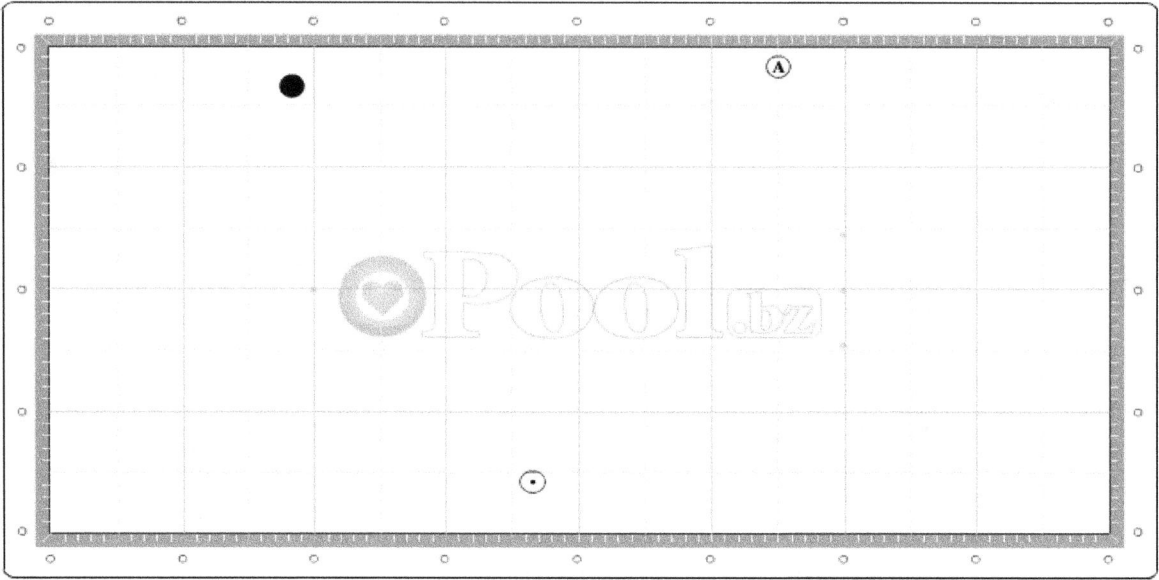

Notas e ideias:

Tiro padrão

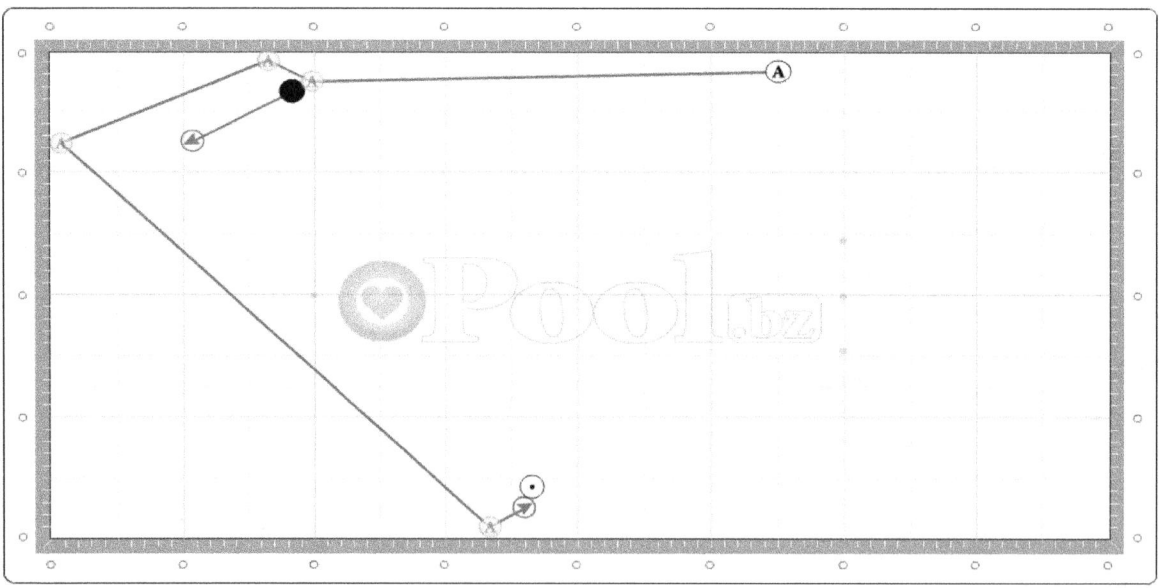

C:2b – Configuração

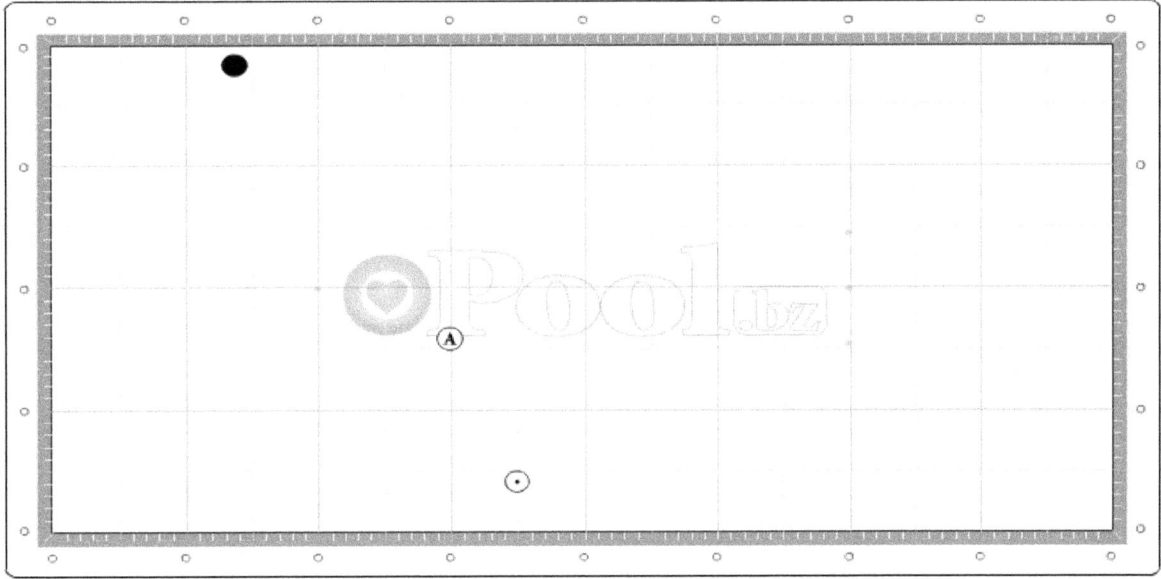

Notas e ideias:

Tiro padrão

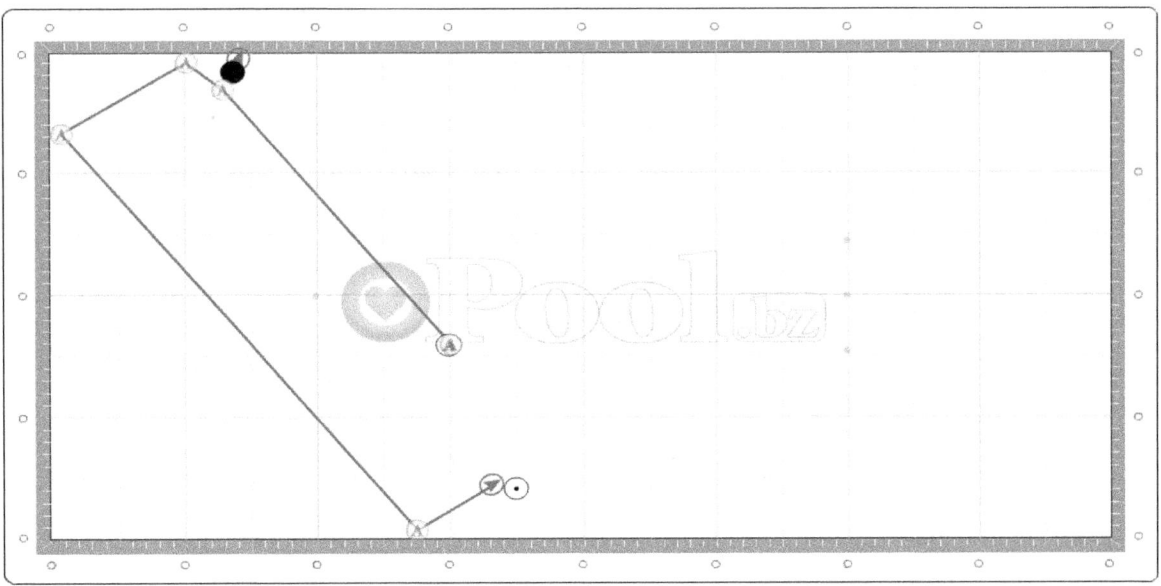

C:2c – Configuração

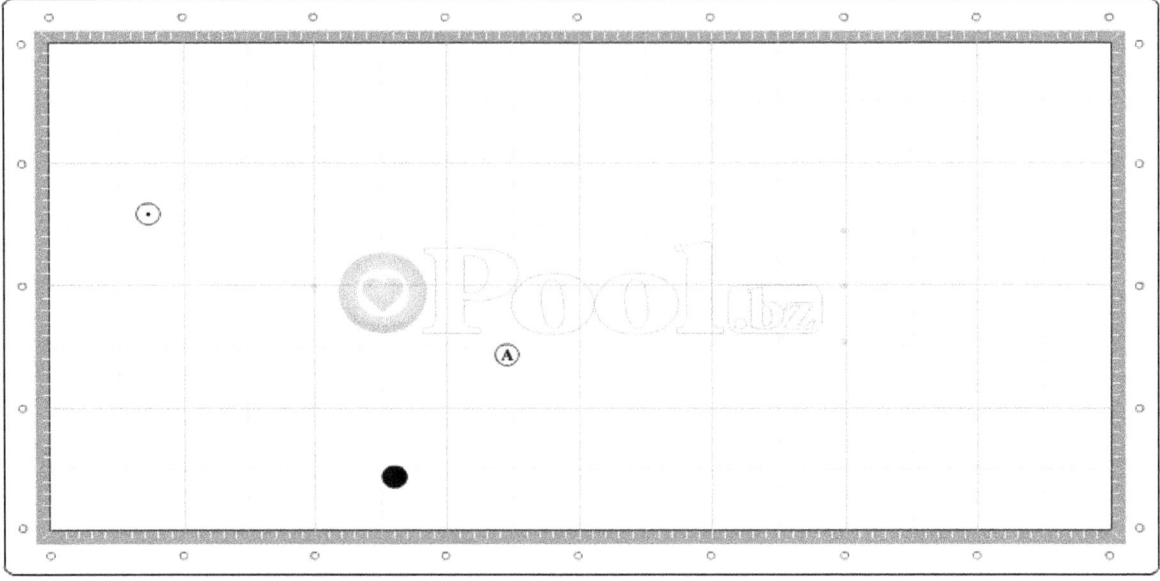

Notas e ideias:

Tiro padrão

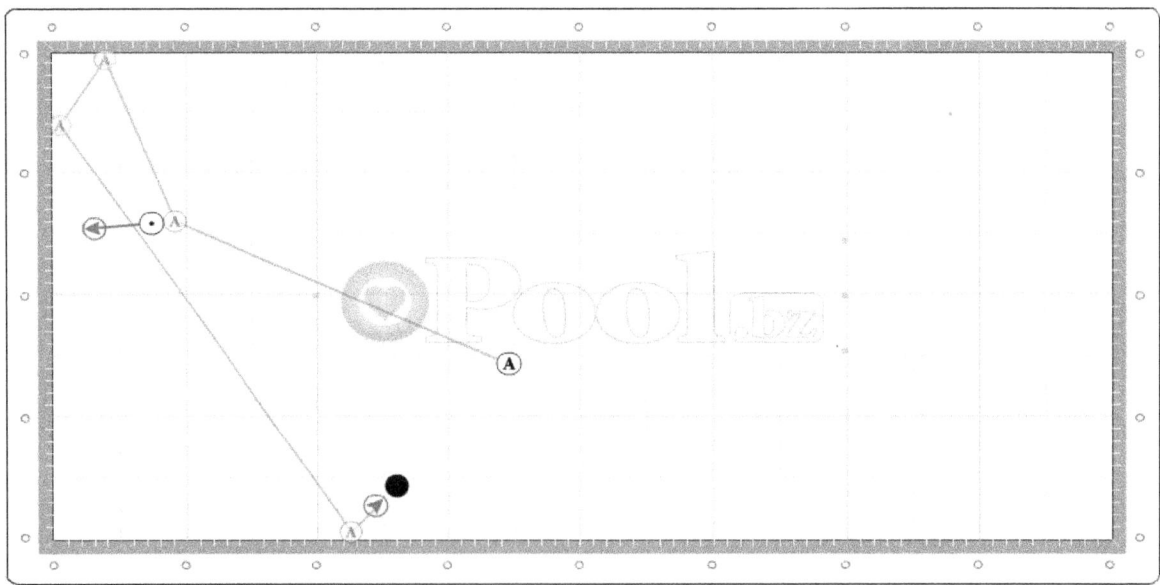

C:2d – Configuração

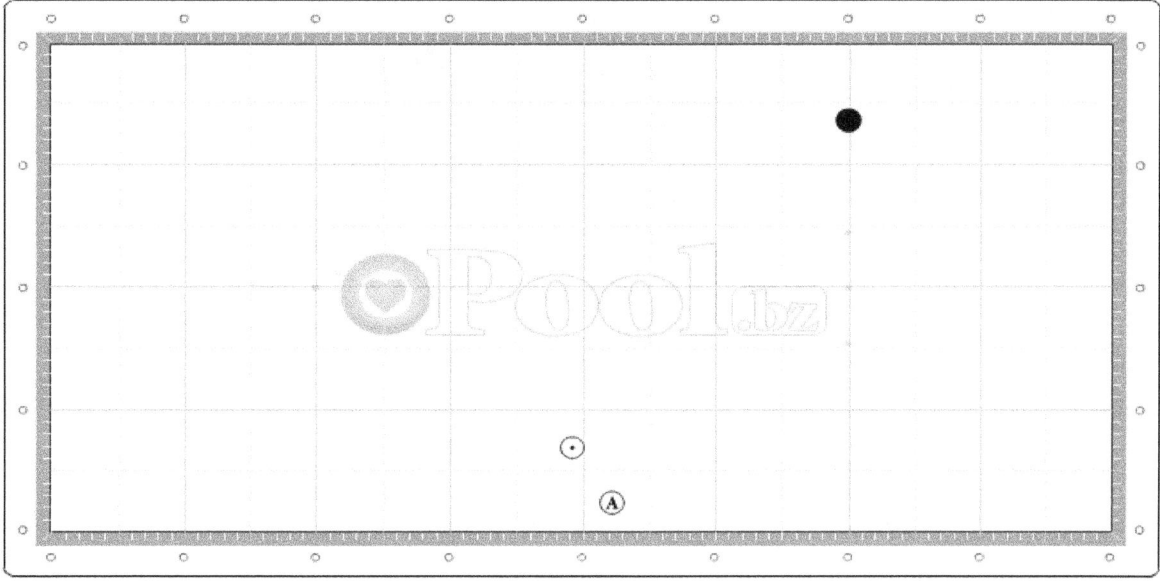

Notas e ideias:

Tiro padrão

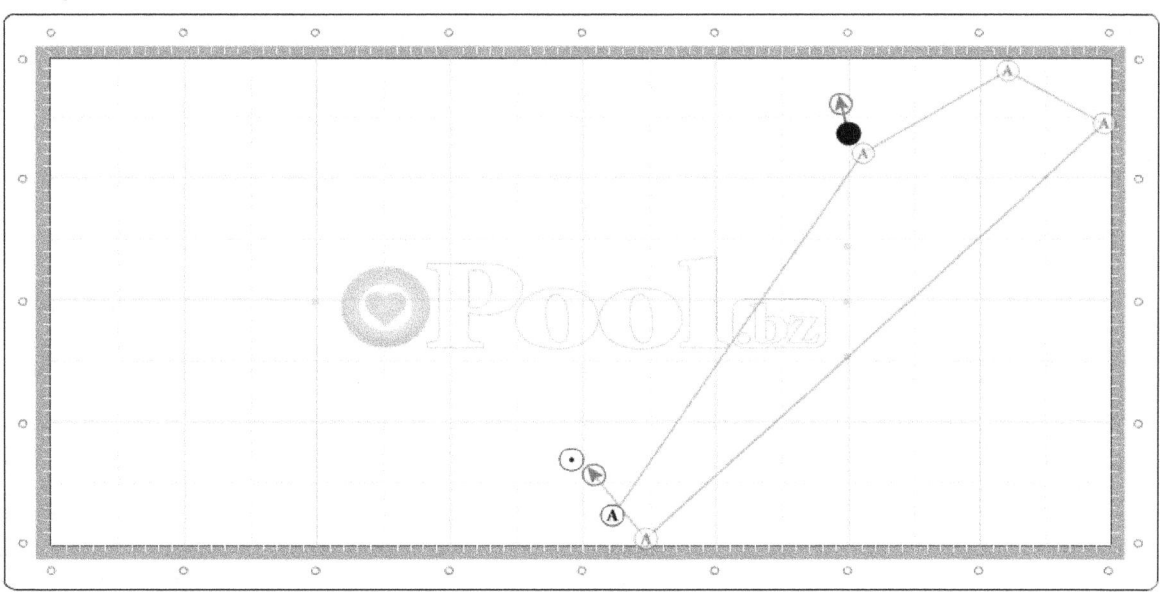

D: Dentro do reverso

O (CB) sai do primeiro (OB) para a primeira tabelas, com rotação lateral e rotação inversa.

Ⓐ (CB) (sua bola de bilhar) - ⊙ (OB) (bola de bilhar oponente) - ● (RB) (bola de bilhar vermelha)

D: Grupo 1

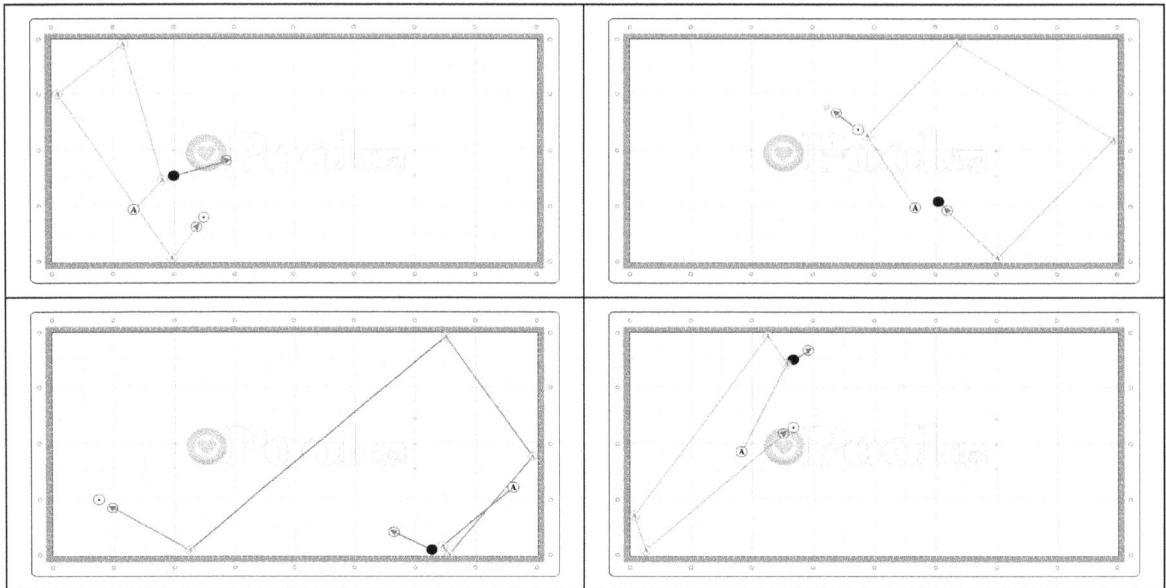

Análise:

D:1a. _____

D:1b. _____

D:1c. _____

D:1d. _____

D:1a – Configuração

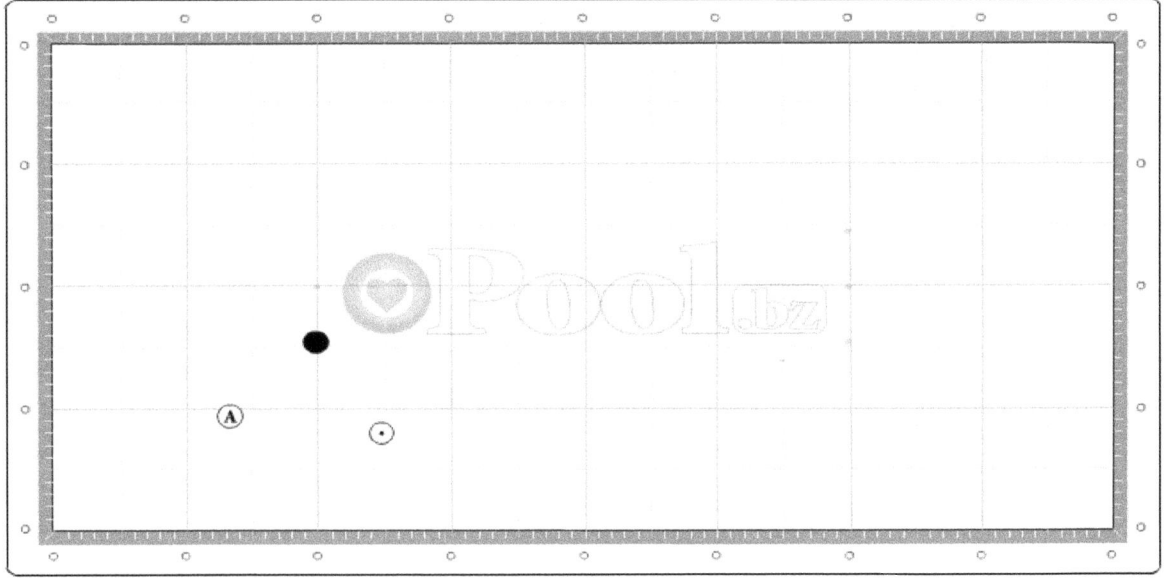

Notas e ideias:

Tiro padrão

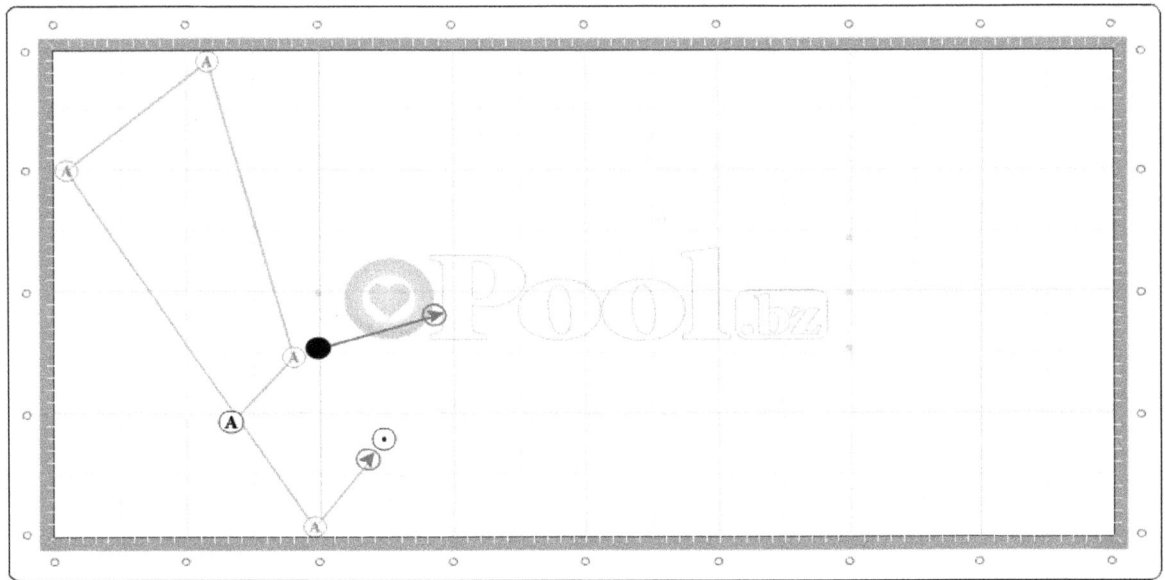

D:1b – Configuração

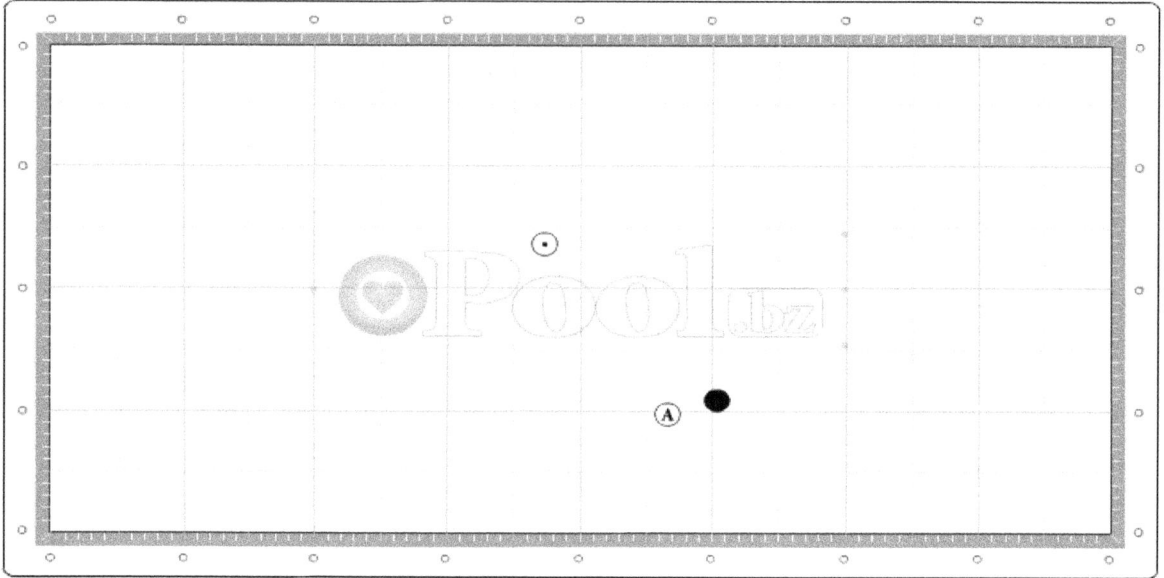

Notas e ideias:

Tiro padrão

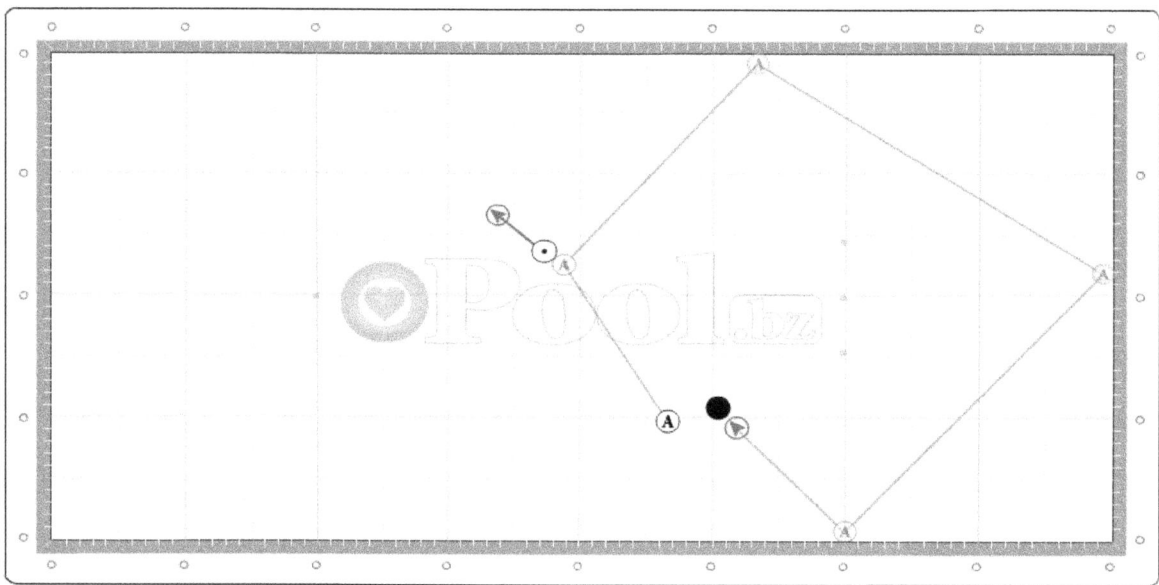

D:1c – Configuração

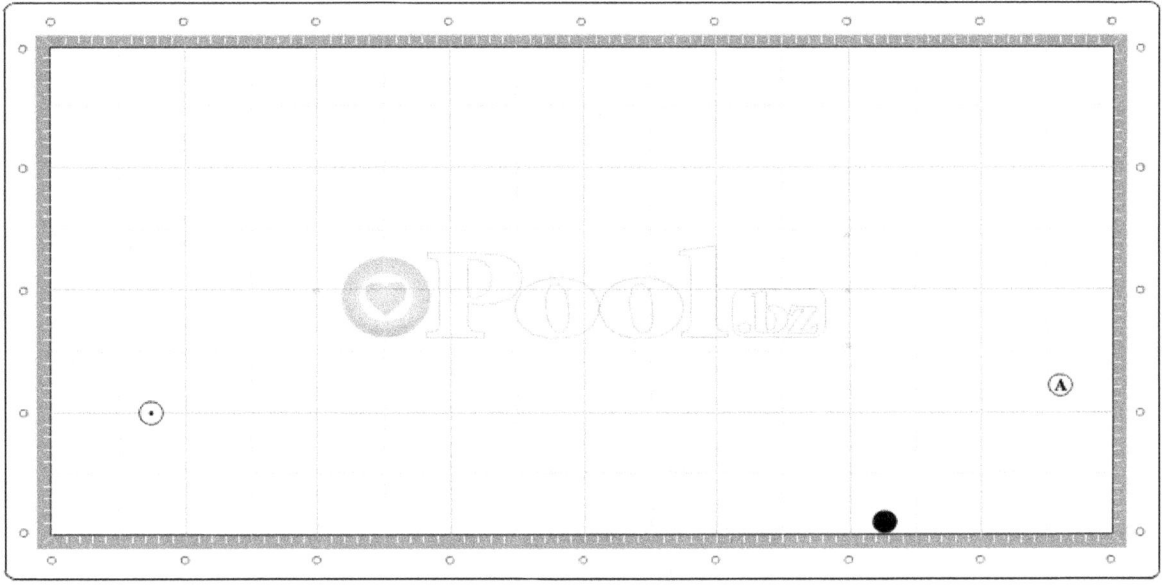

Notas e ideias:

Tiro padrão

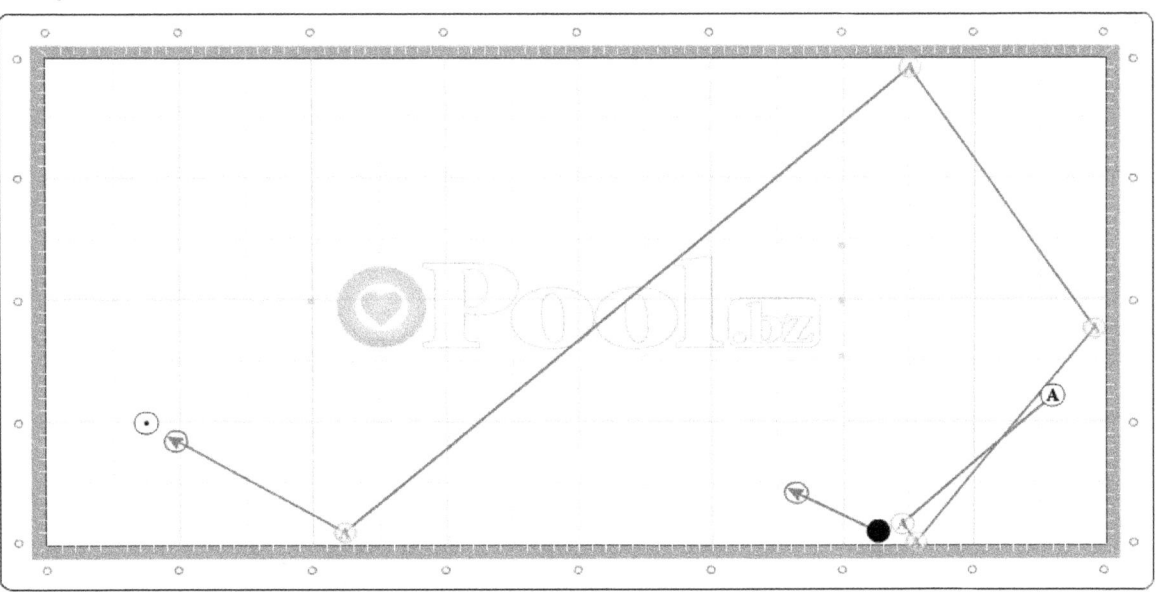

D:1d – Configuração

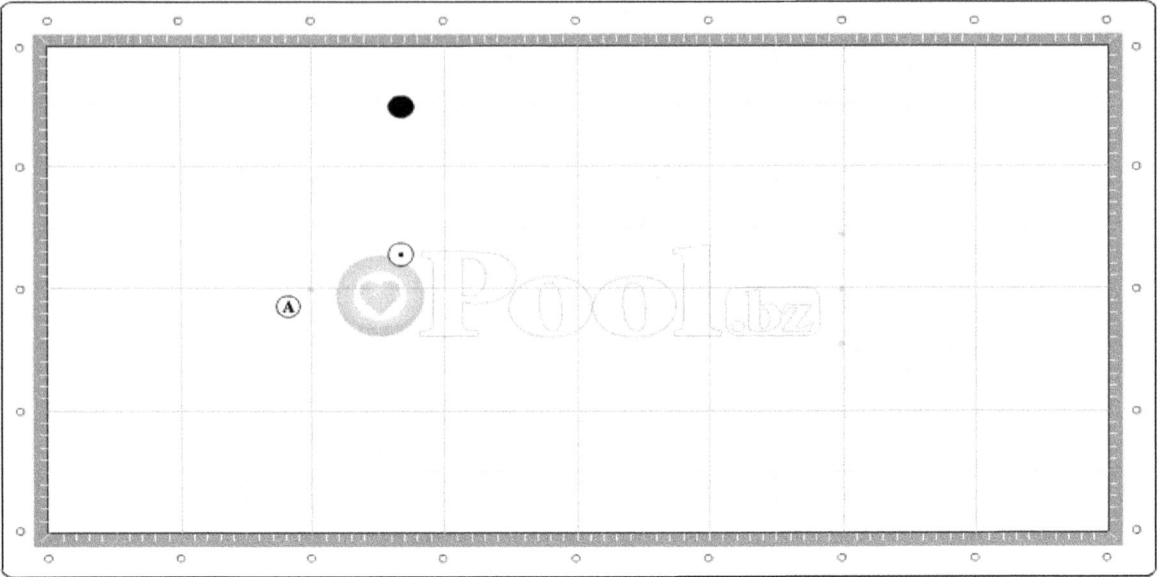

Notas e ideias:

Tiro padrão

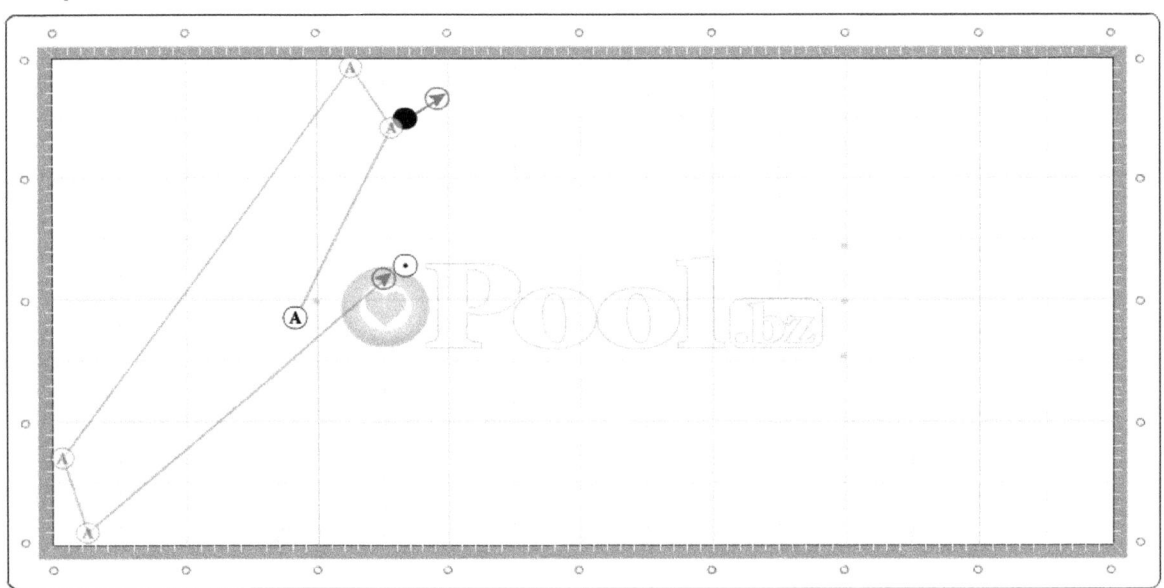

D: Grupo 2

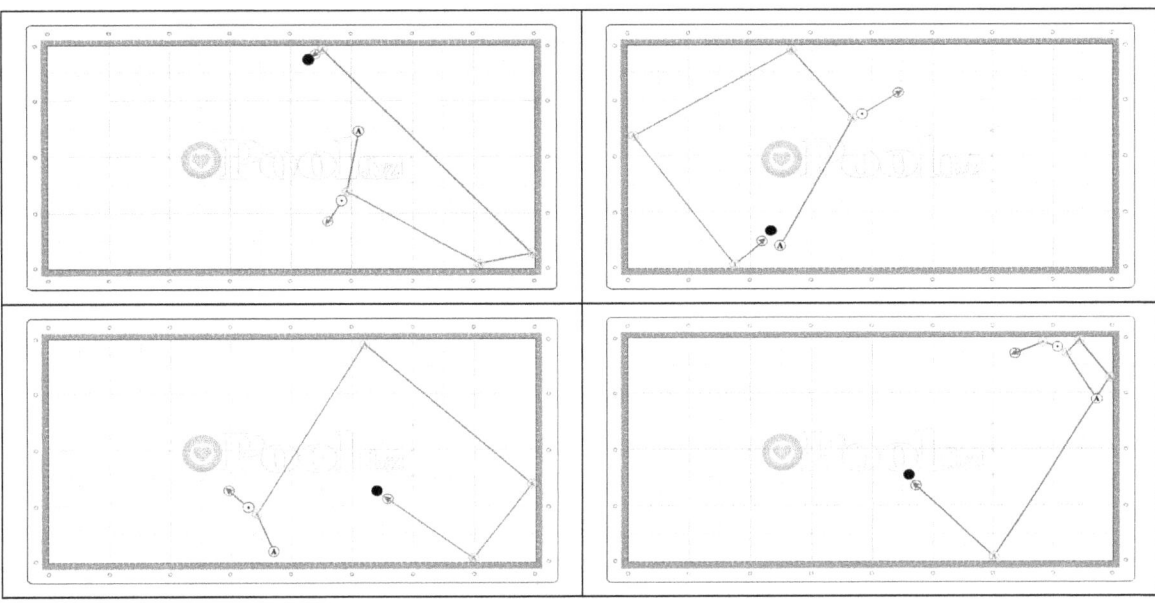

Análise:

D:2a. _____

D:2b. _____

D:2c. _____

D:2d. _____

D:2a – Configuração

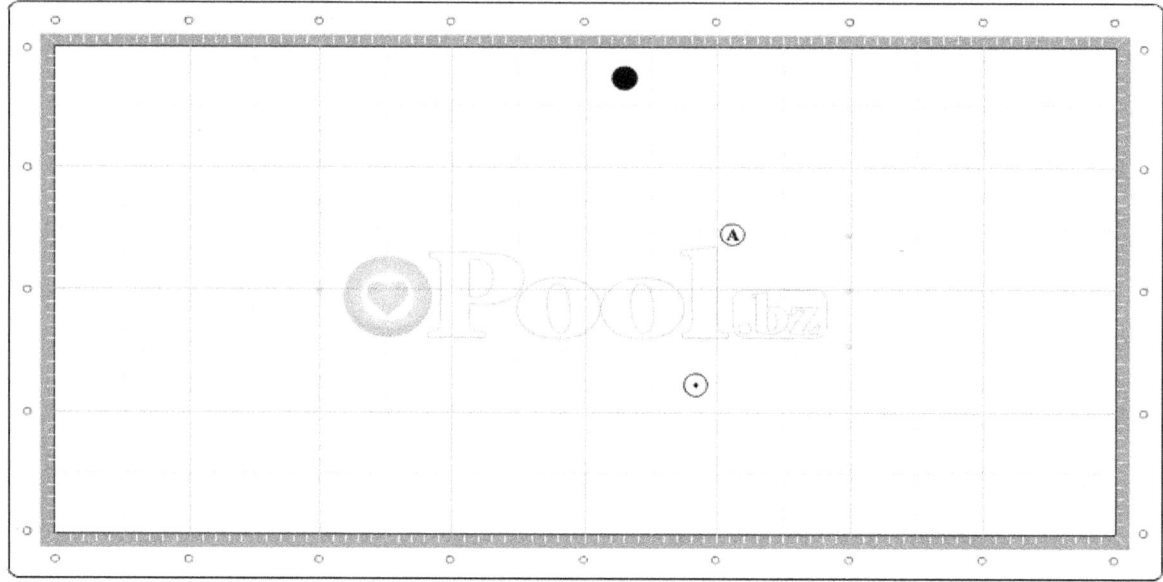

Notas e ideias:

Tiro padrão

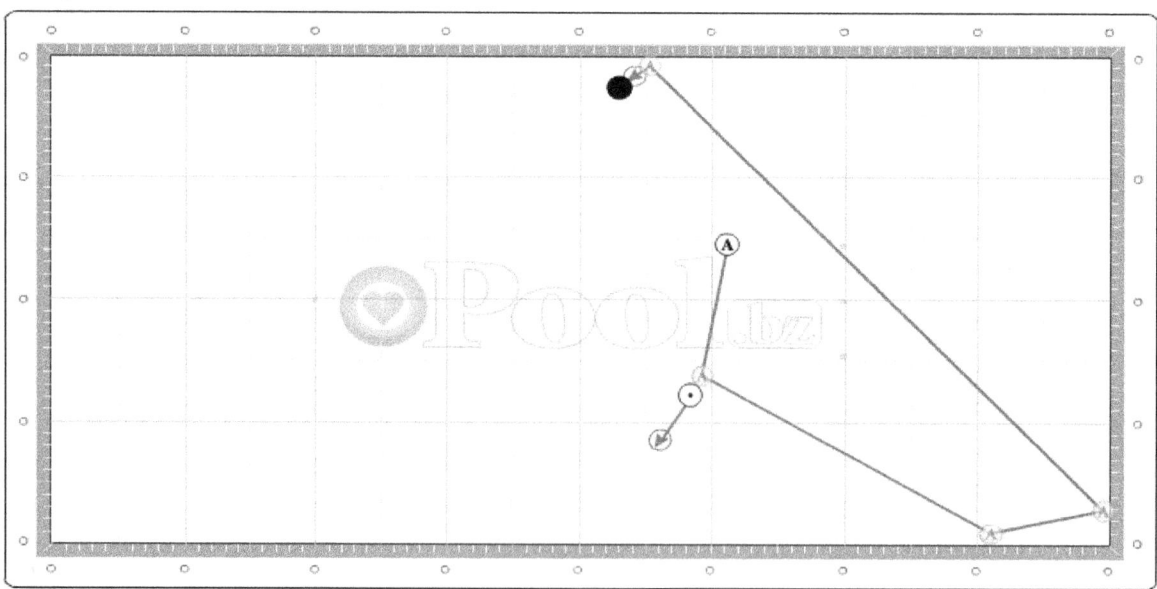

D:2b – Configuração

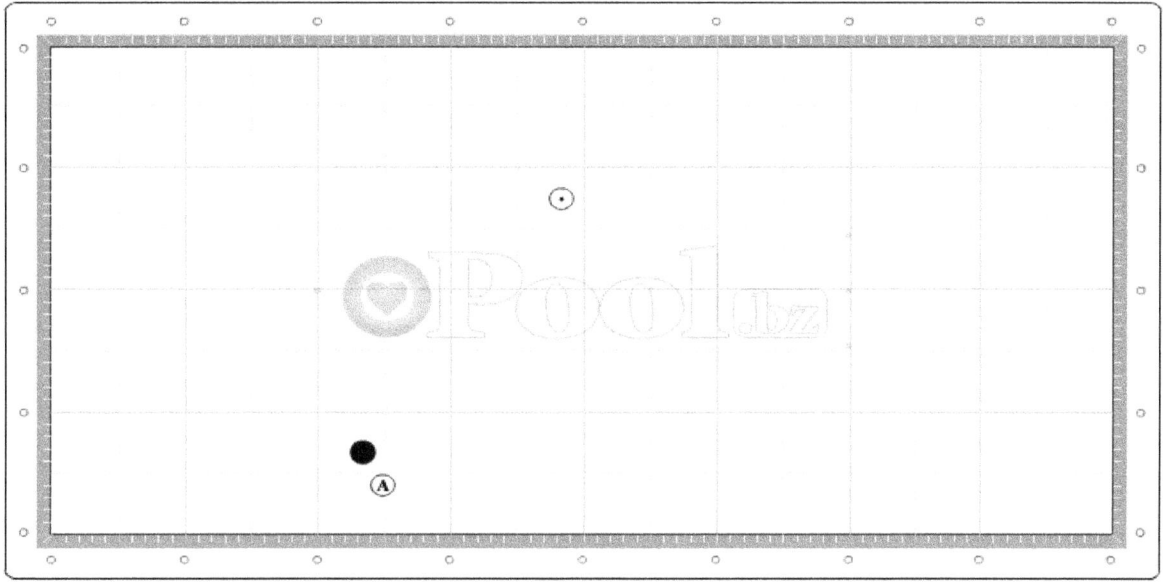

Notas e ideias:

Tiro padrão

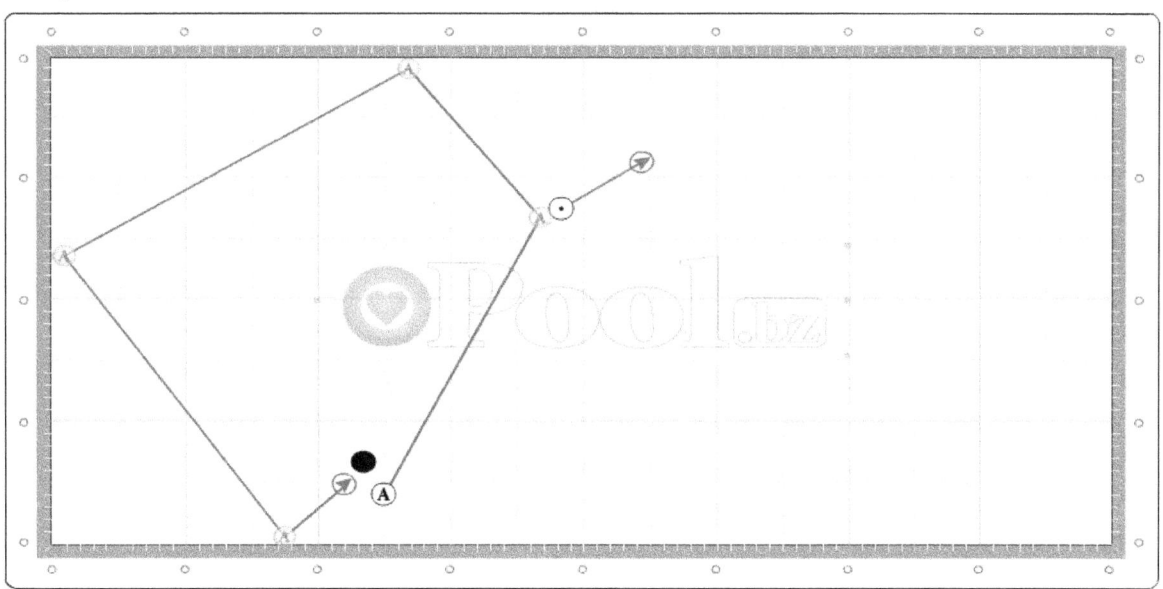

D:2c – Configuração

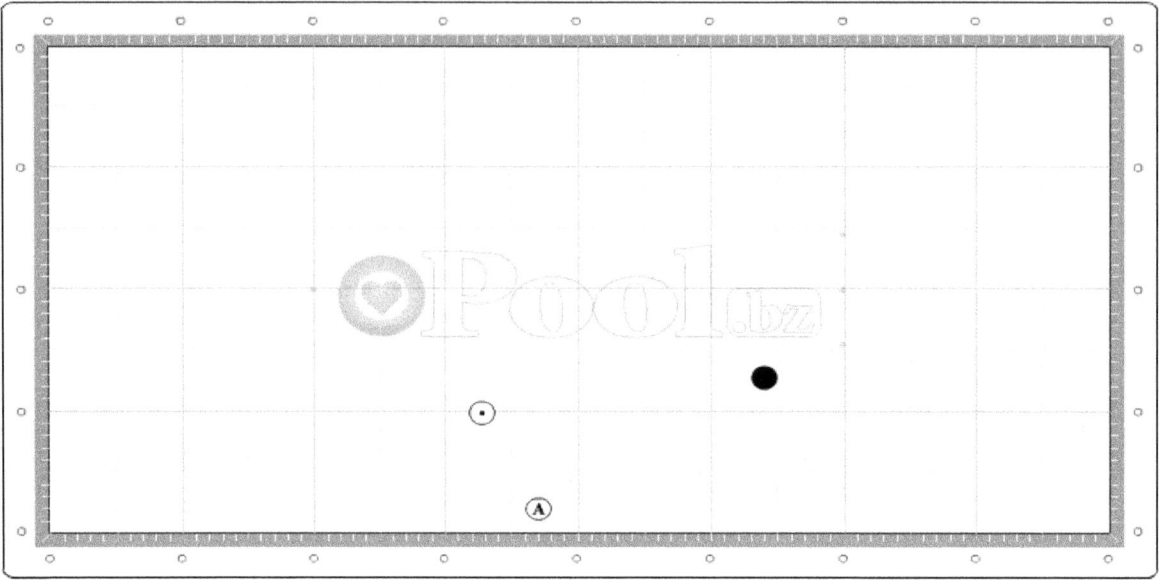

Notas e ideias:

Tiro padrão

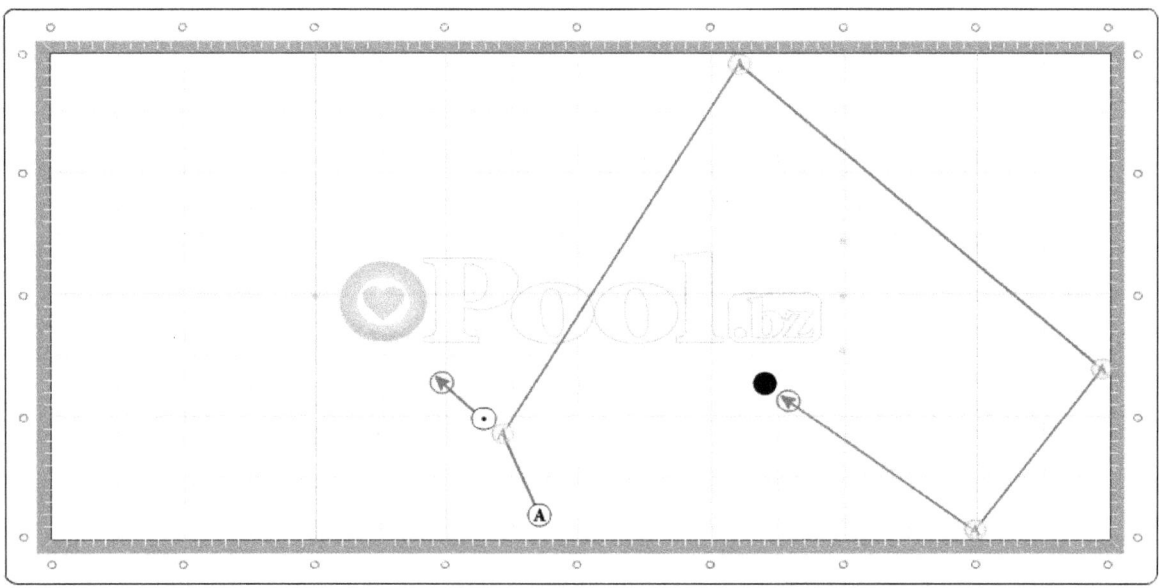

D:2d – Configuração

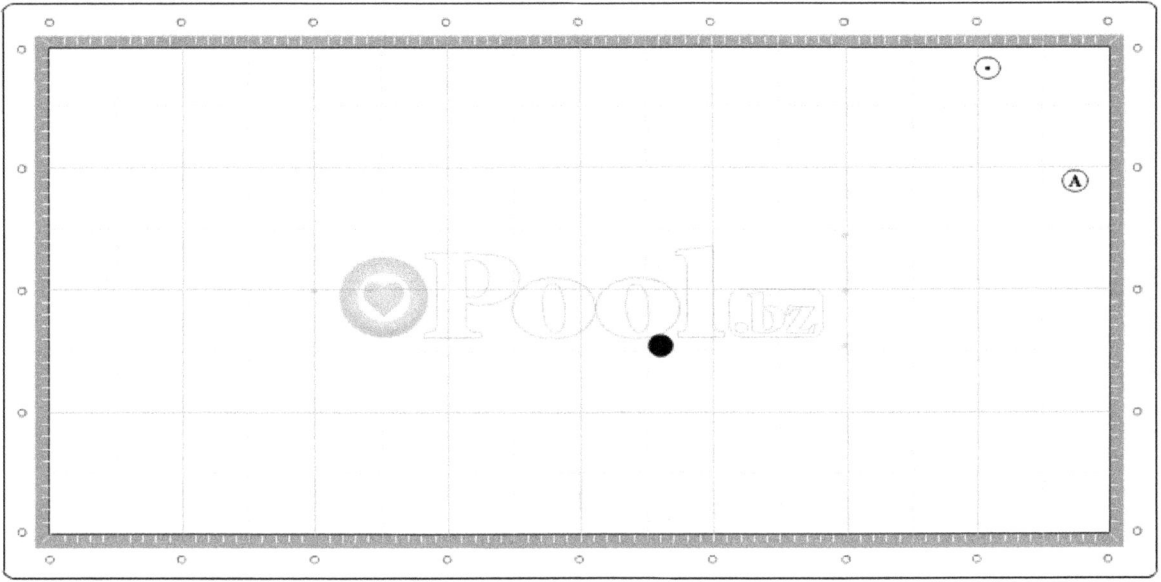

Notas e ideias:

Tiro padrão

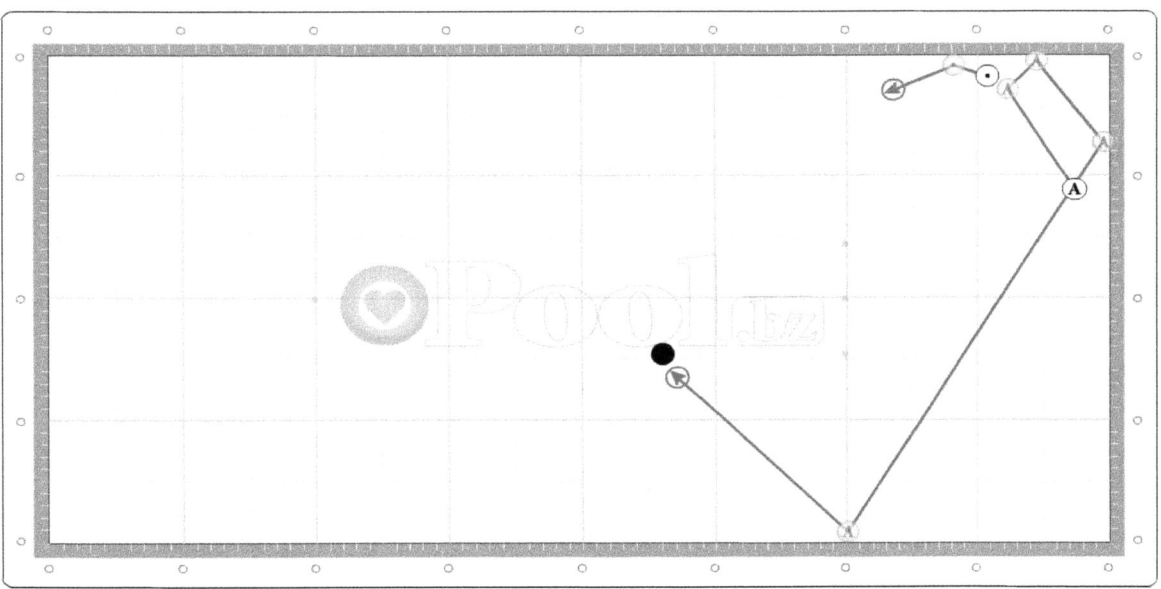

D: Grupo 3

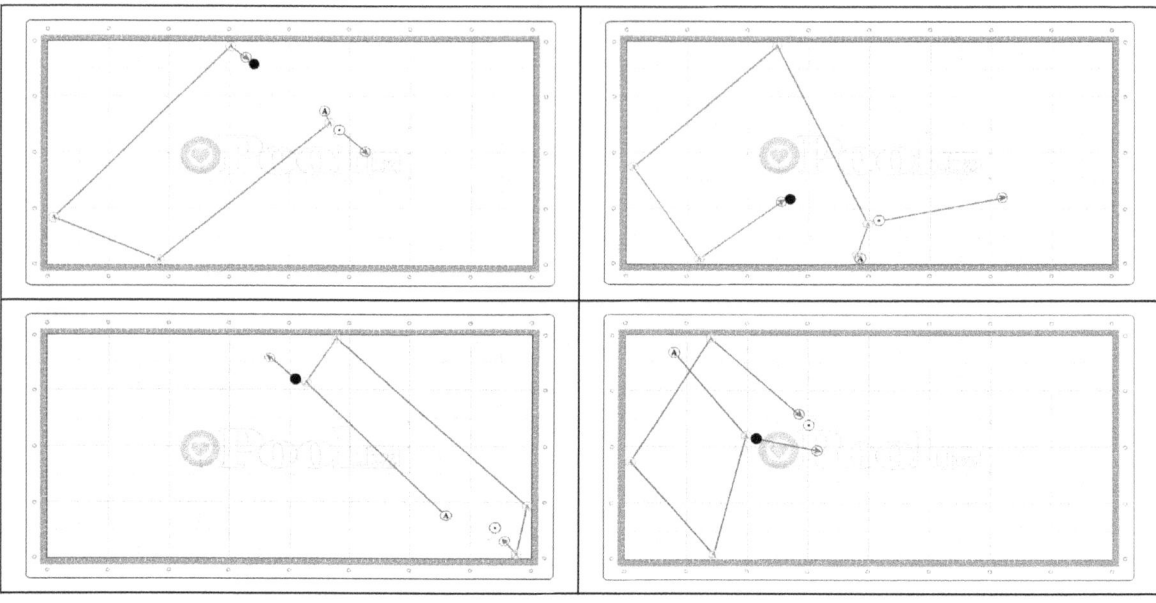

Análise:

D:3a. _____

D:3b. _____

D:3c. _____

D:3d. _____

D:3a – Configuração

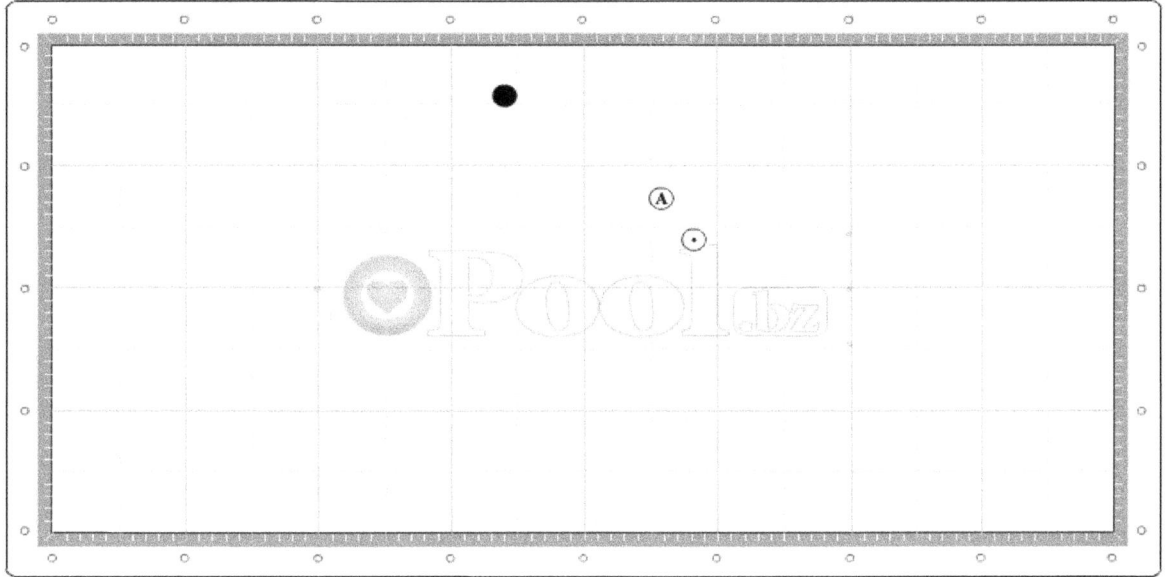

Notas e ideias:

Tiro padrão

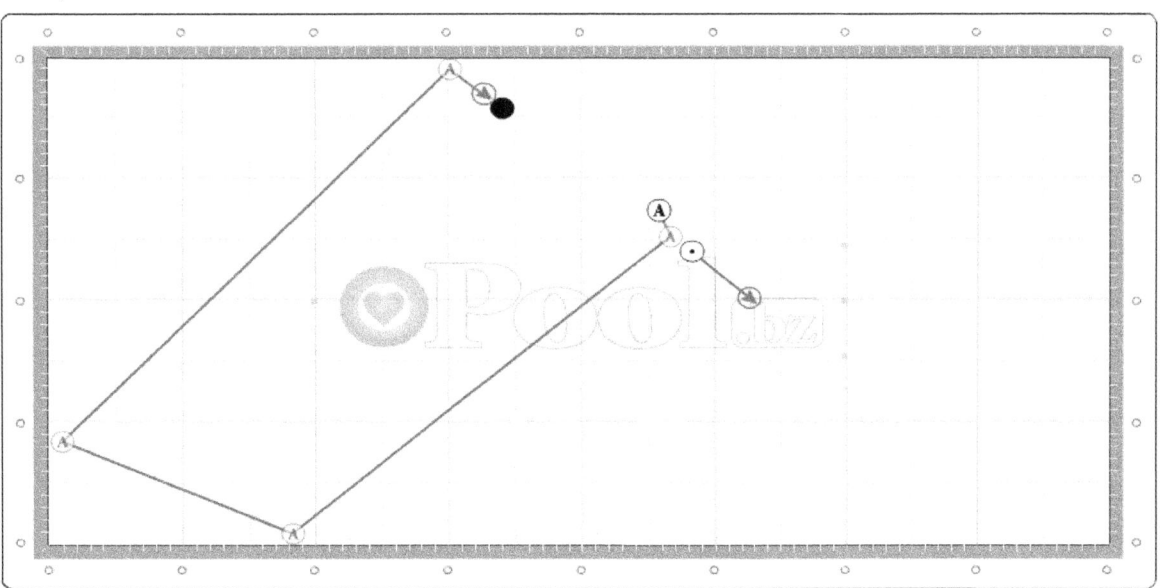

D:3b – Configuração

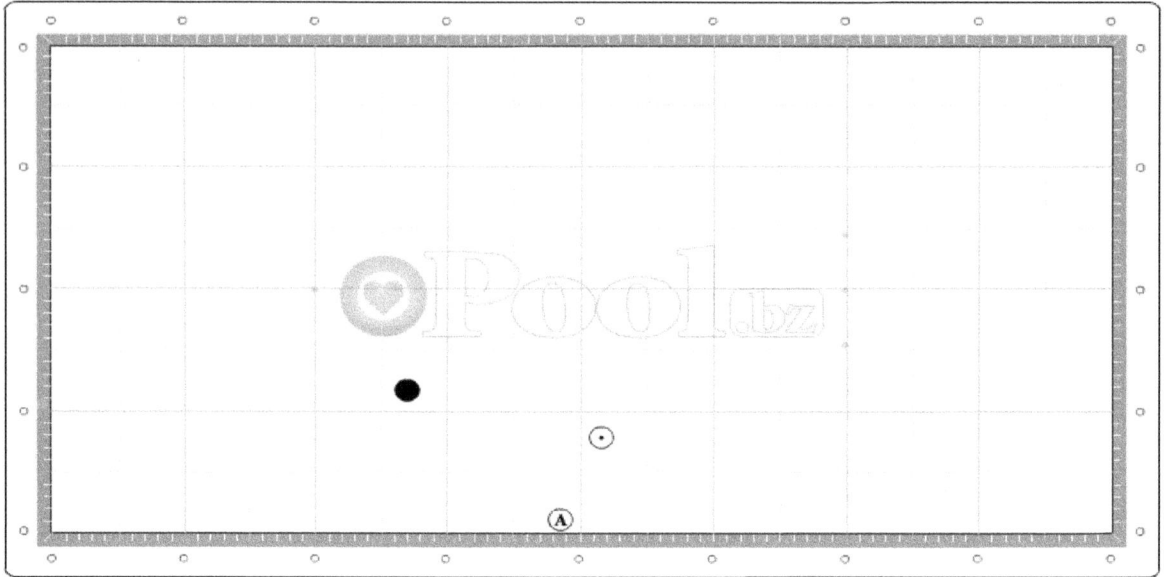

Notas e ideias:

Tiro padrão

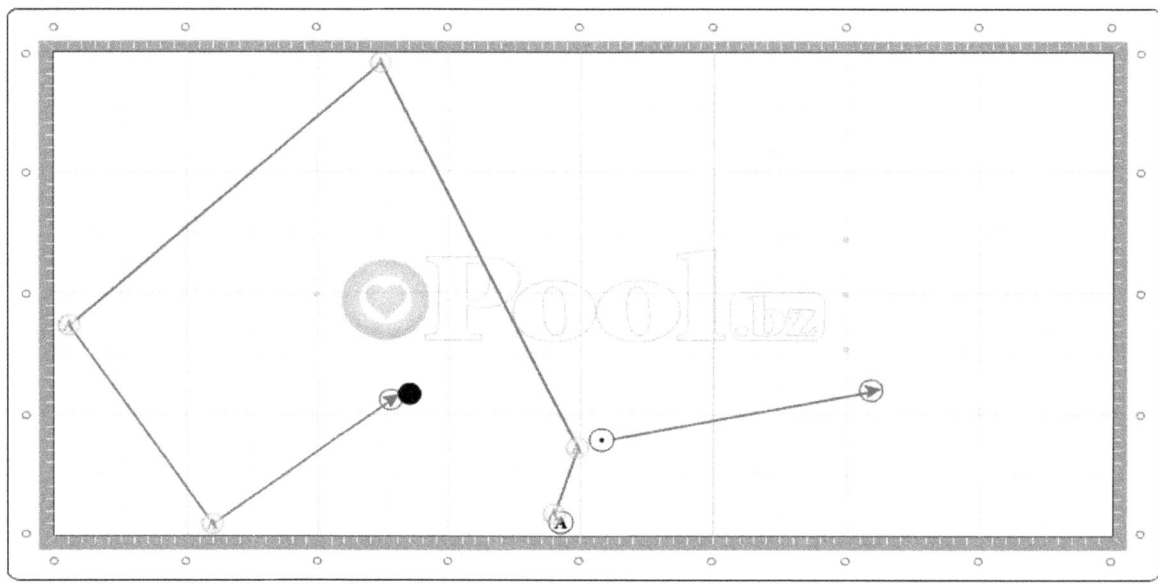

D:3c – Configuração

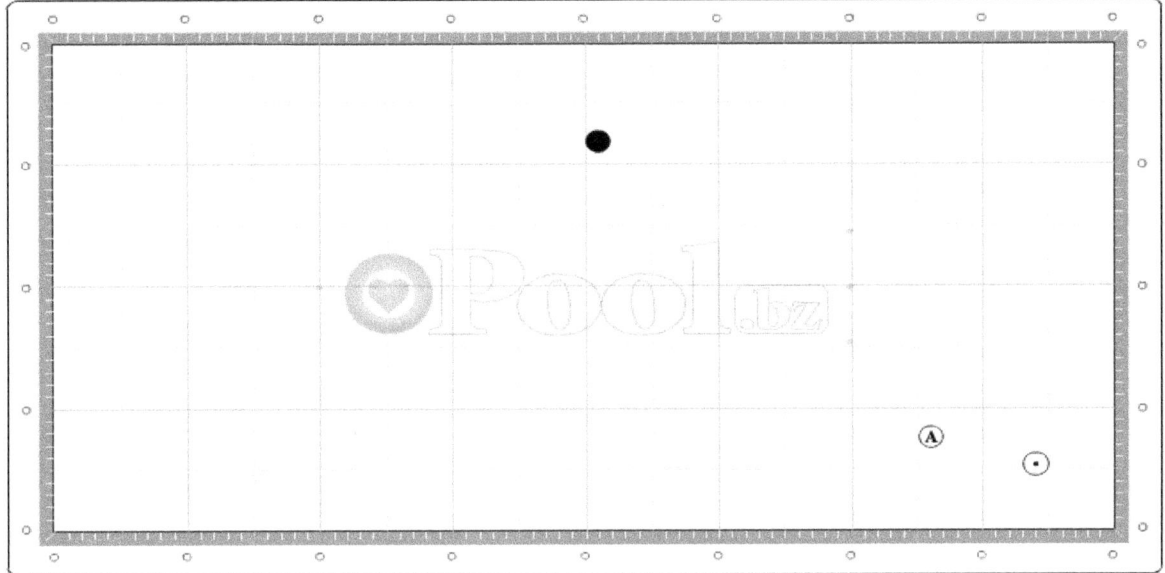

Notas e ideias:

Tiro padrão

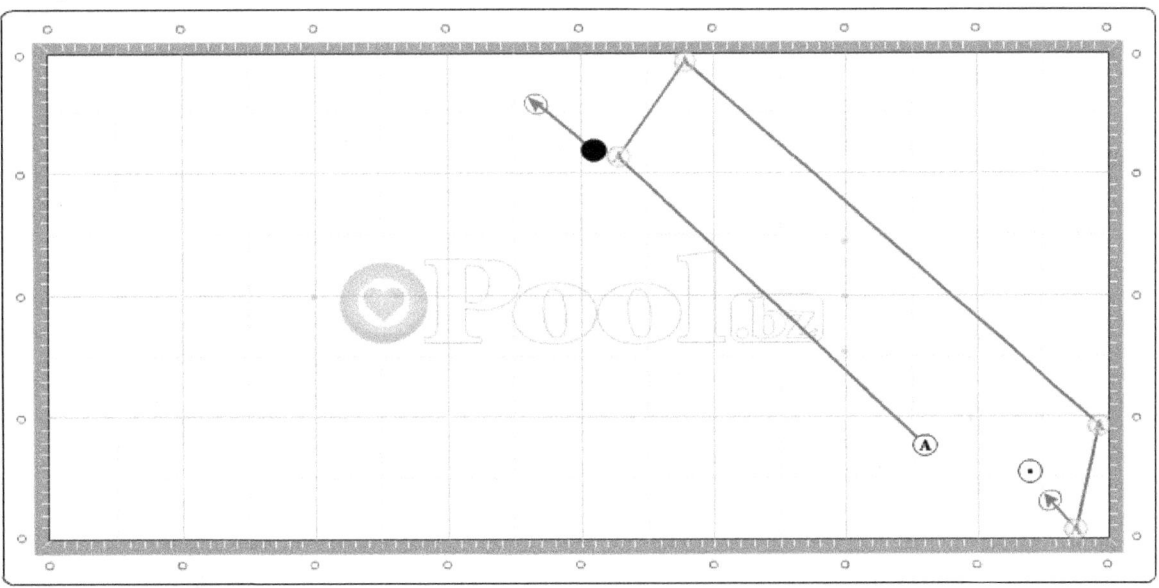

D:3d – Configuração

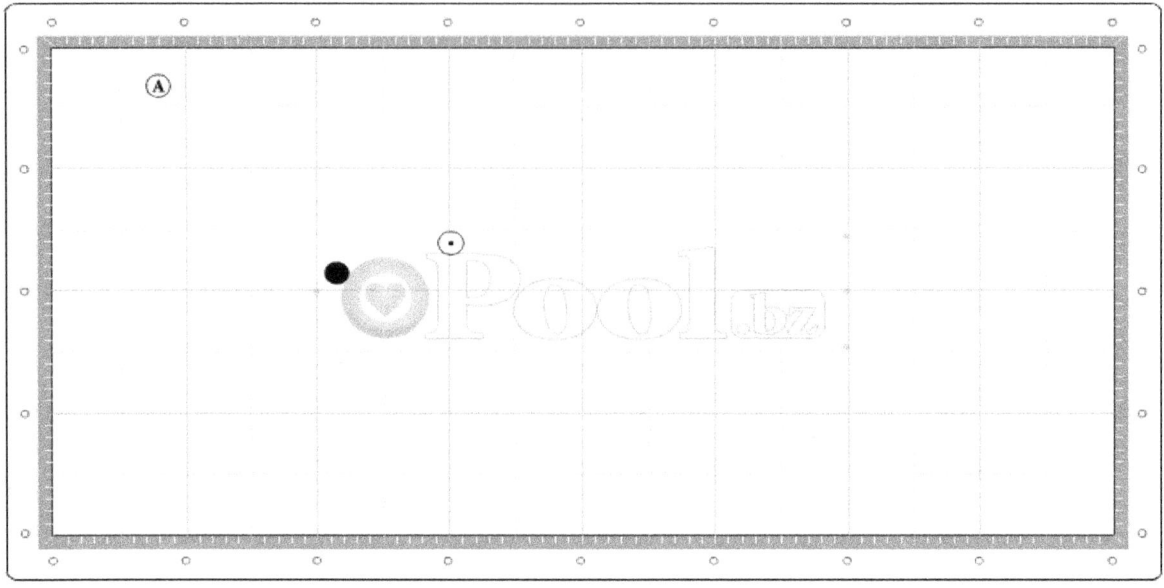

Notas e ideias:

Tiro padrão

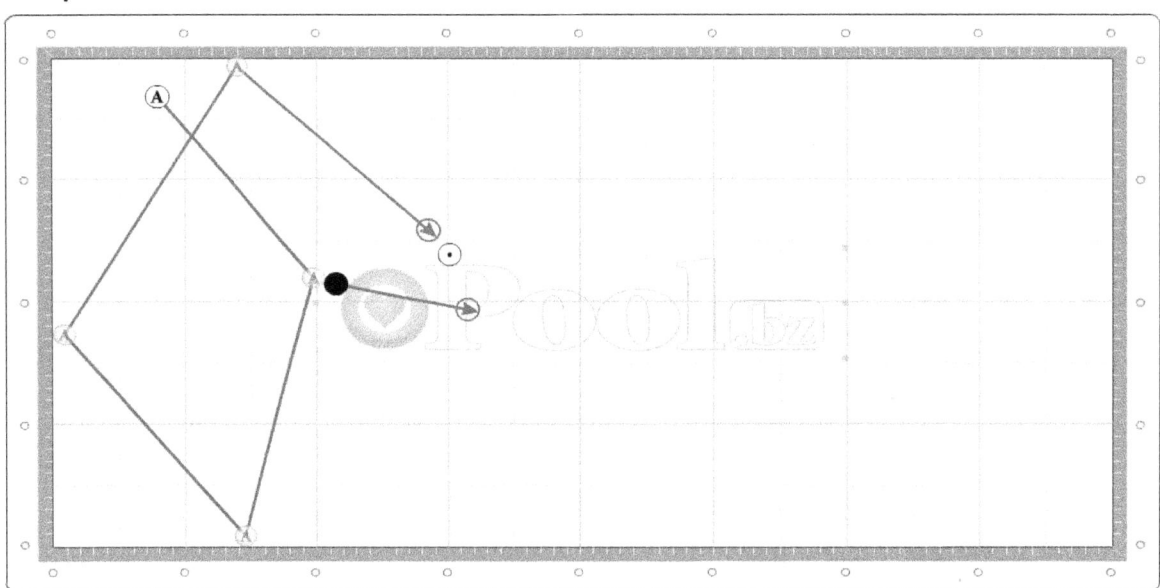

D: Grupo 4

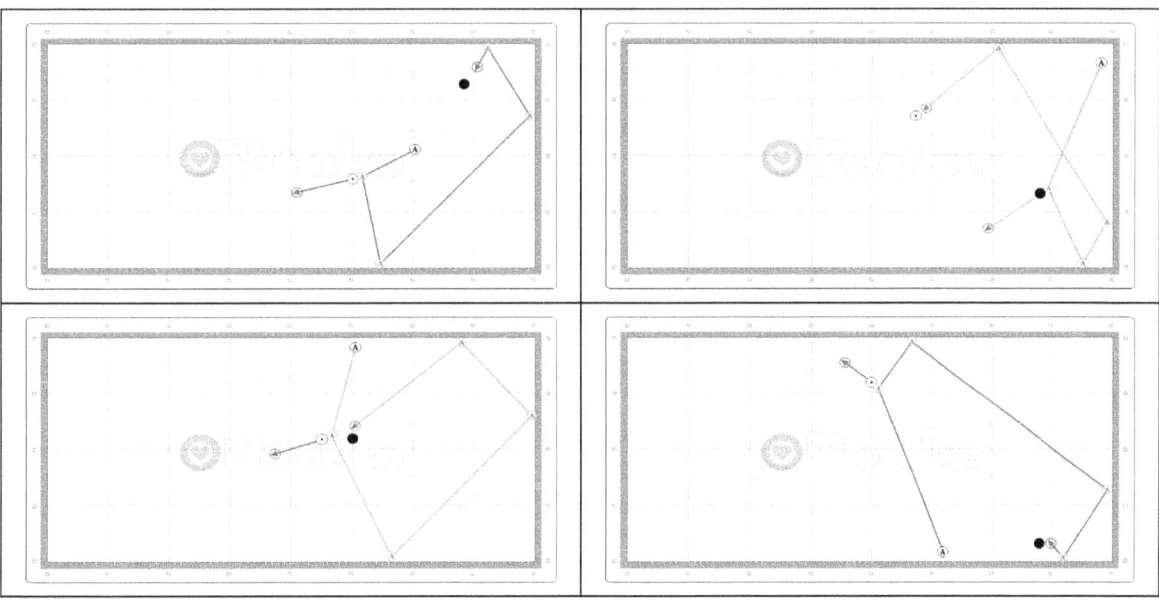

Análise:

D:4a. _____

D:4b. _____

D:4c. _____

D:4d. _____

D:4a – Configuração

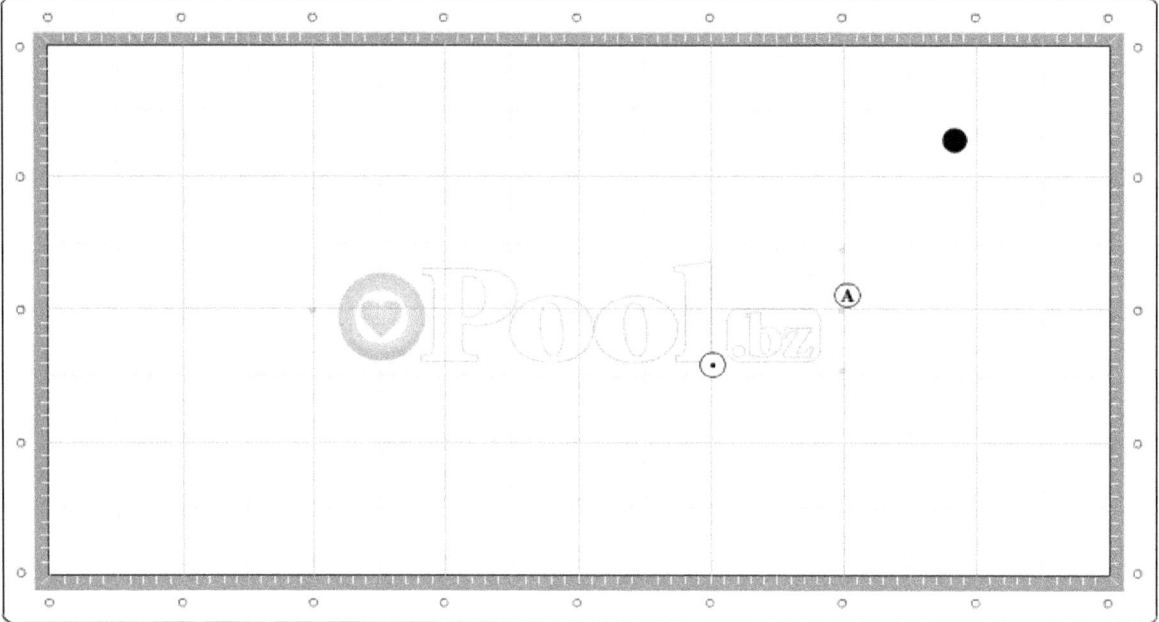

Notas e ideias:

Tiro padrão

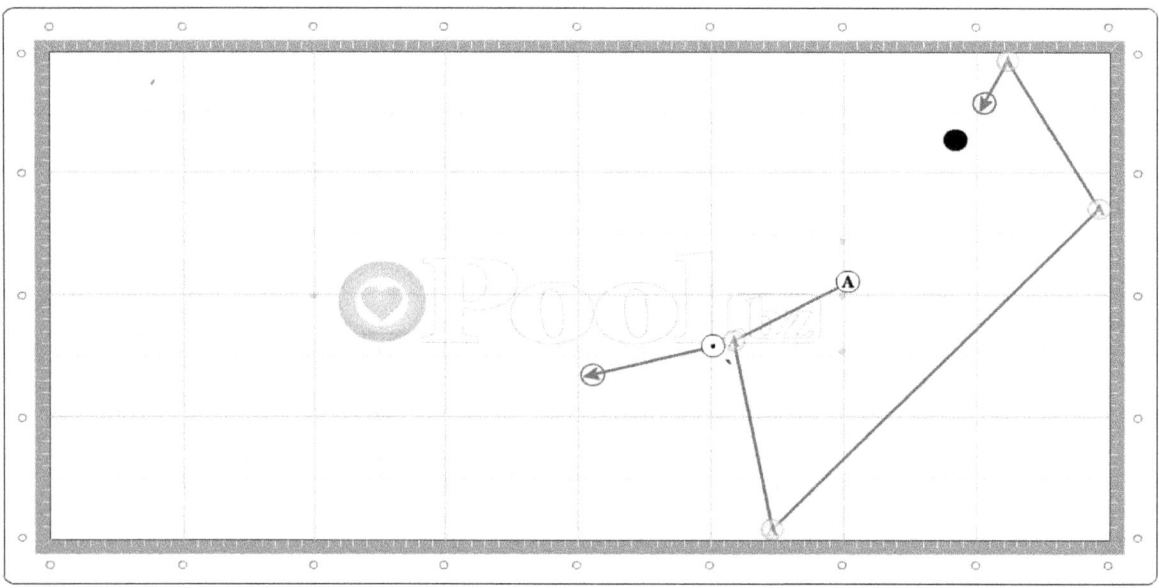

D:4b – Configuração

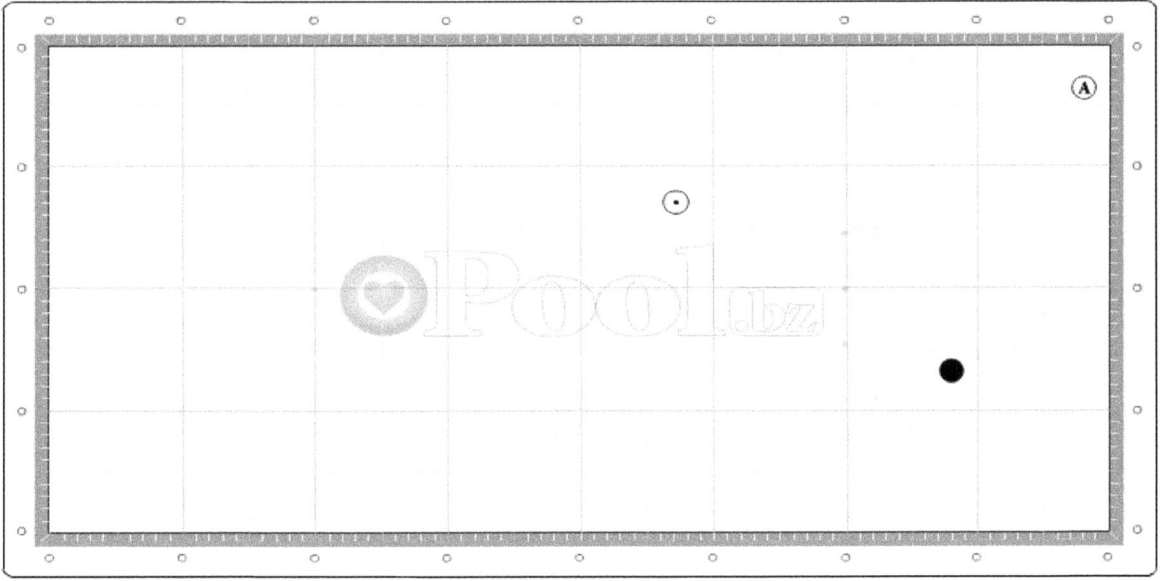

Notas e ideias:

Tiro padrão

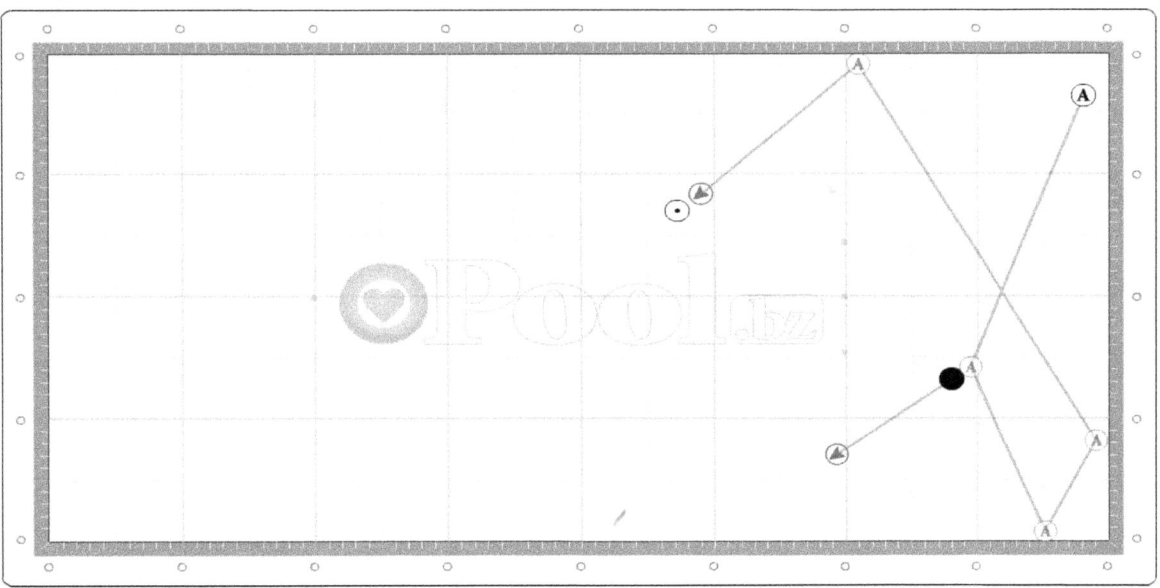

D:4c – Configuração

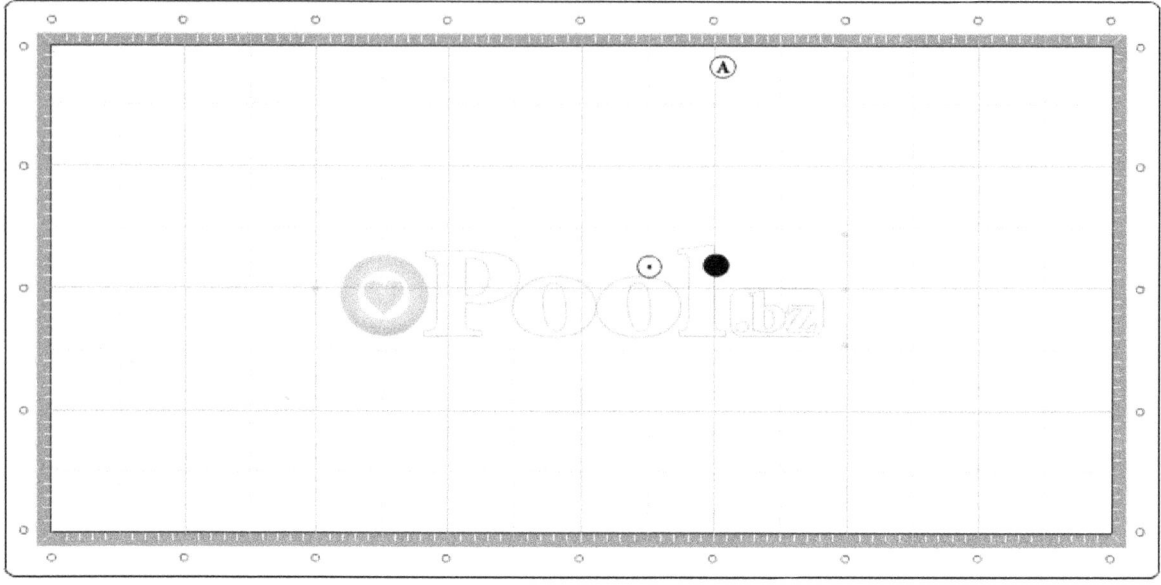

Notas e ideias:

Tiro padrão

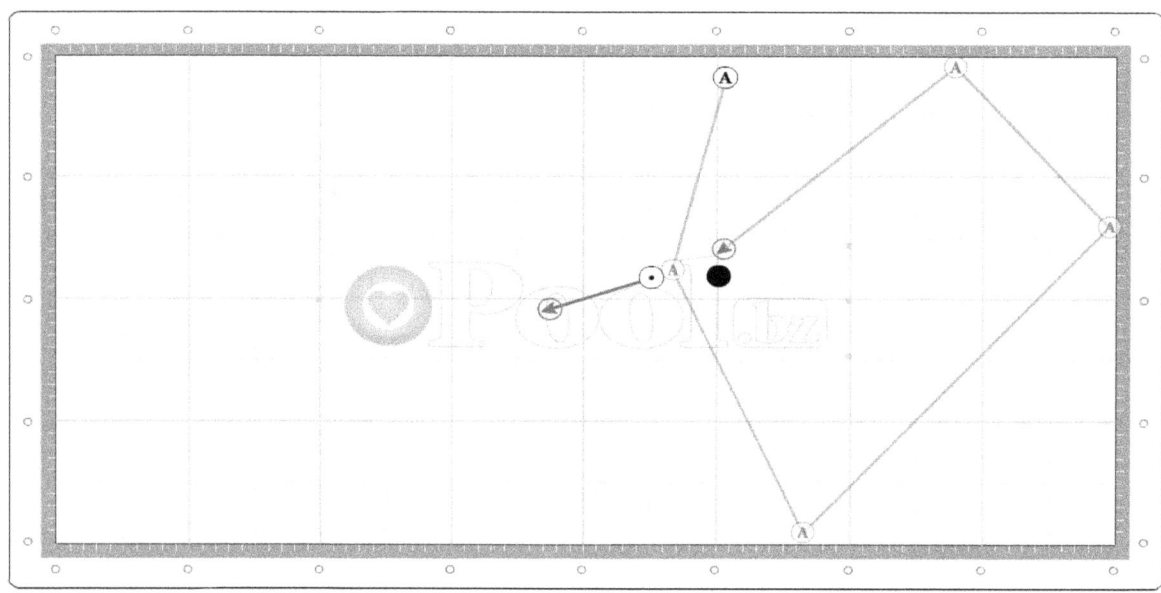

D:4d – Configuração

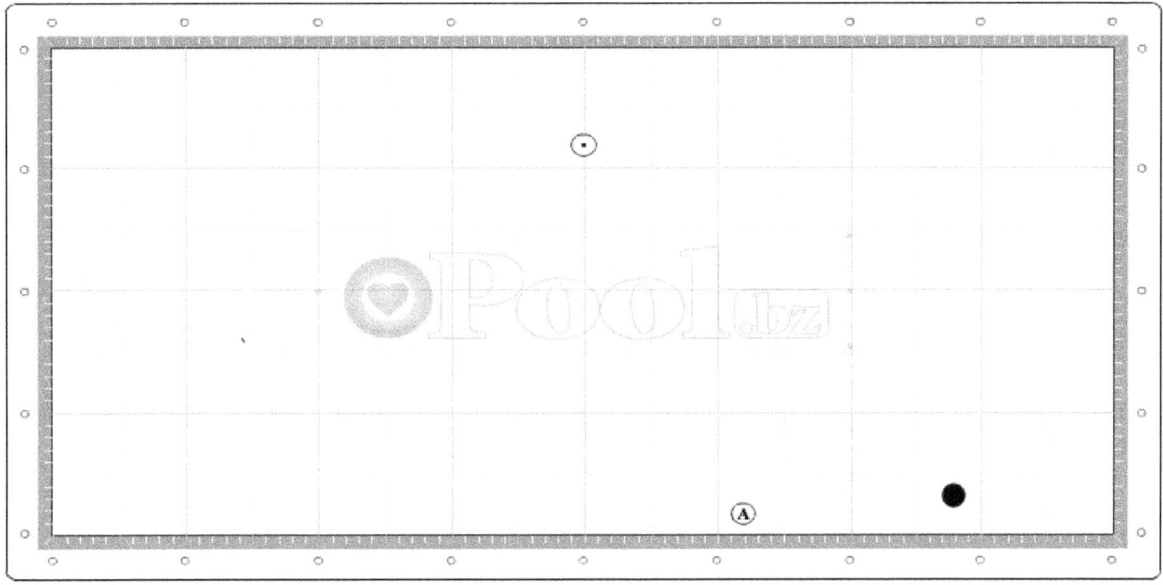

Notas e ideias:

Tiro padrão

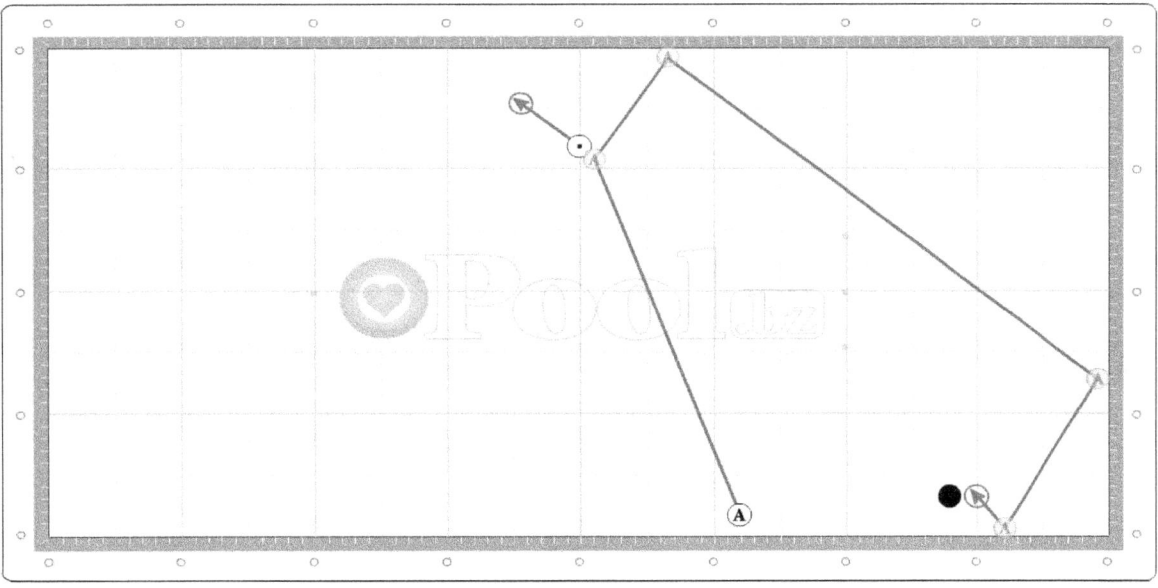

D: Grupo 5

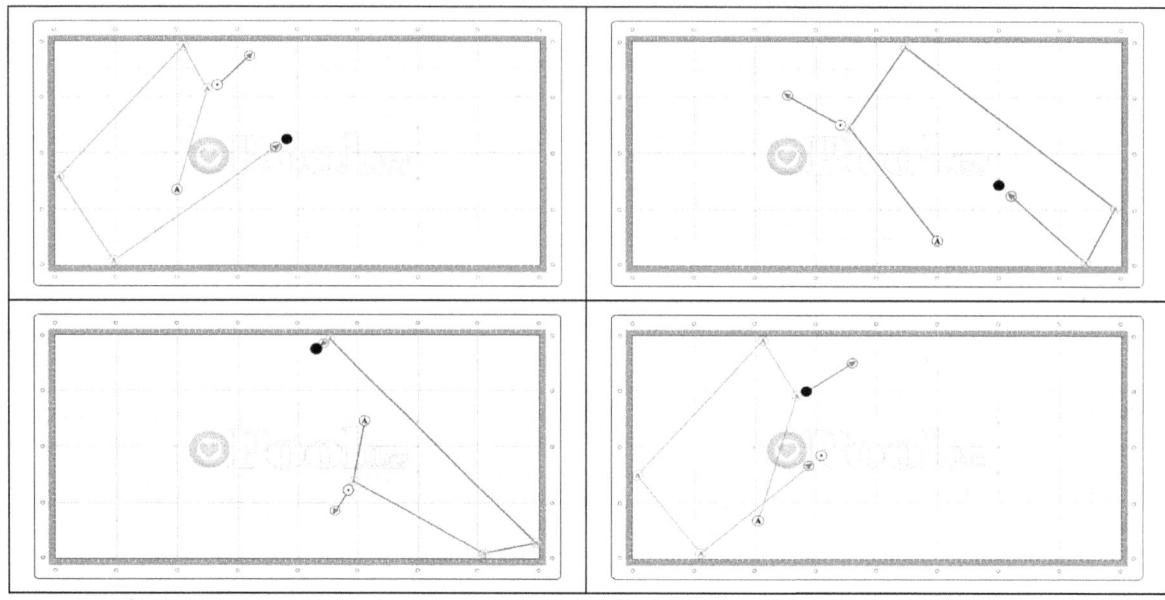

Análise:

D:5a. _____

D:5b. _____

D:5c. _____

D:5d. _____

D:5a – Configuração

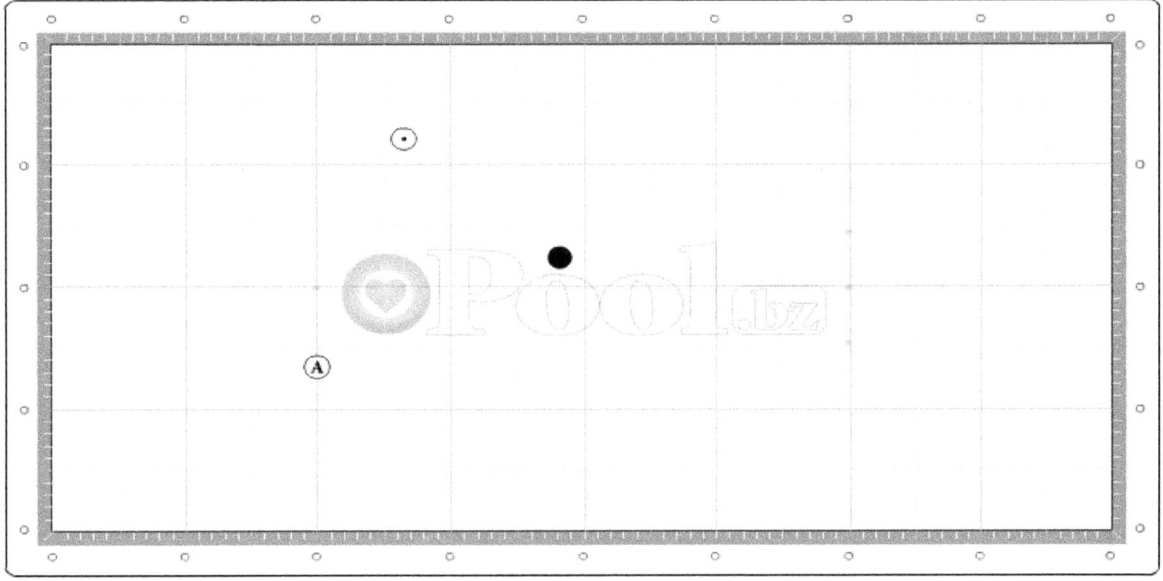

Notas e ideias:

Tiro padrão

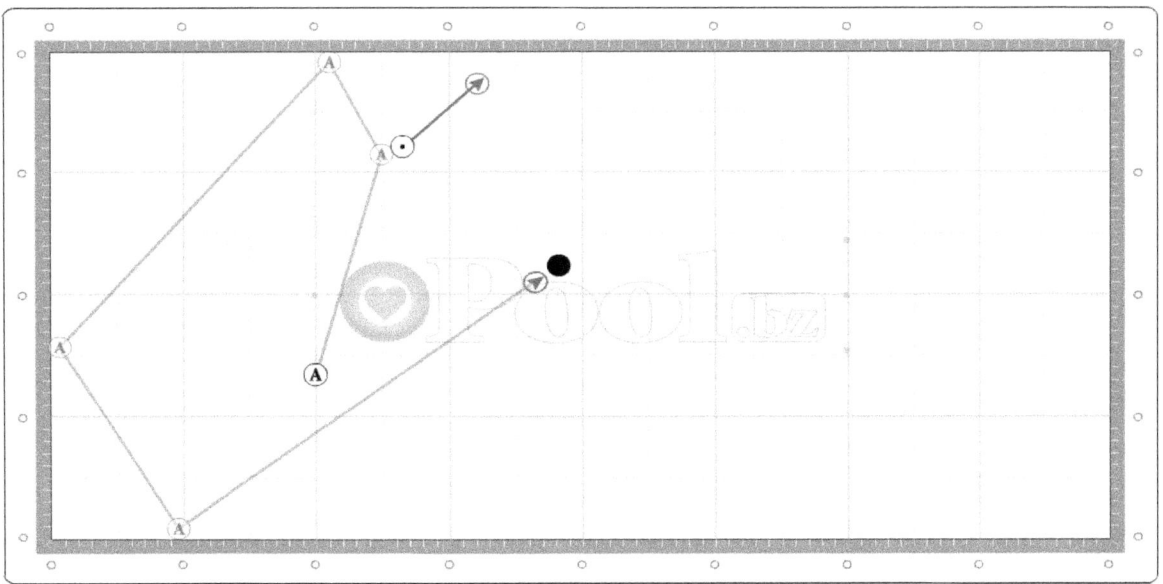

D:5b – Configuração

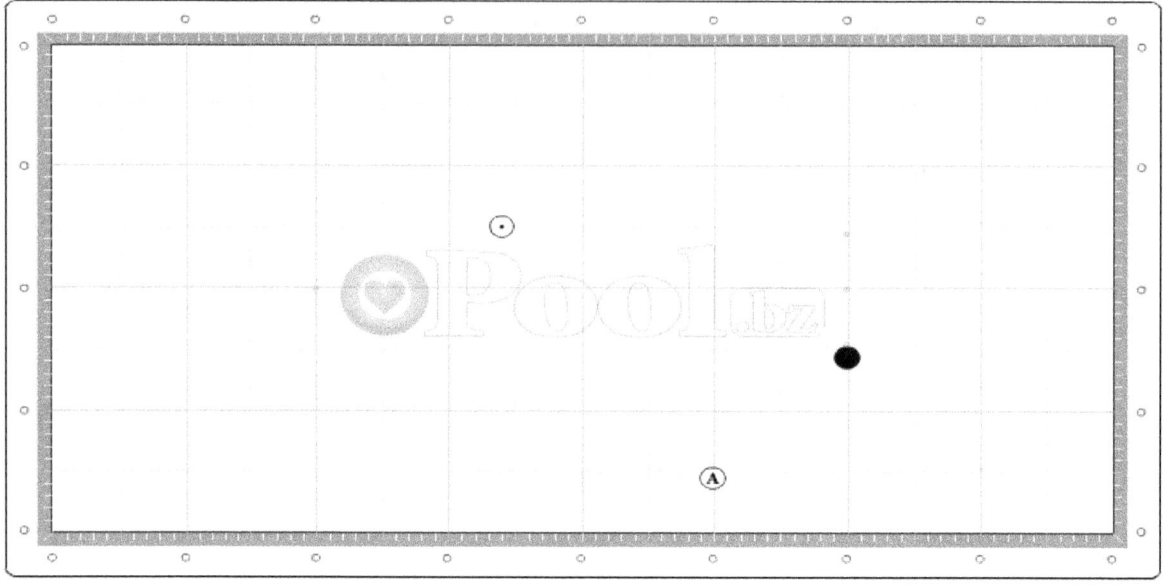

Notas e ideias:

Tiro padrão

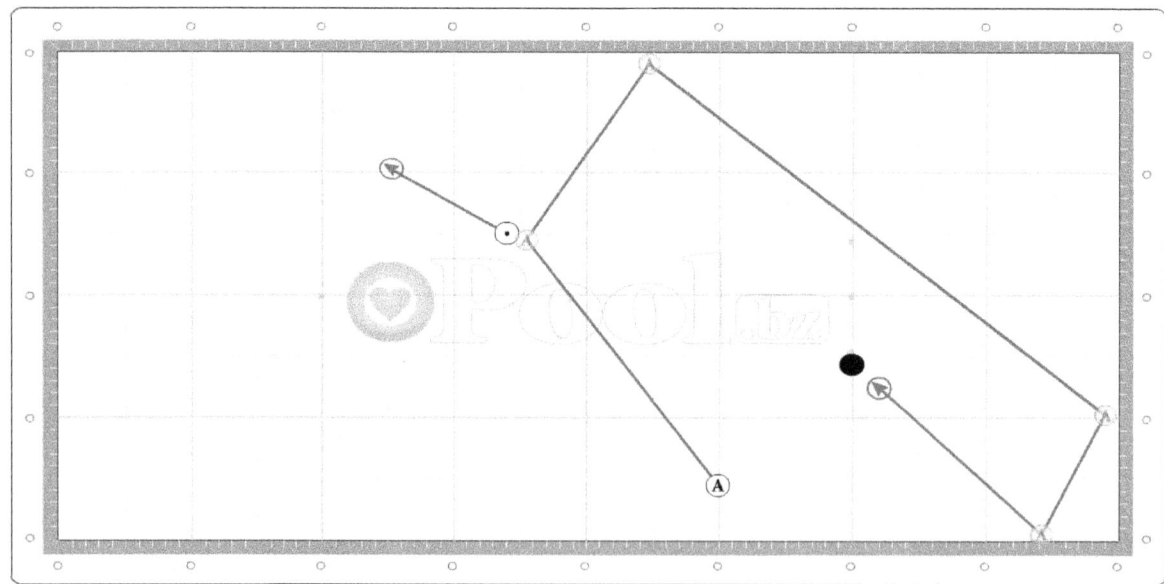

D:5c – Configuração

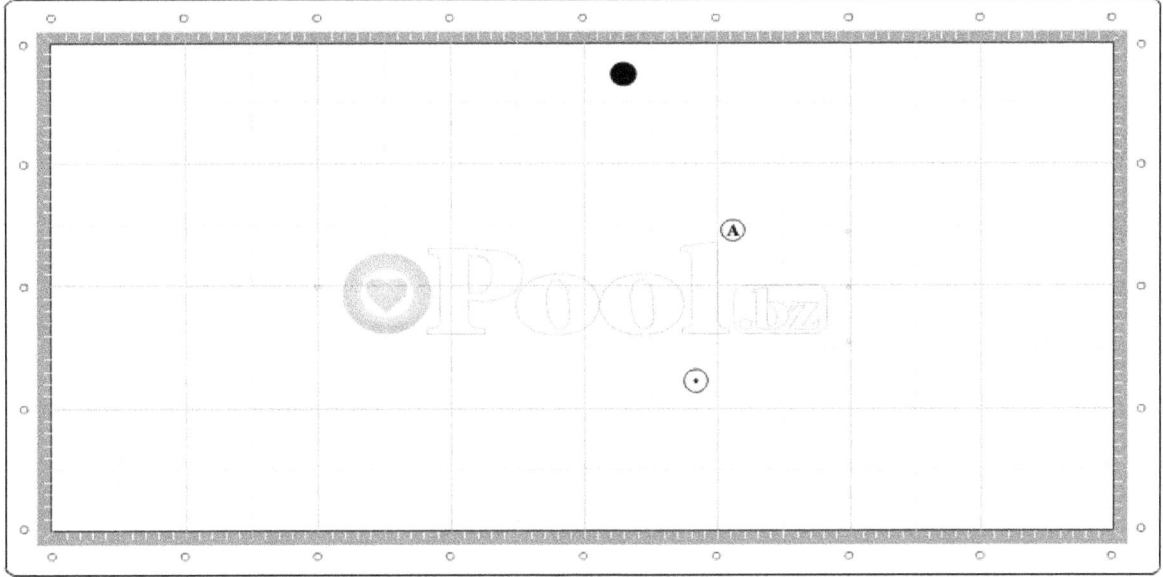

Notas e ideias:

Tiro padrão

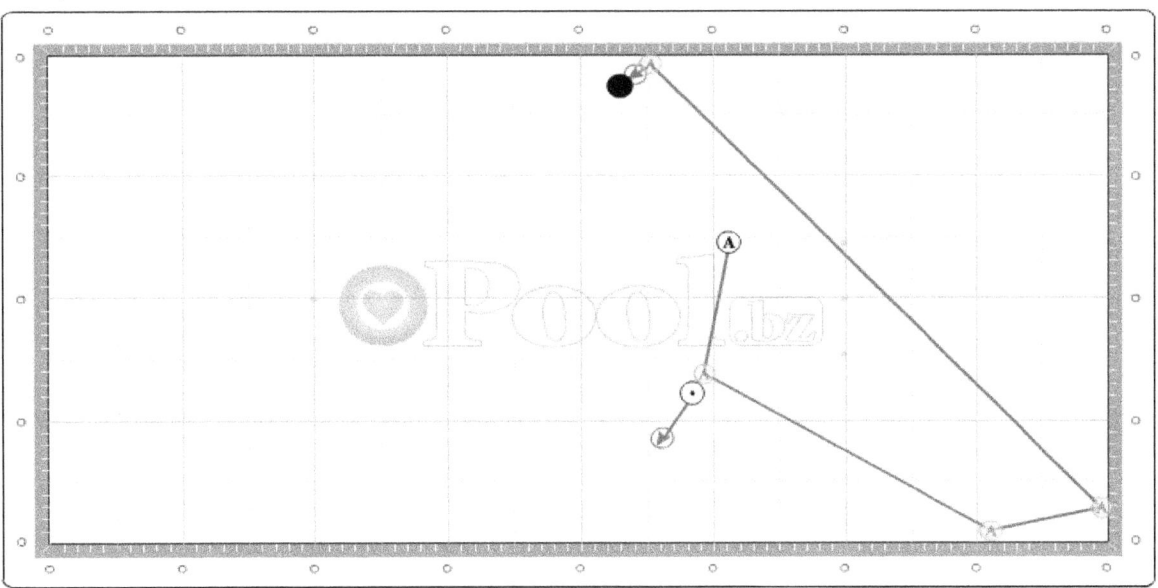

D:5d – Configuração

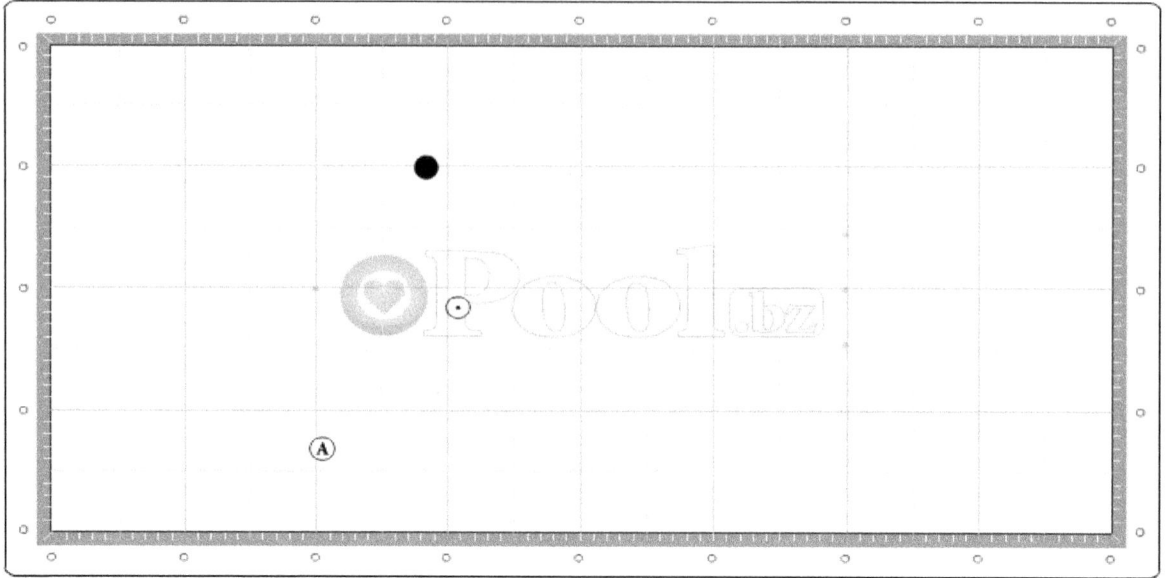

Notas e ideias:

Tiro padrão

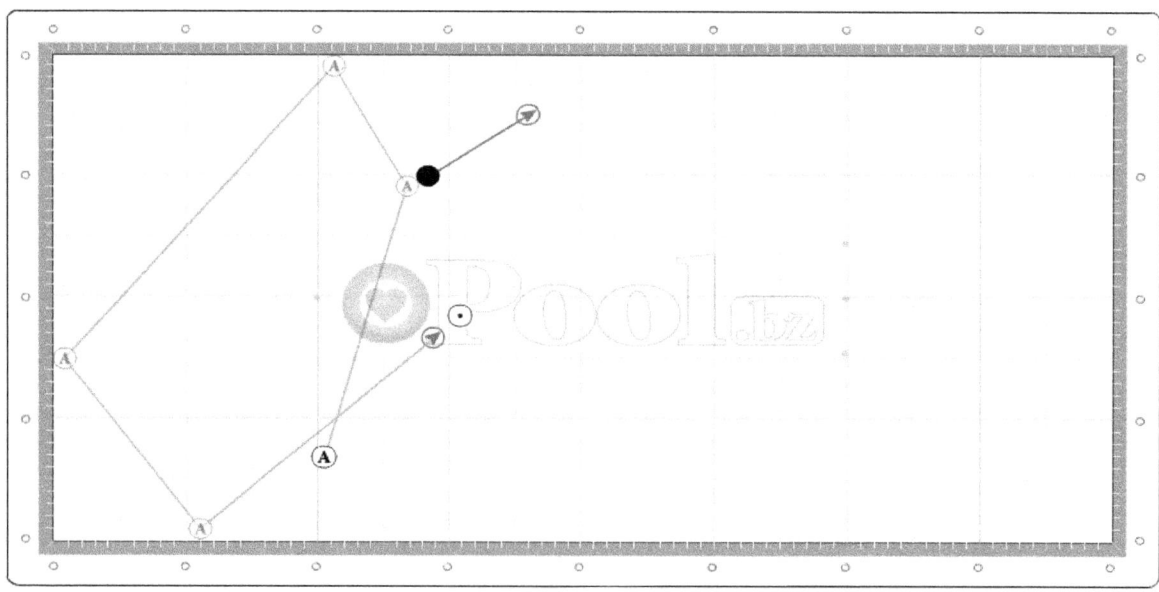

D: Grupo 6

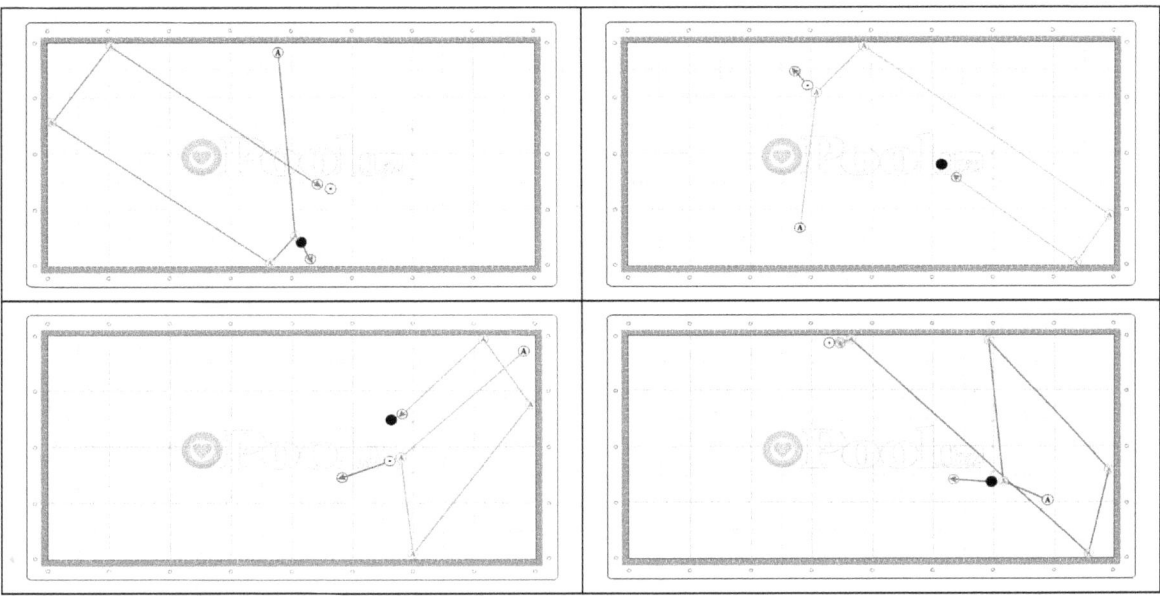

Análise:

D:6a. _____

D:6b. _____

D:6c. _____

D:6d. _____

D:6a – Configuração

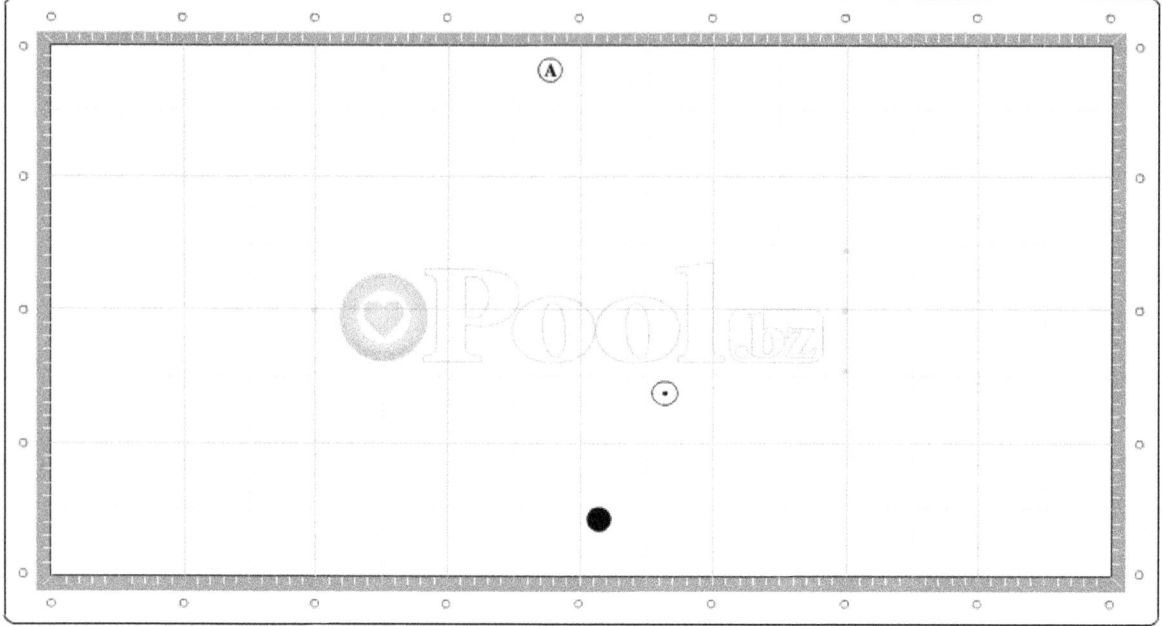

Notas e ideias:

Tiro padrão

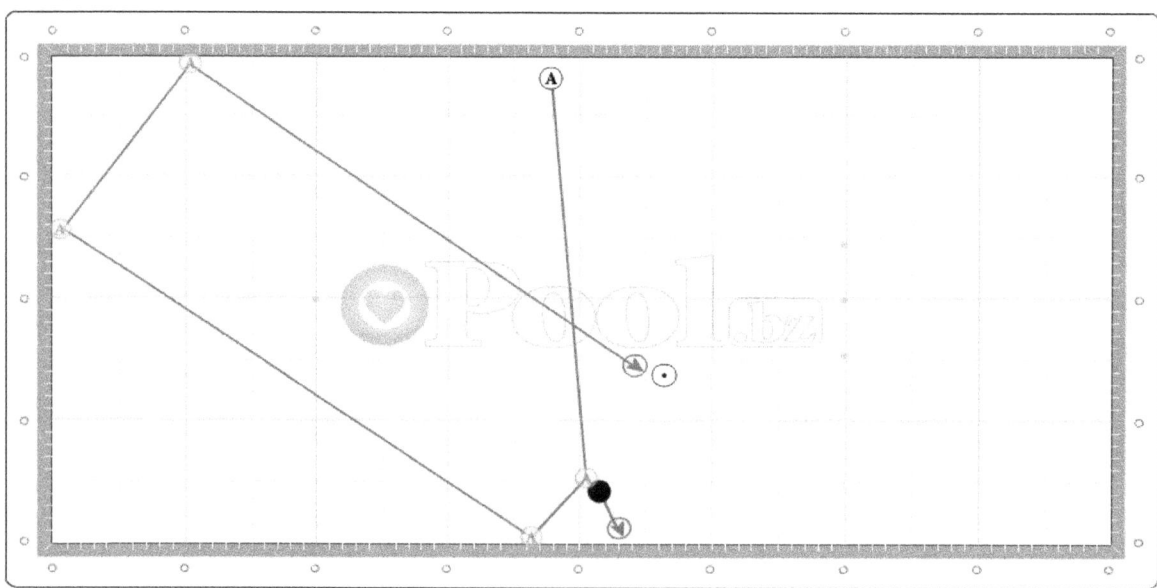

D:6b – Configuração

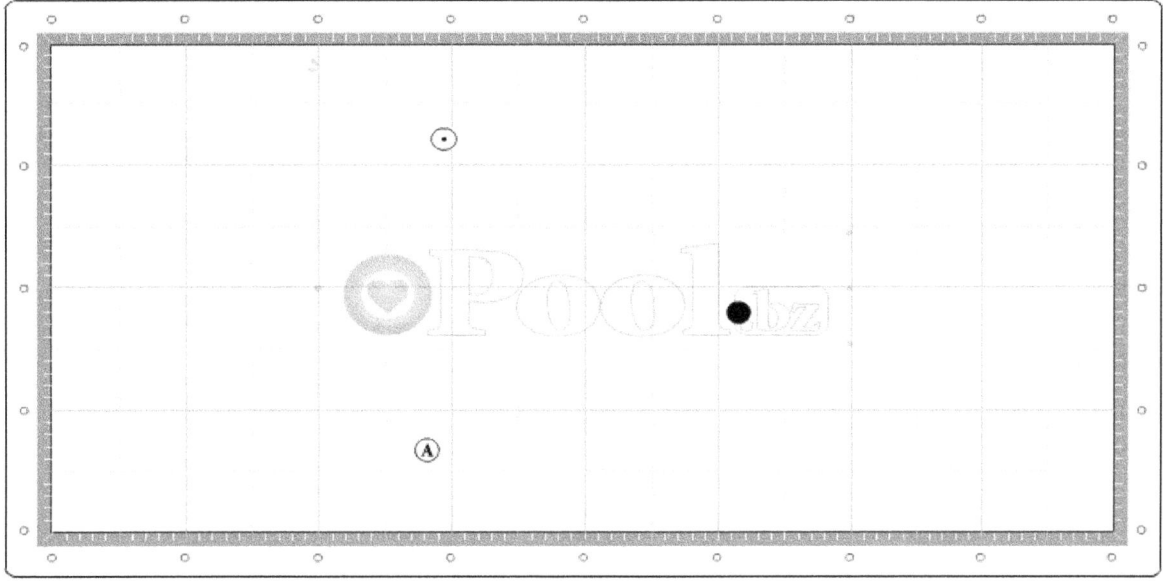

Notas e ideias:

Tiro padrão

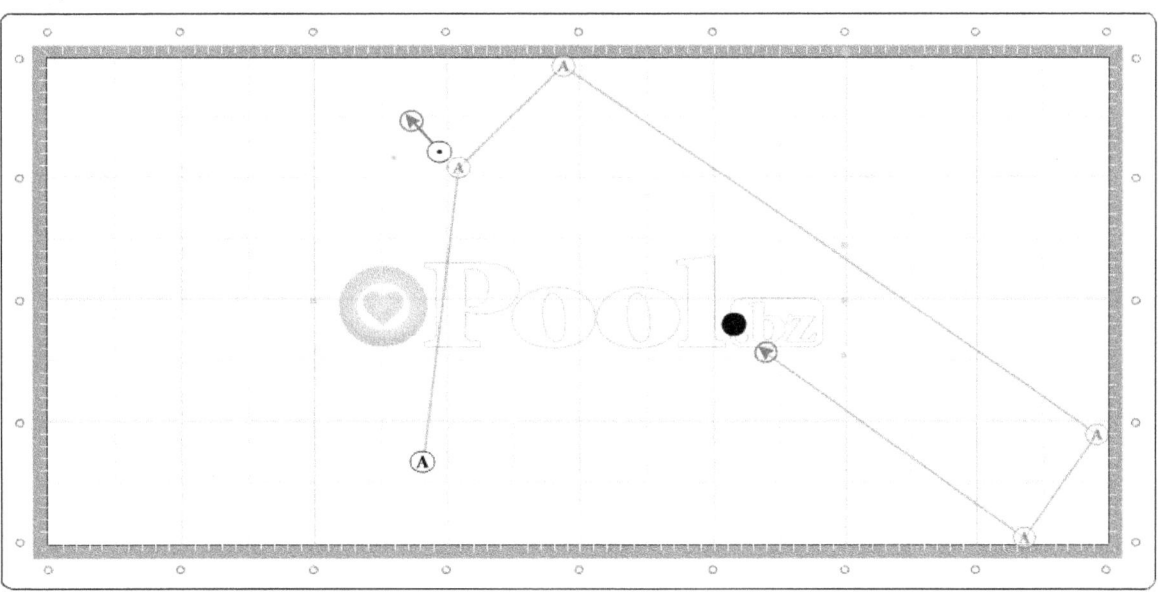

D:6c – Configuração

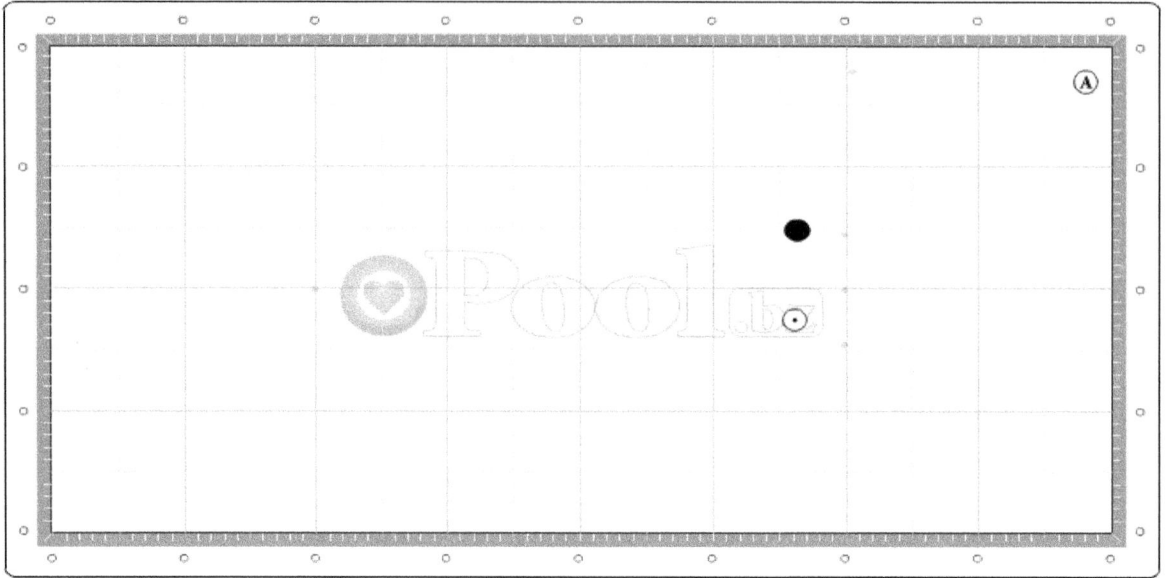

Notas e ideias:

Tiro padrão

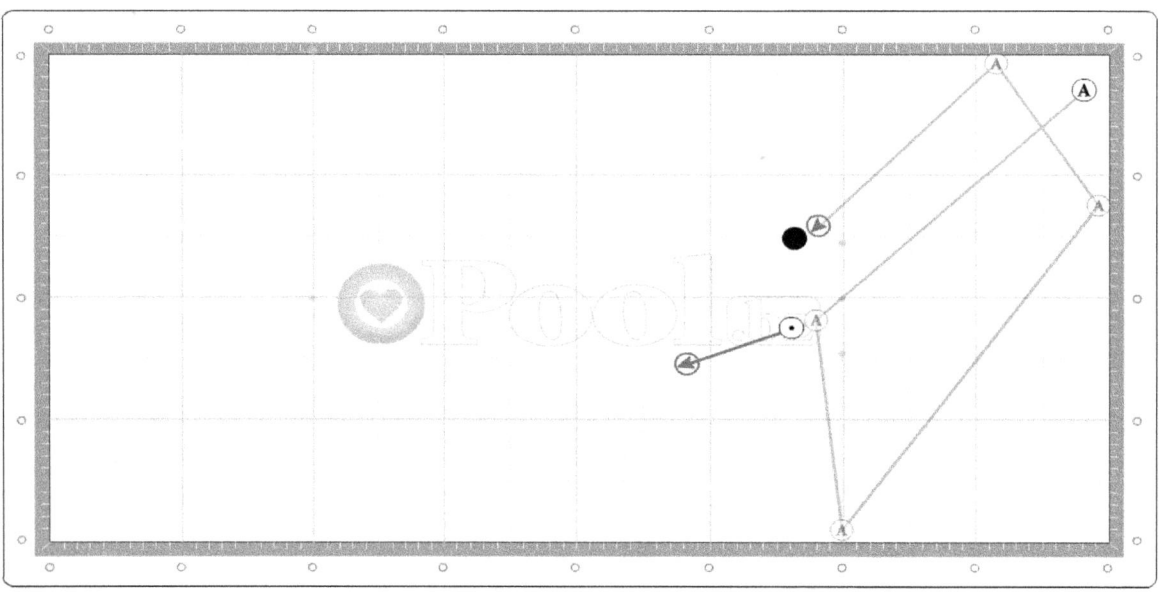

D:6d – Configuração

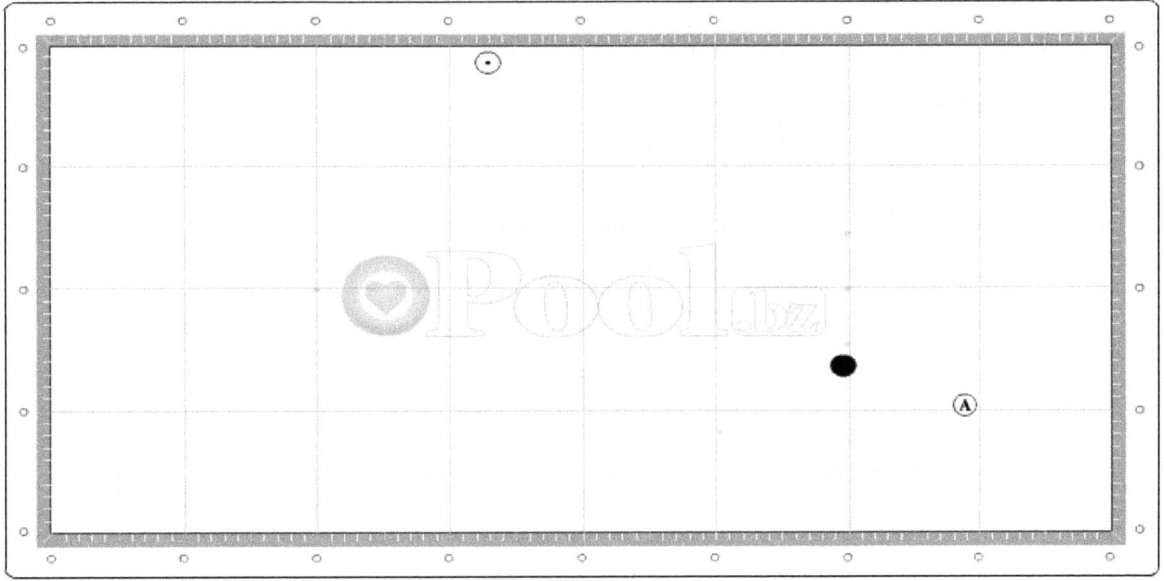

Notas e ideias:

Tiro padrão

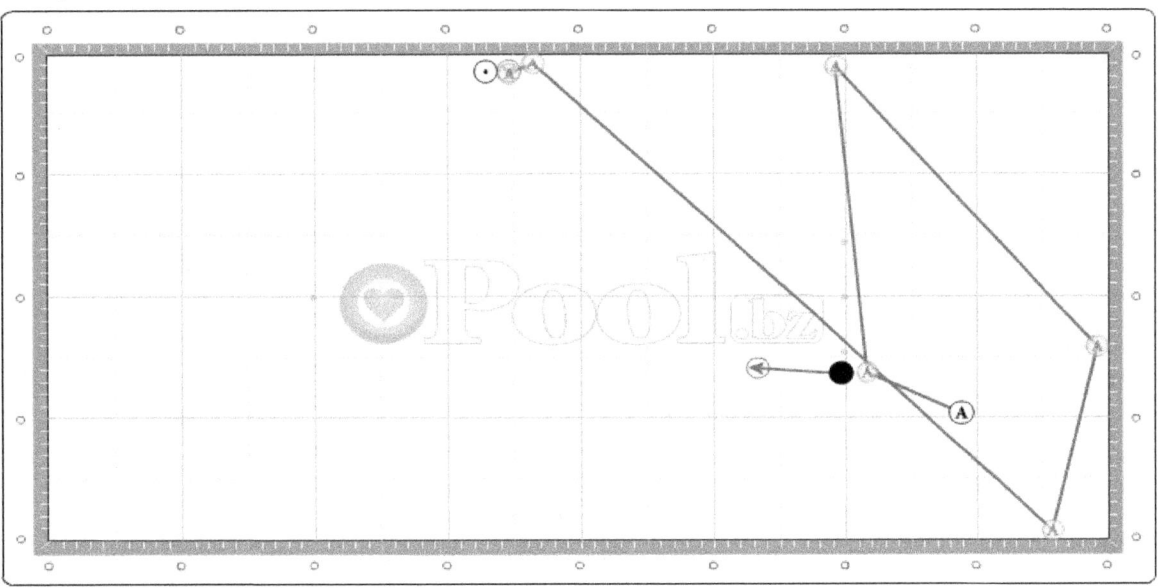

E: Perna estendida

O (CB) sai do primeiro (OB) e segue o padrão do círculo de meia-mesa. A terceira parte do padrão está fora da área da meia-mesa.

E: Grupo 1

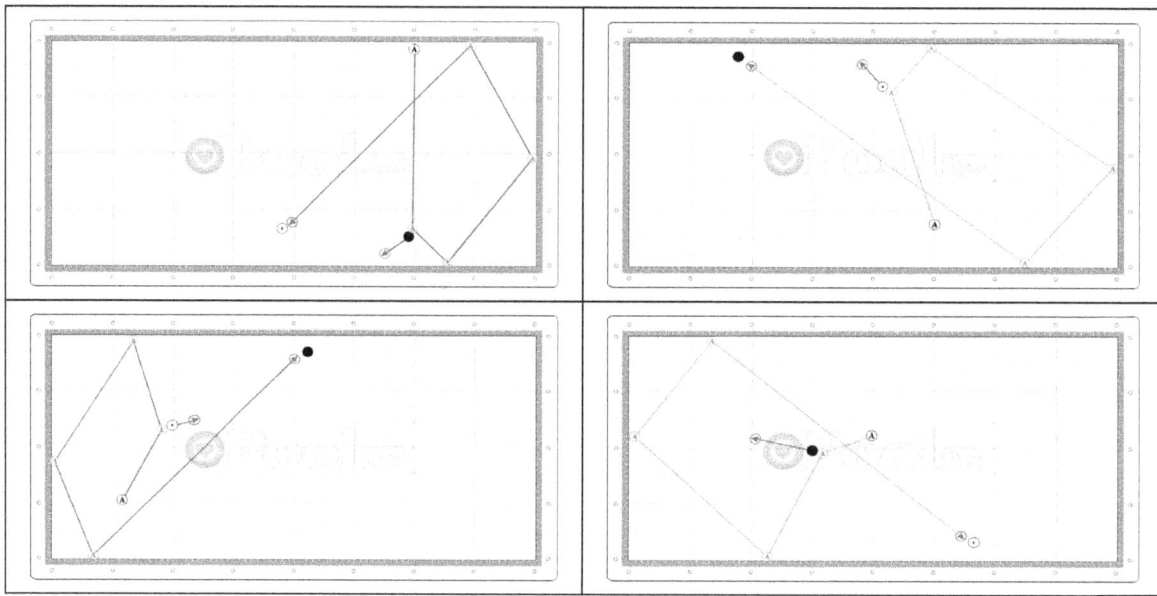

Análise:

E:1a. _____

E:1b. _____

E:1c. _____

E:1d. _____

E:1a – Configuração

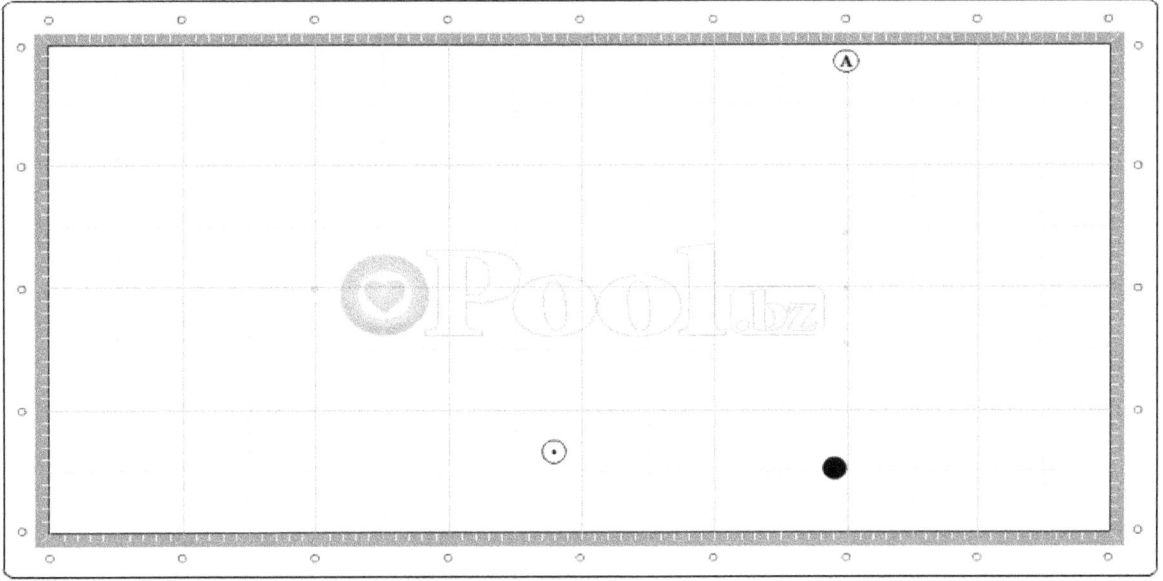

Notas e ideias:

Tiro padrão

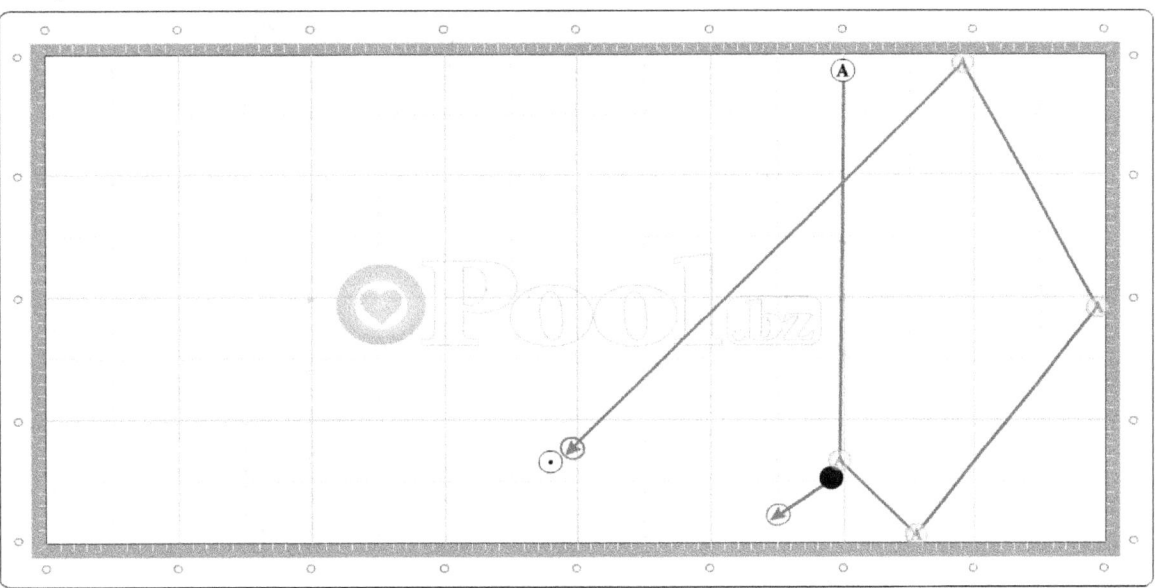

E:1b – Configuração

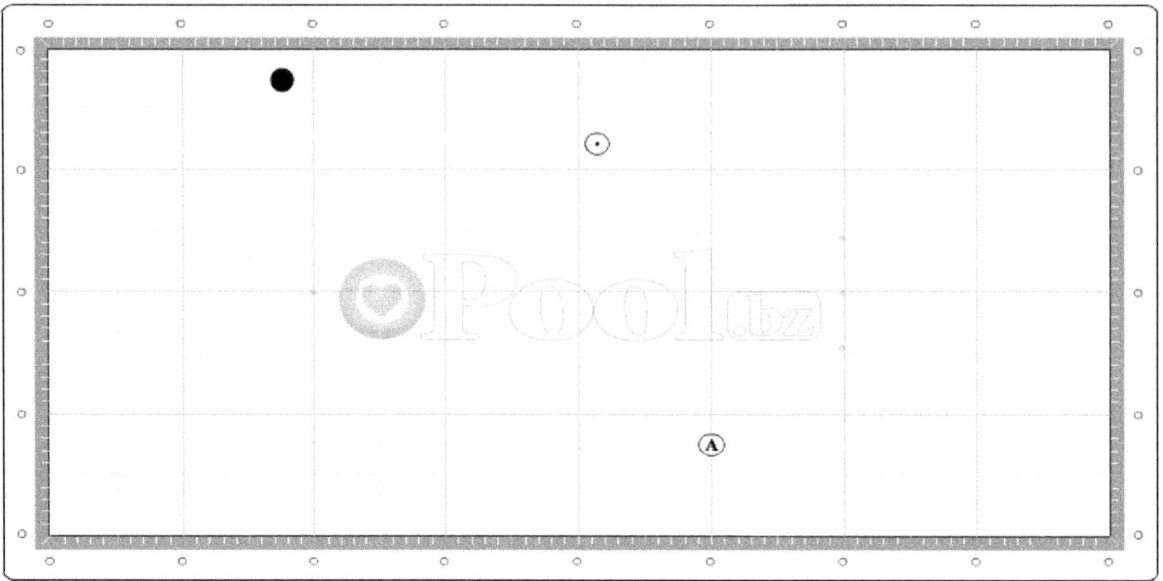

Notas e ideias:

Tiro padrão

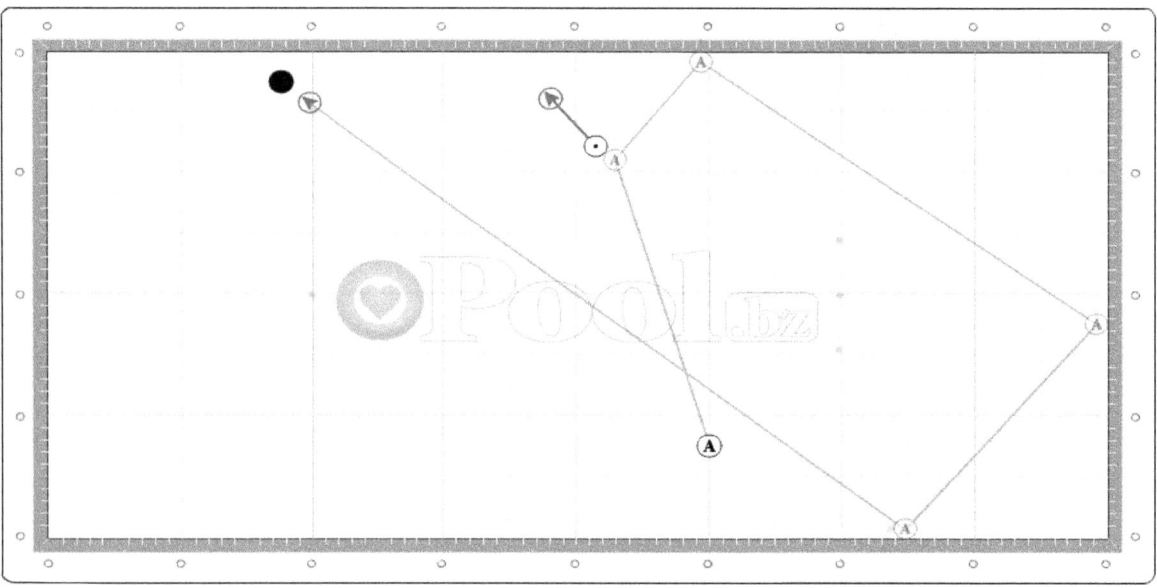

E:1c – Configuração

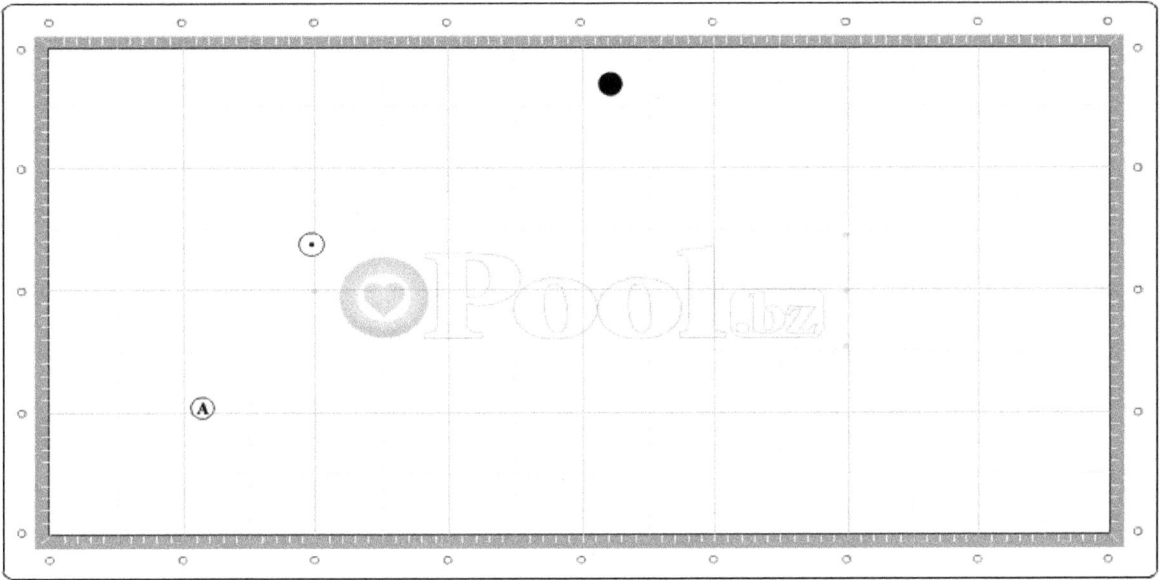

Notas e ideias:

Tiro padrão

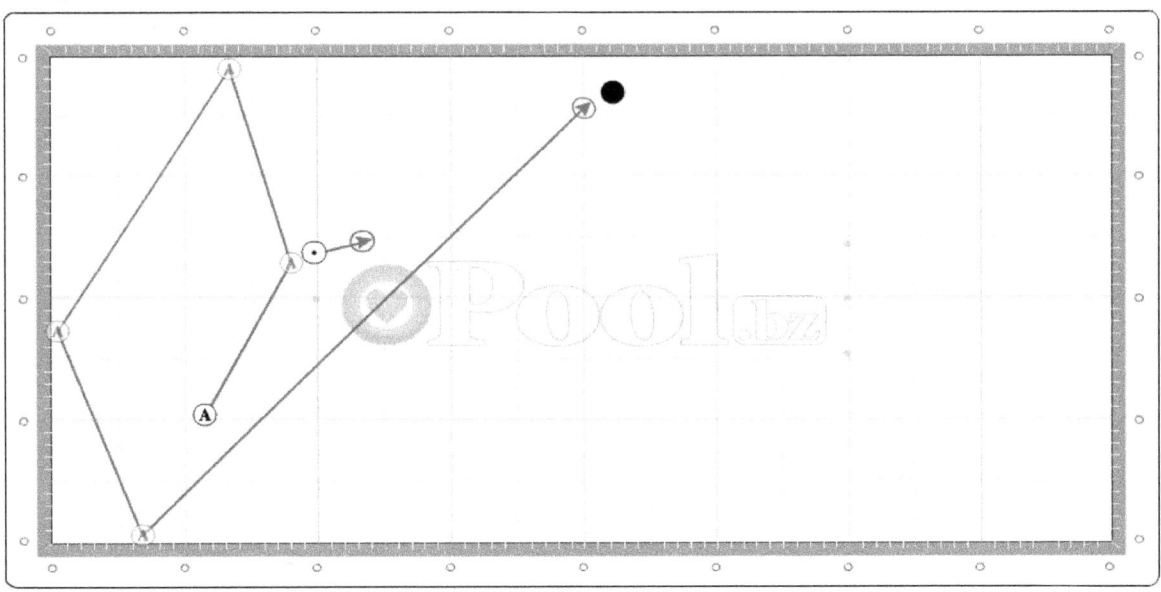

E:1d – Configuração

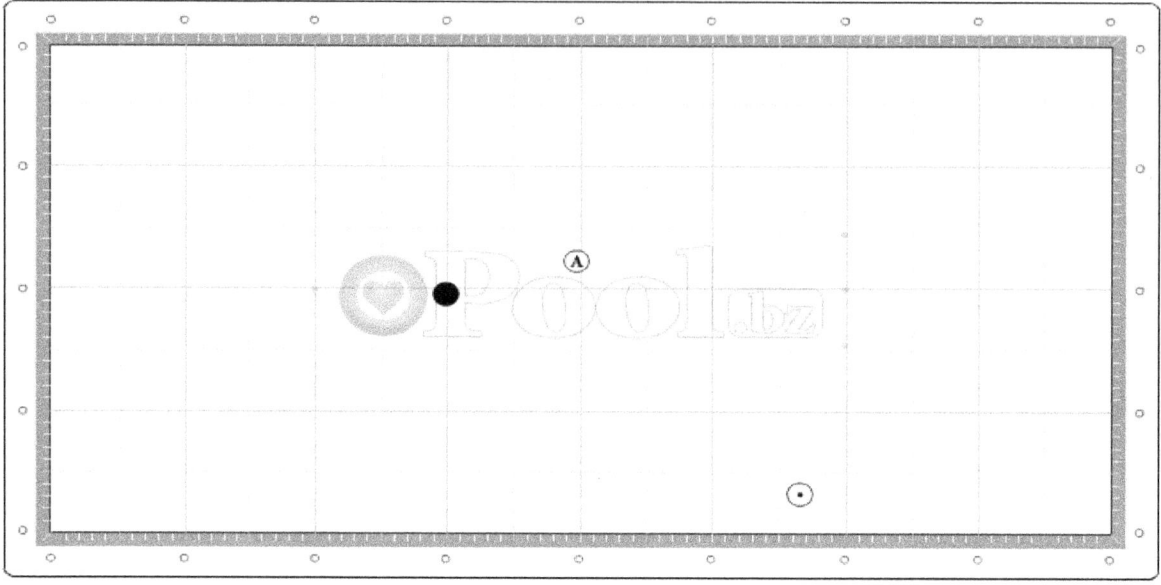

Notas e ideias:

Tiro padrão

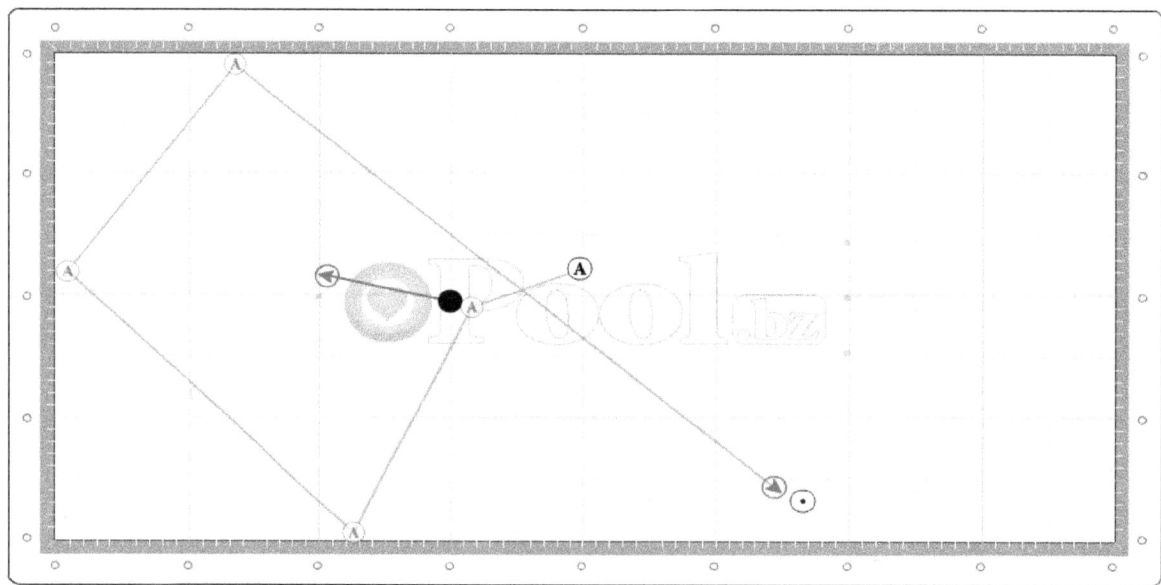

E: Grupo 2

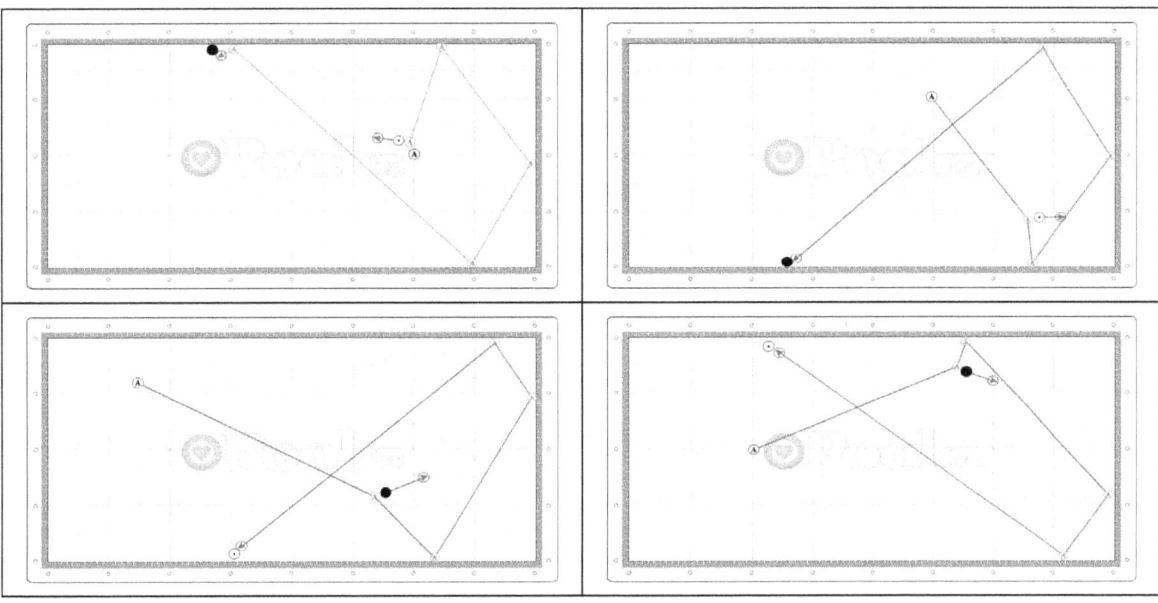

Análise:

E:2a. _____

E:2b. _____

E:2c. _____

E:2d. _____

E:2a – Configuração

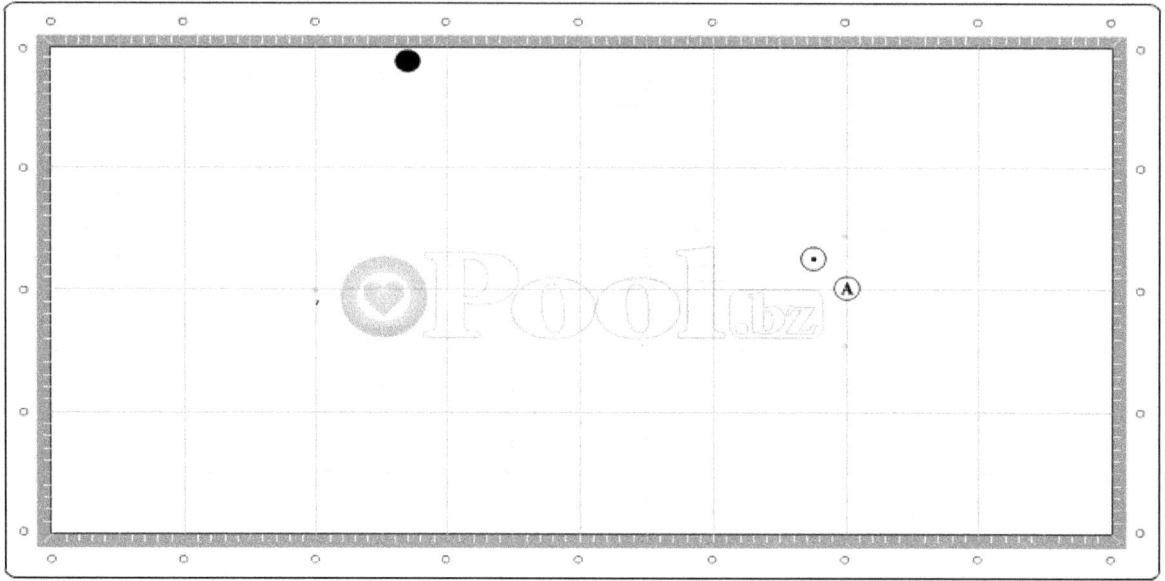

Notas e ideias:

Tiro padrão

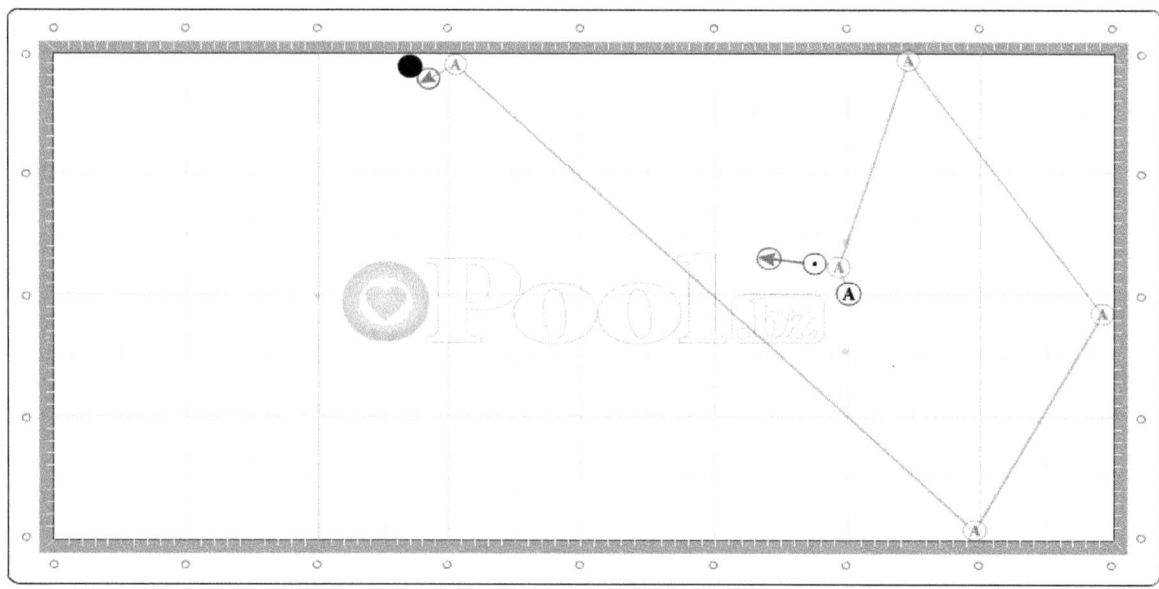

E:2b – Configuração

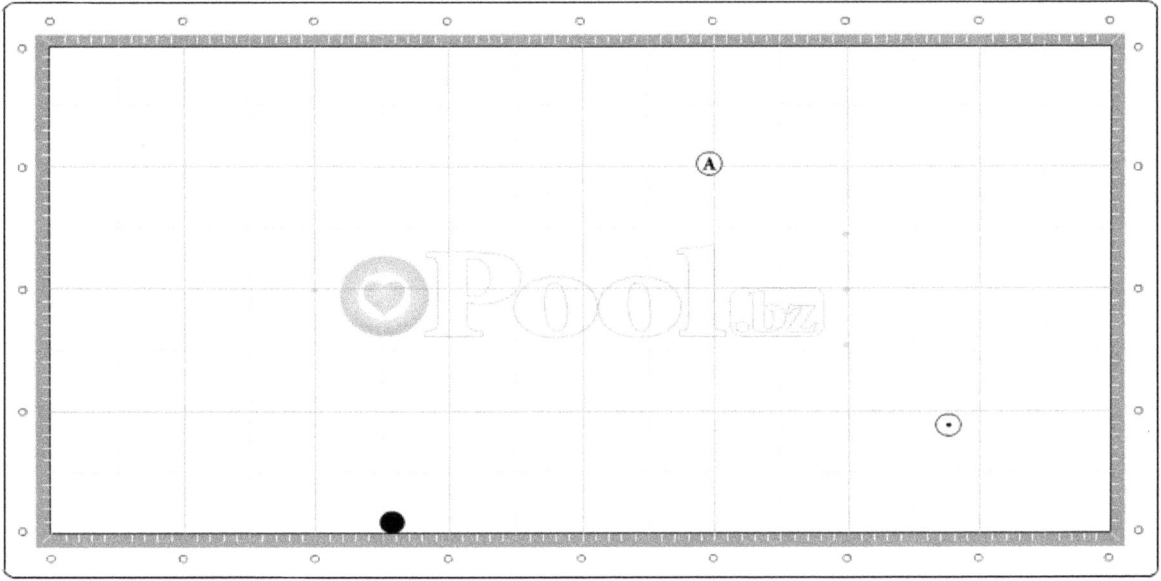

Notas e ideias:

Tiro padrão

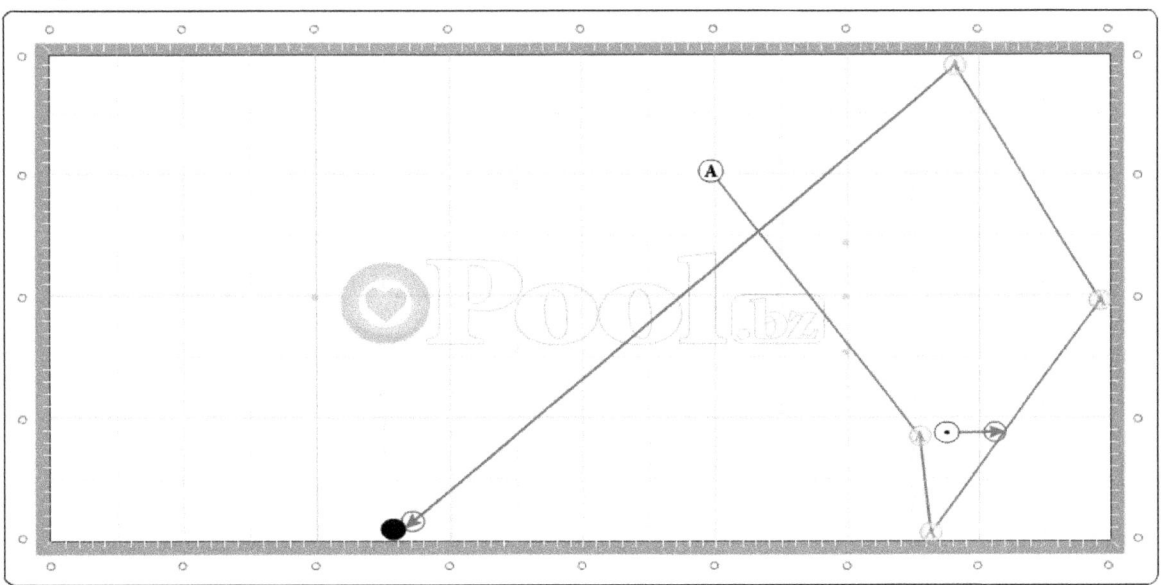

E:2c – Configuração

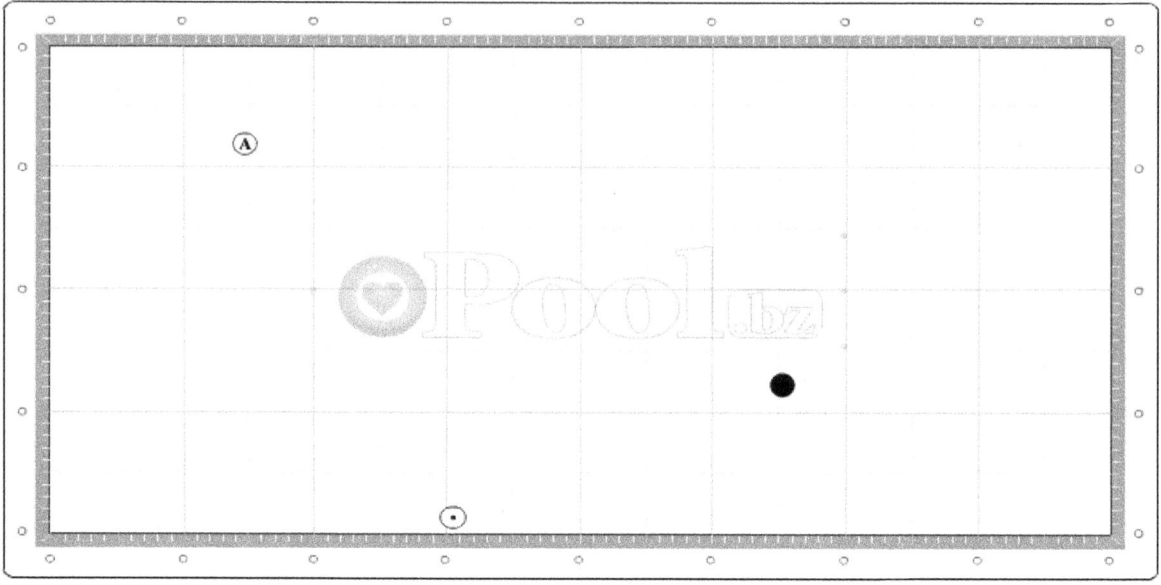

Notas e ideias:

Tiro padrão

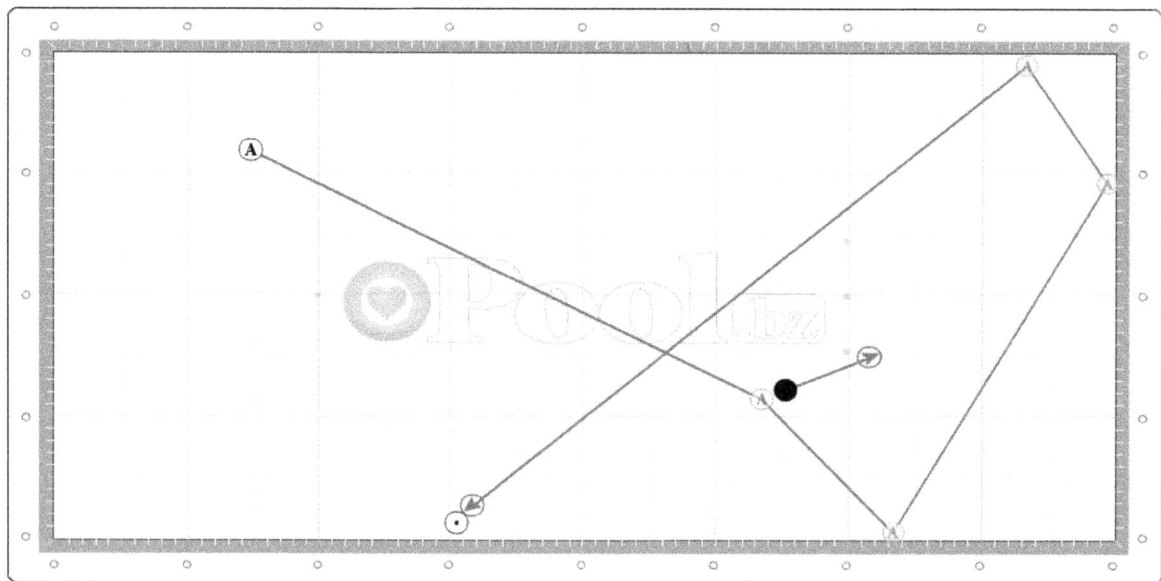

E:2d – Configuração

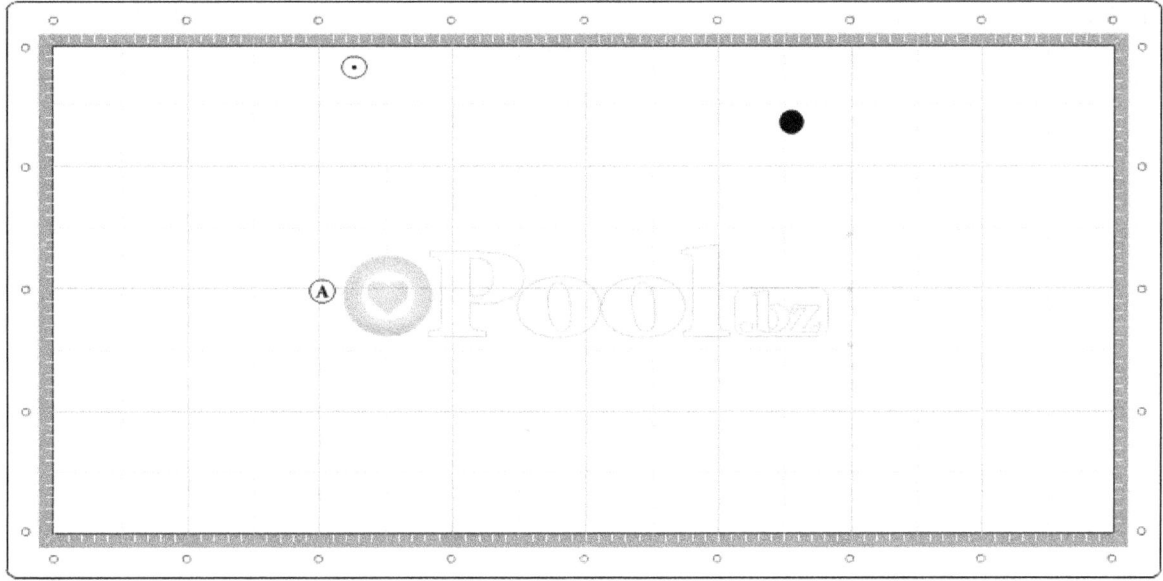

Notas e ideias:

Tiro padrão

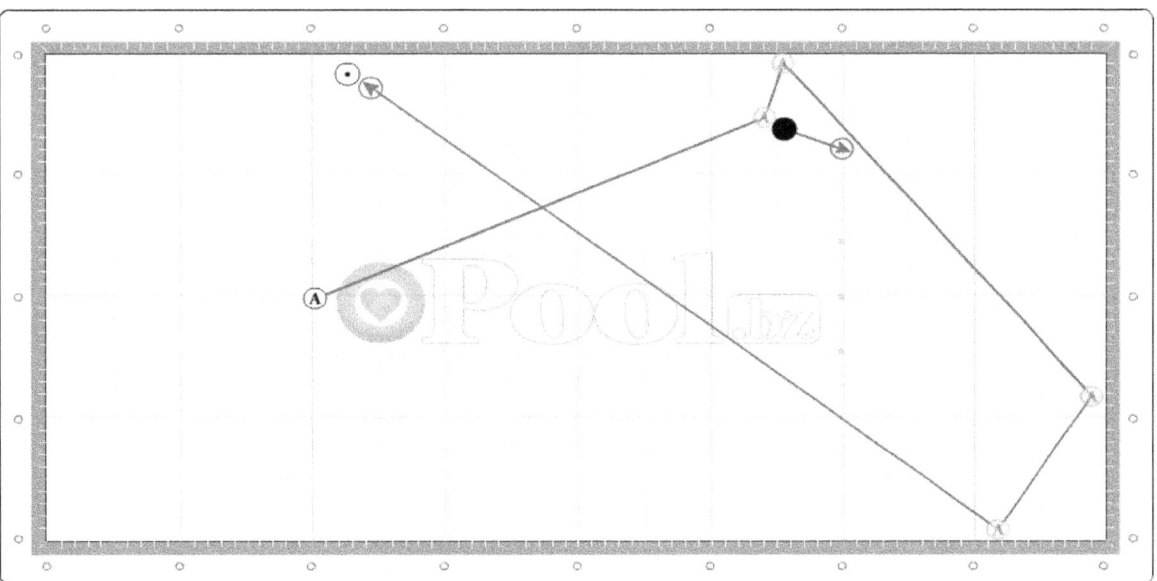

F: Perna estendida (extra longa)

O (CB) sai do primeiro (OB) e segue o padrão regular de círculo de meia-mesa. O (CB) viaja para a outra metade da tabela. Estes exemplos mostram o (CB) na tabelas longa e depois para a outra extremidade da mesa para o outro (OB).

F: Grupo 1

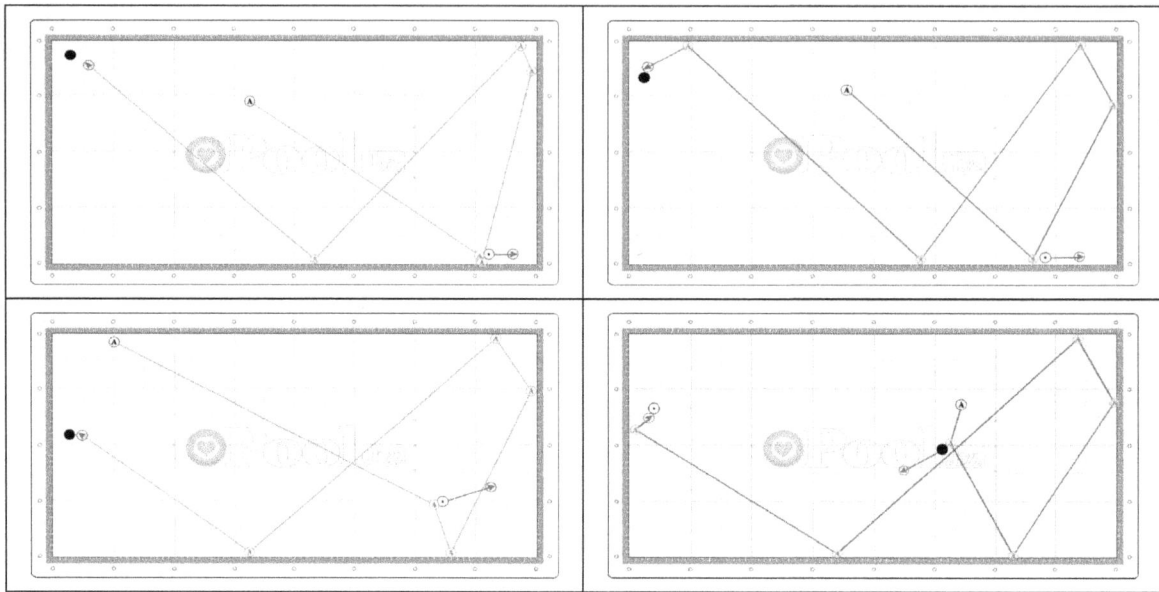

Análise:

F:1a. _____

F:1b. _____

F:1c. _____

F:1d. _____

F:1a – Configuração

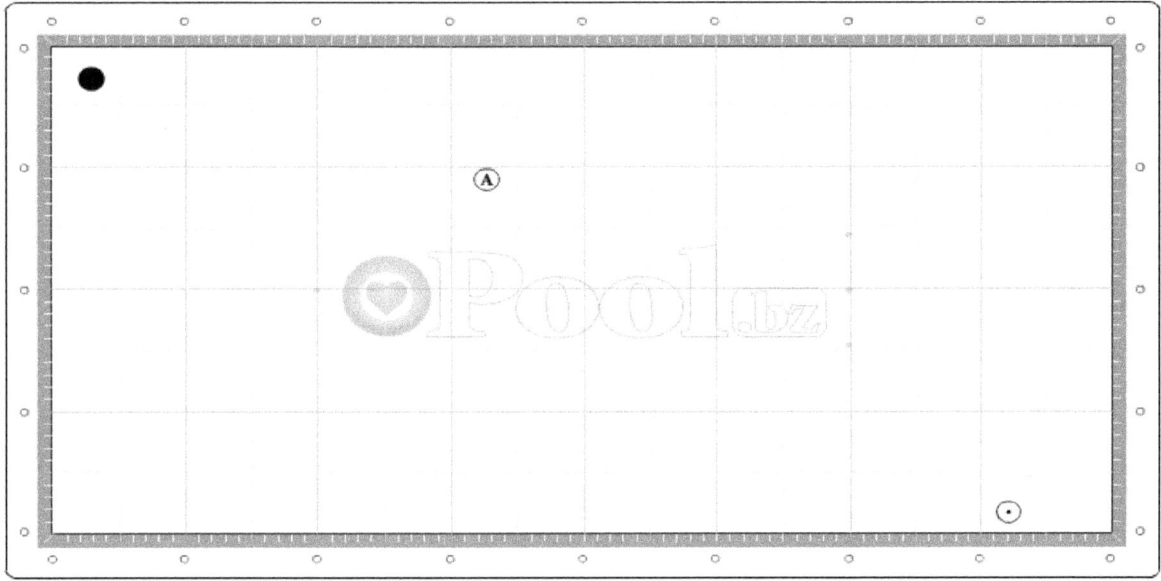

Notas e ideias:

Tiro padrão

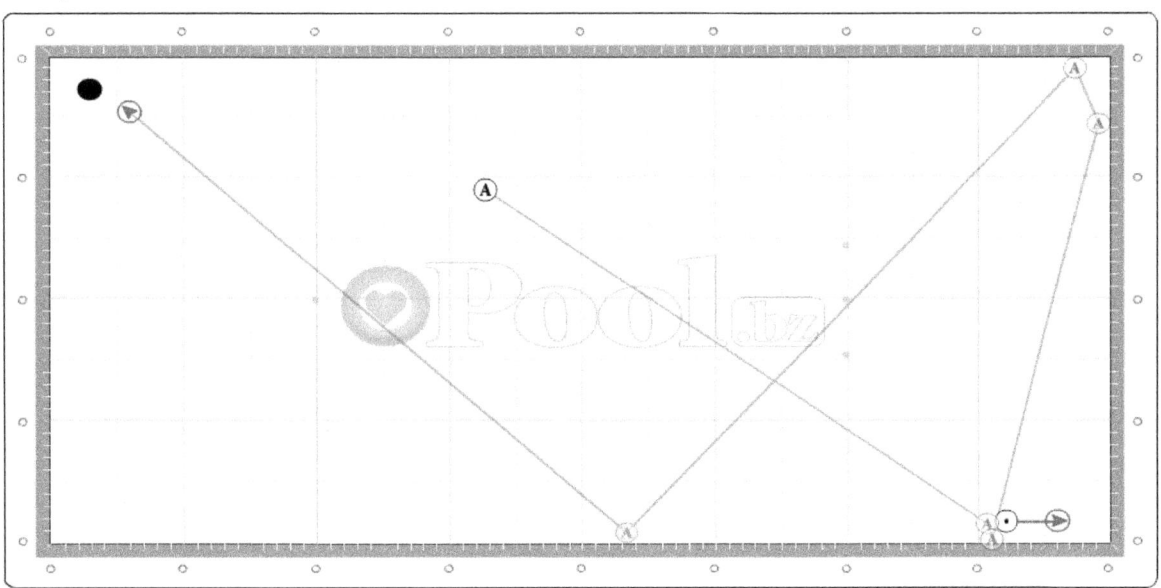

F:1b – Configuração

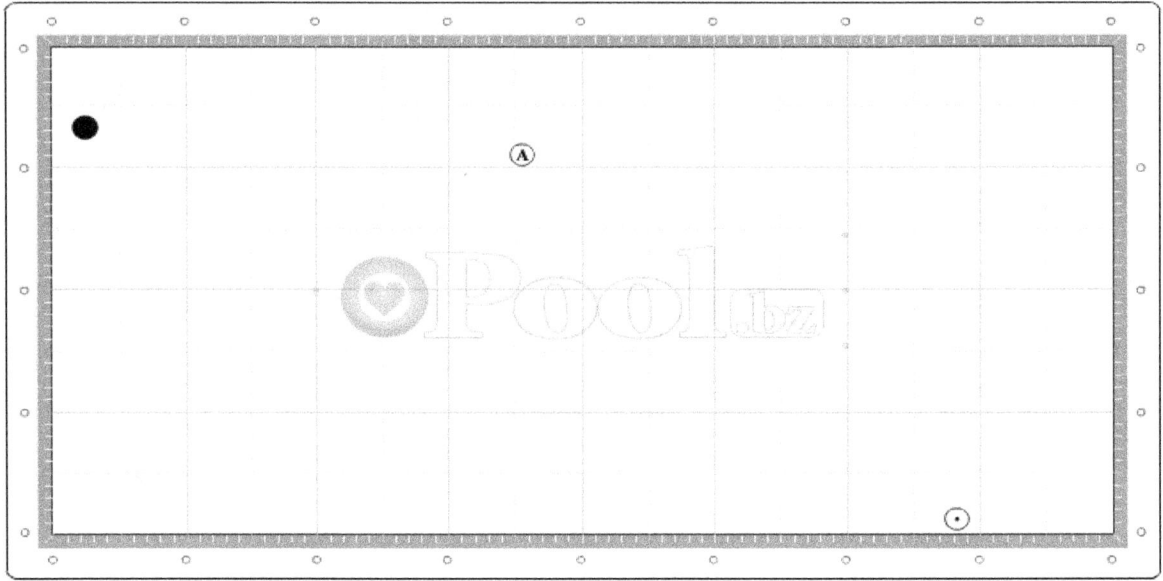

Notas e ideias:

Tiro padrão

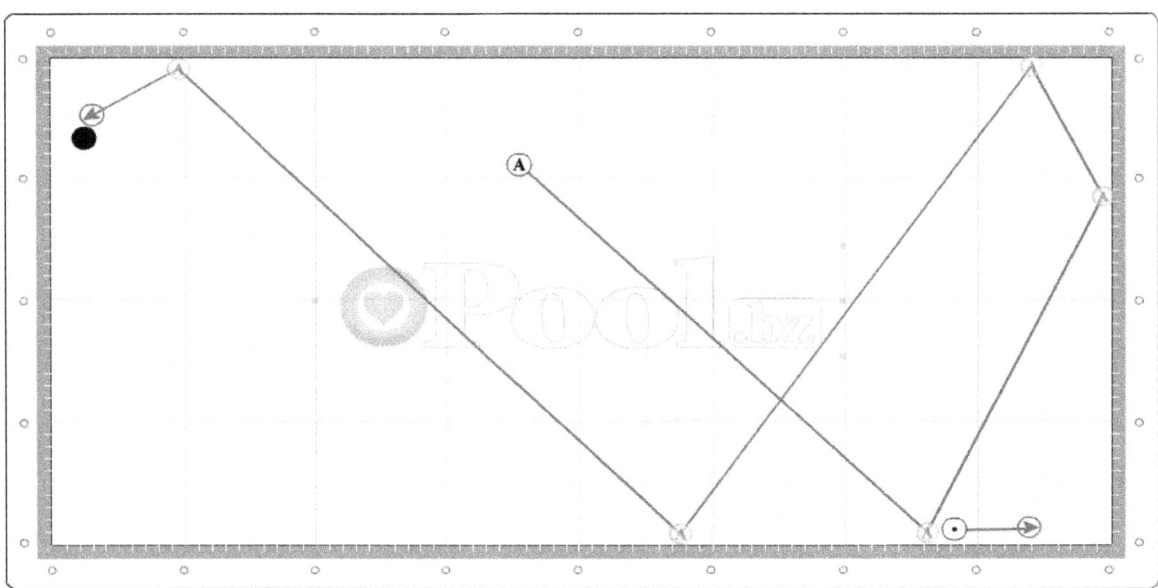

F:1c – Configuração

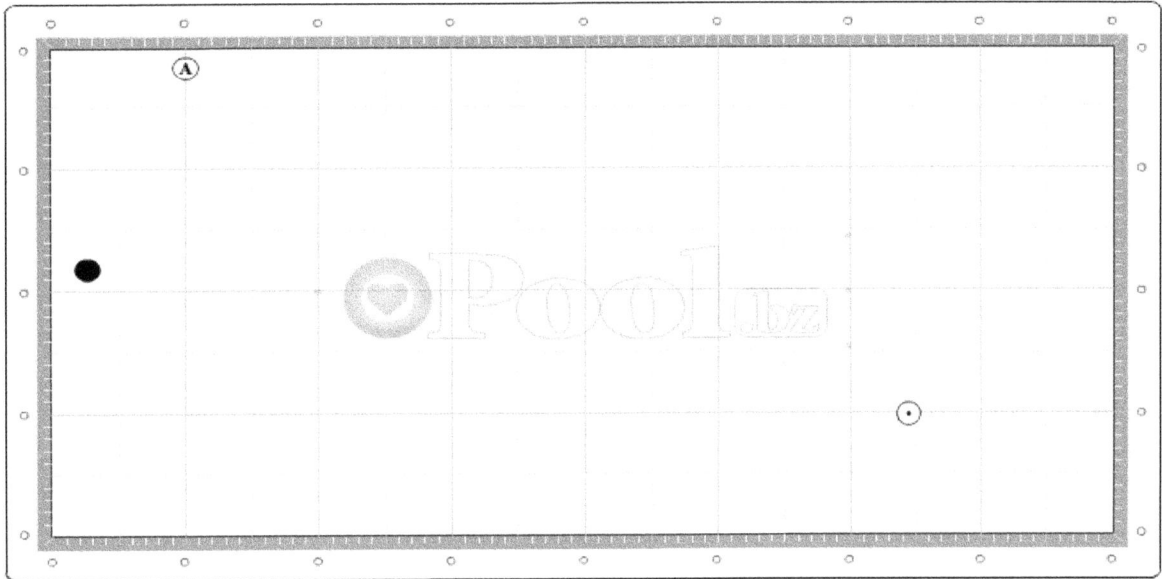

Notas e ideias:

Tiro padrão

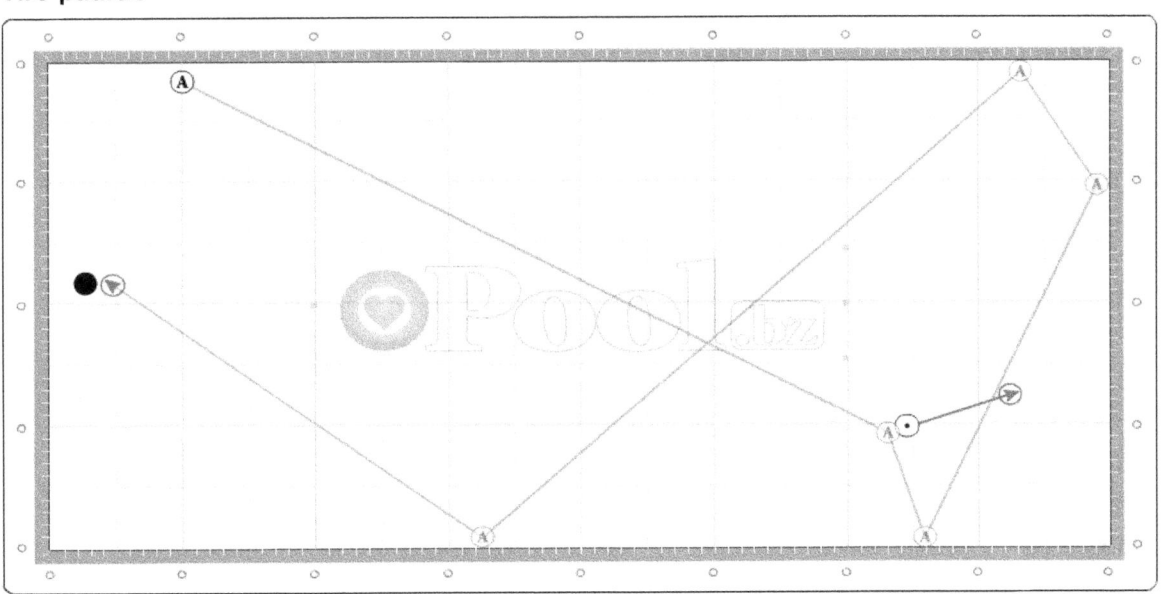

F:1d – Configuração

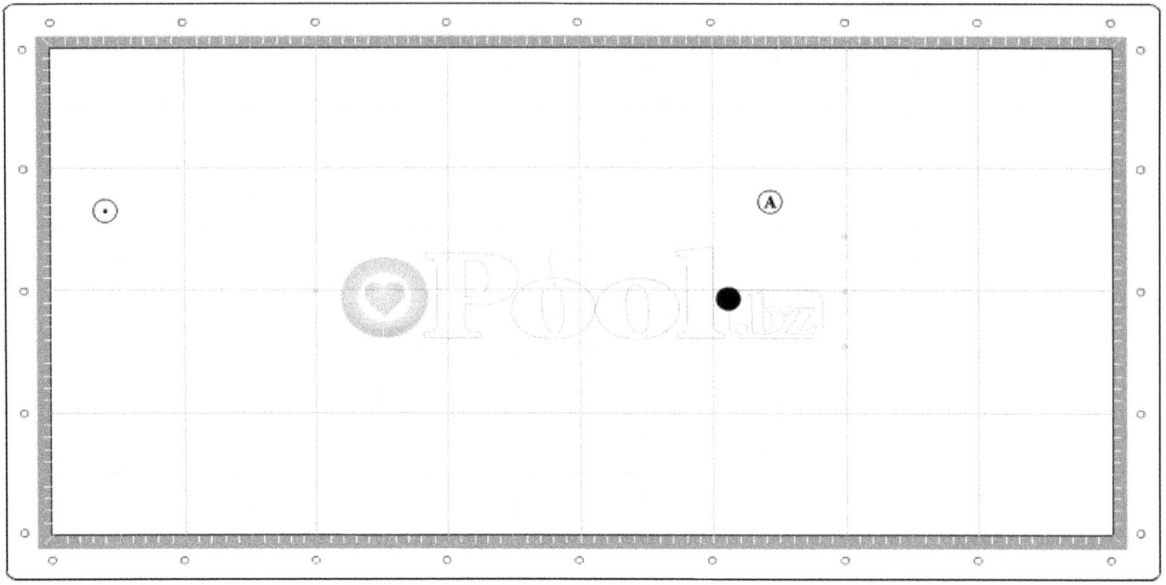

Notas e ideias:

Tiro padrão

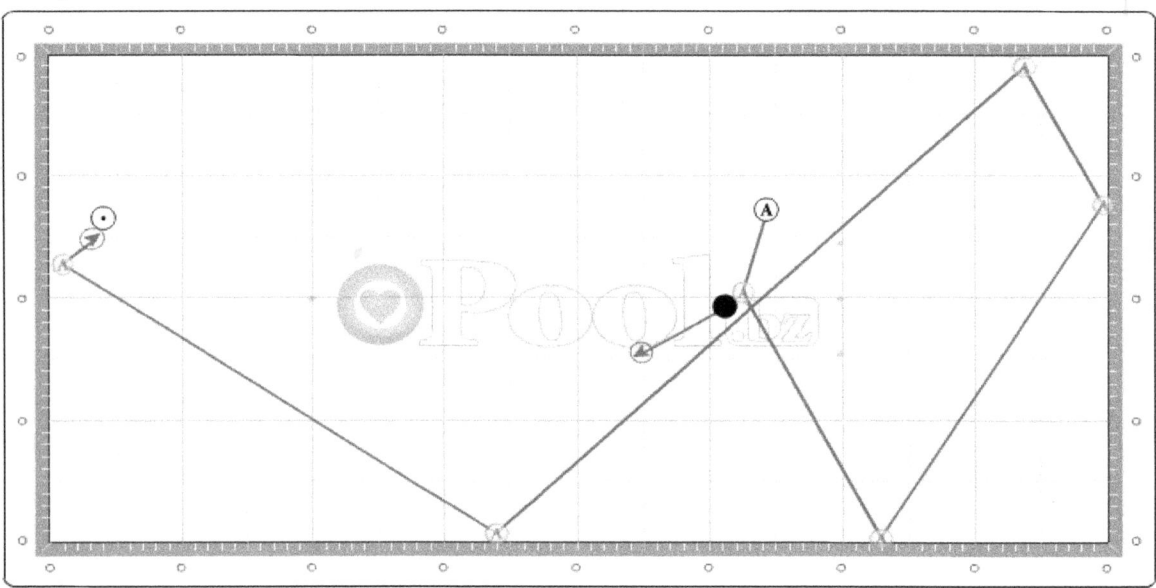

F: Grupo 2

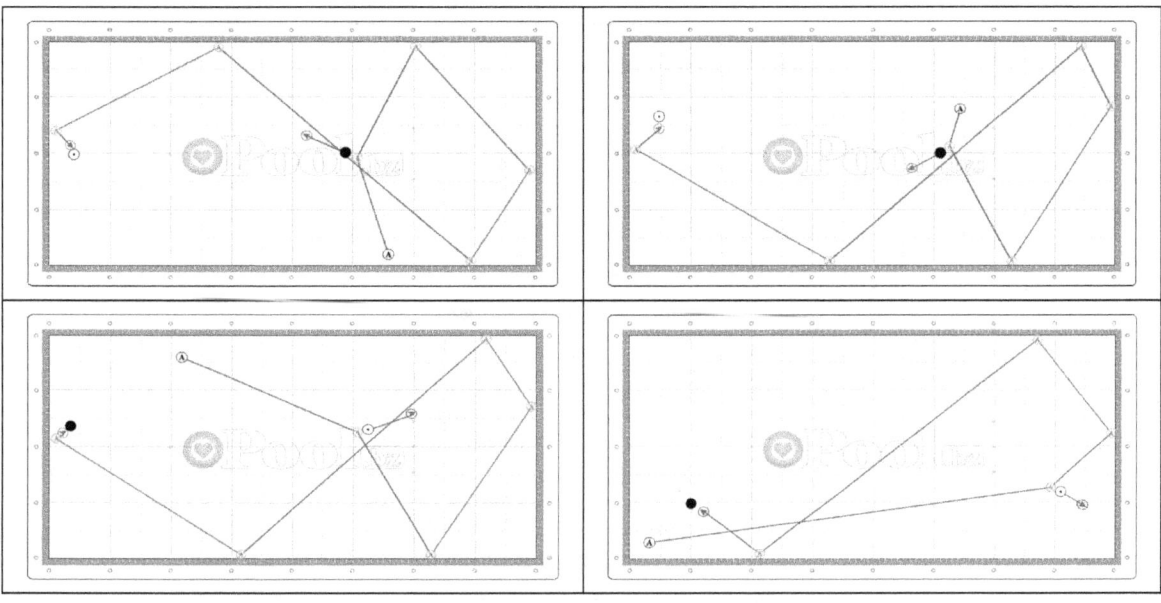

Análise:

F:2a. _____

F:2b. _____

F:2c. _____

F:2d. _____

F:2a – Configuração

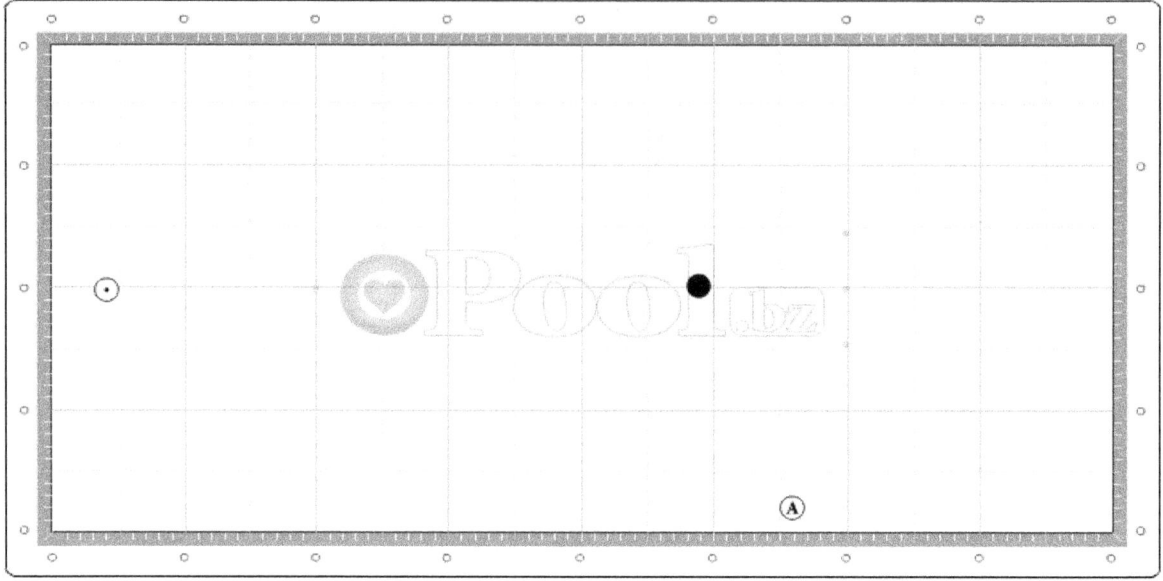

Notas e ideias:

Tiro padrão

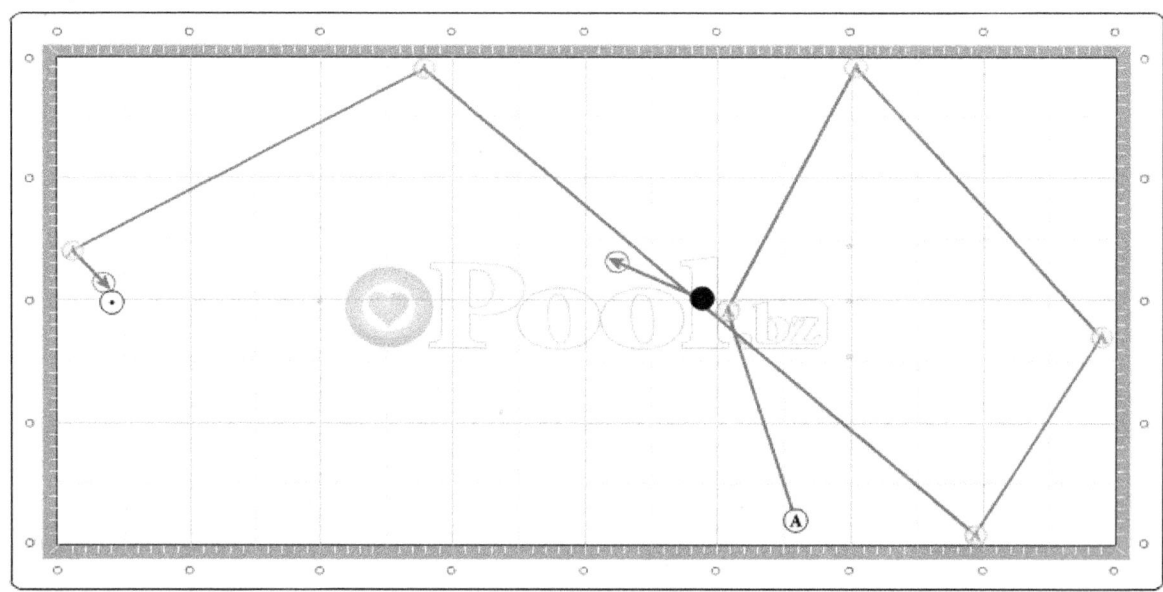

F:2b – Configuração

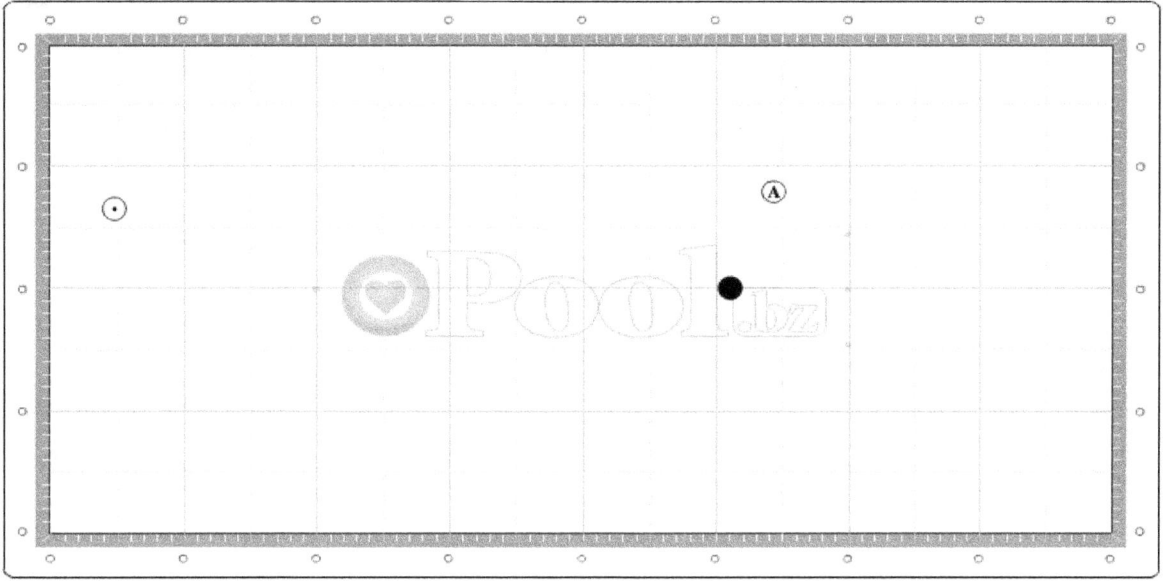

Notas e ideias:

Tiro padrão

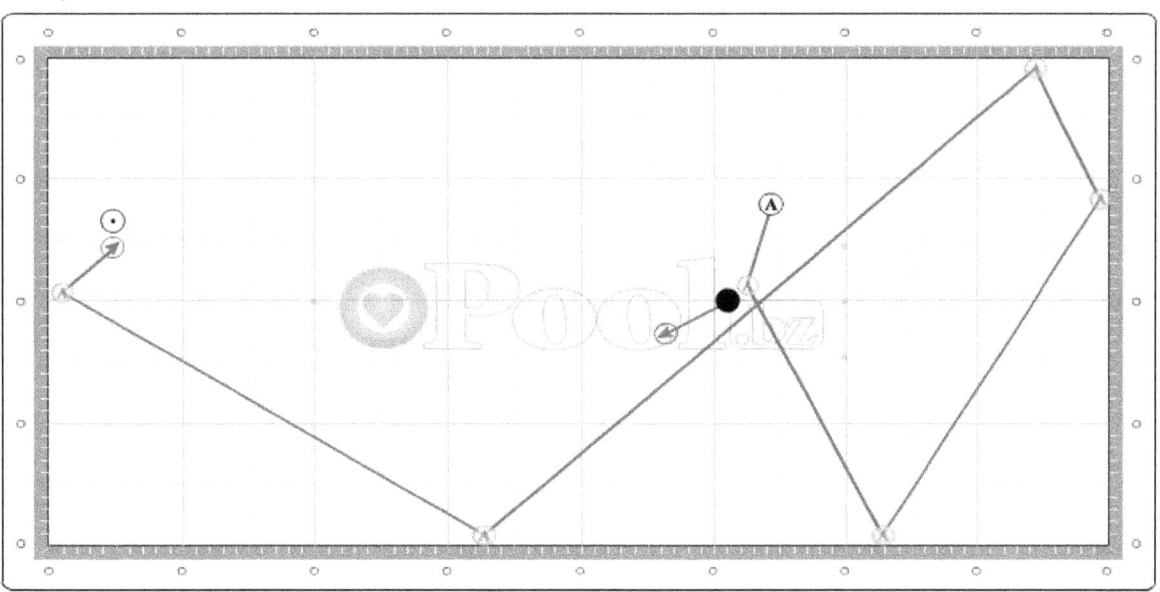

F:2c – Configuração

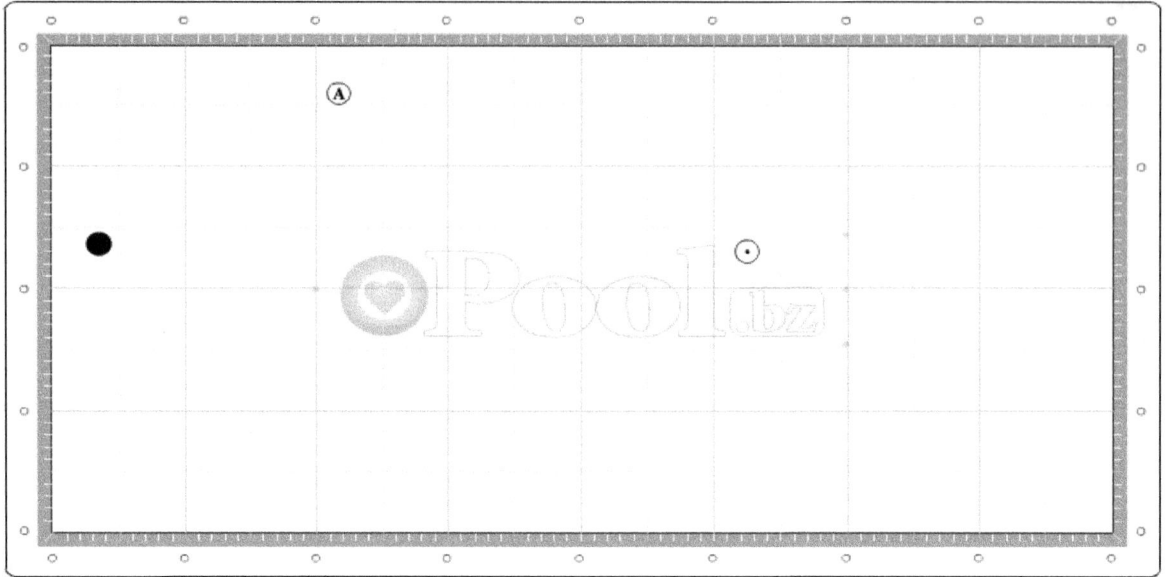

Notas e ideias:

Tiro padrão

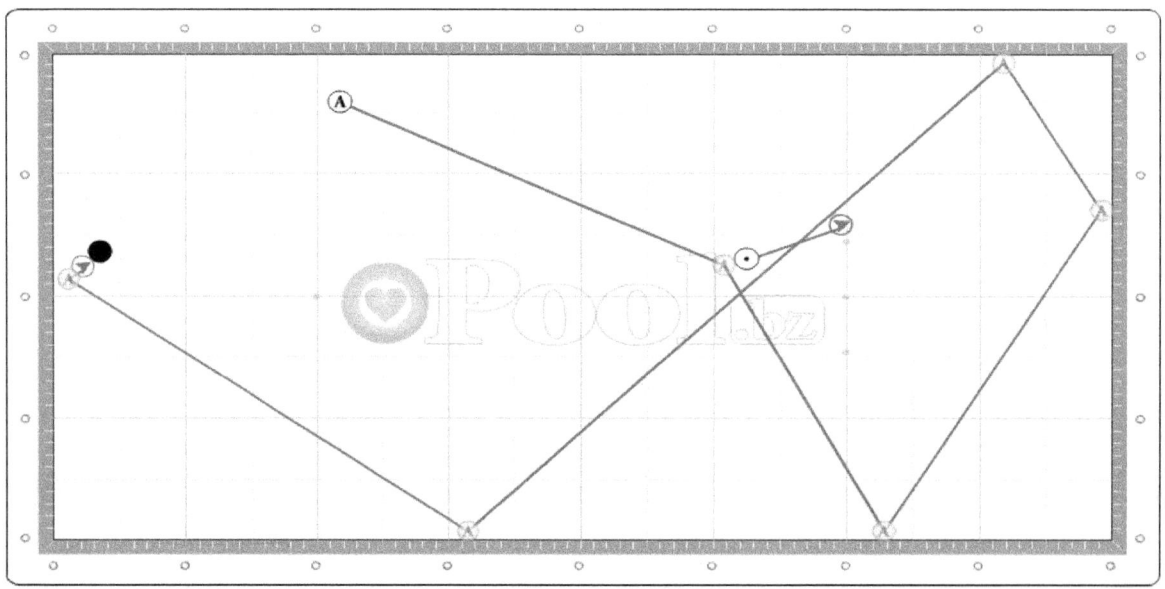

F:2d – Configuração

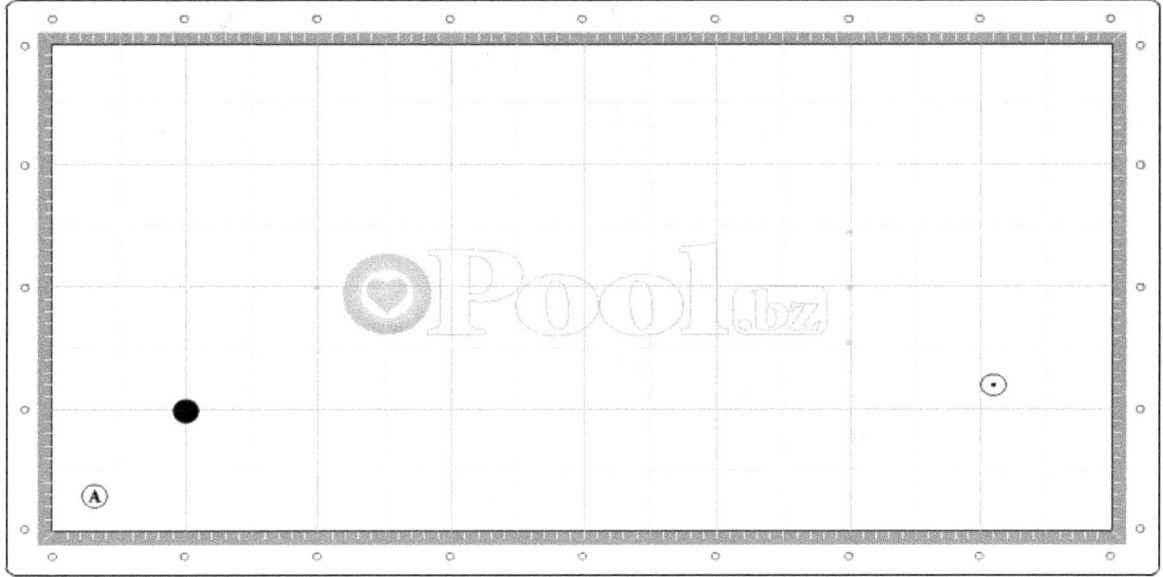

Notas e ideias:

Tiro padrão

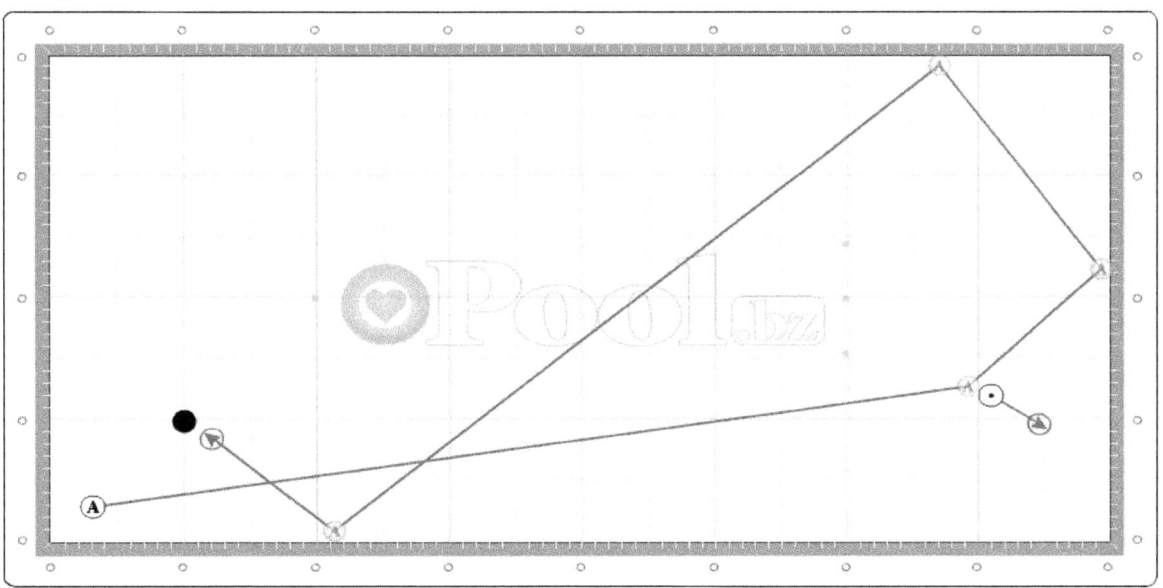

F: Grupo 3

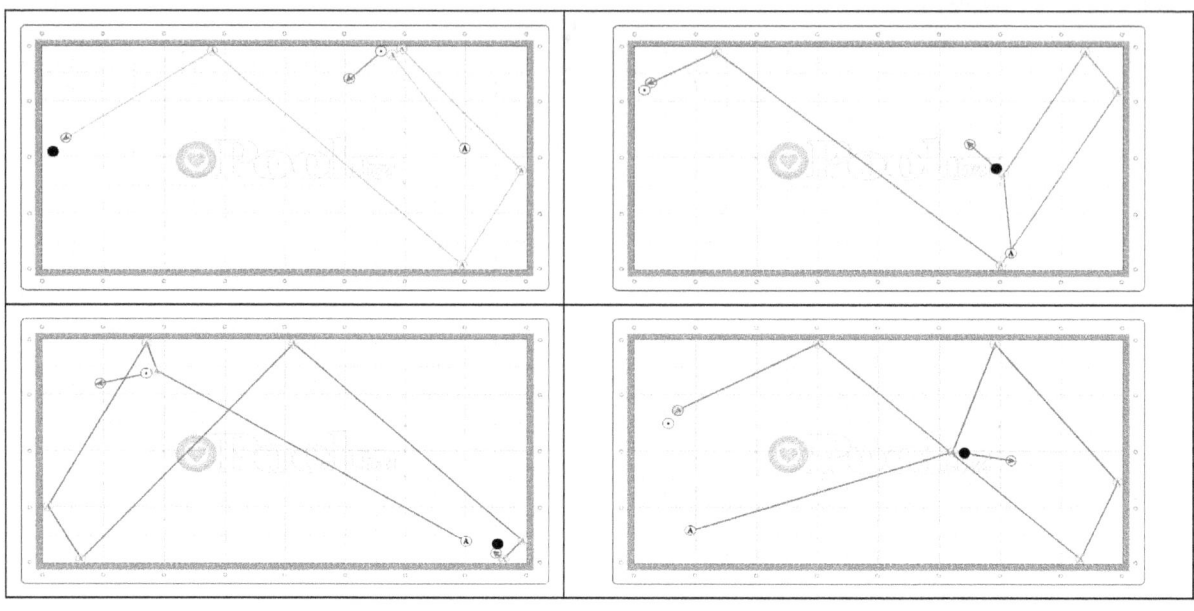

Análise:

F:3a. _____

F:3b. _____

F:3c. _____

F:3d. _____

F:3a – Configuração

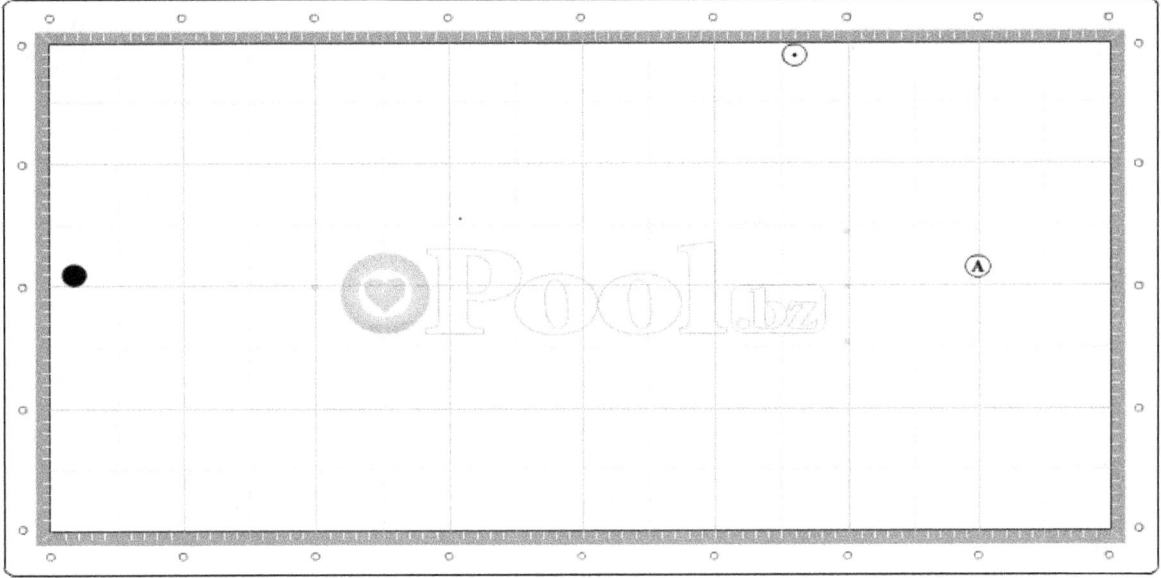

Notas e ideias:

Shot Patter

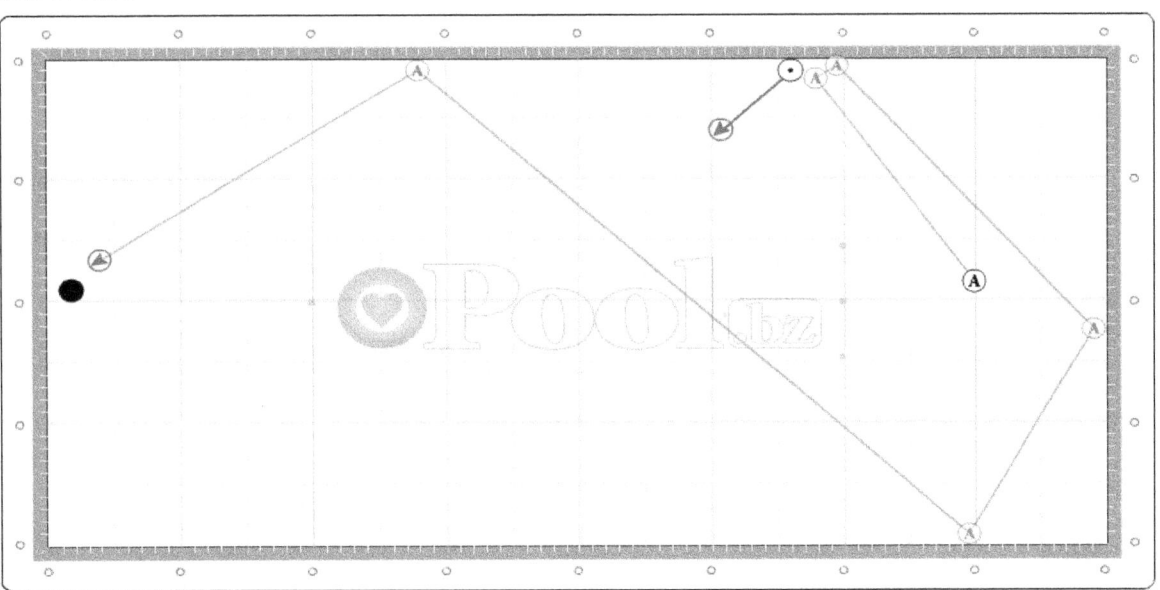

F:3b – Configuração

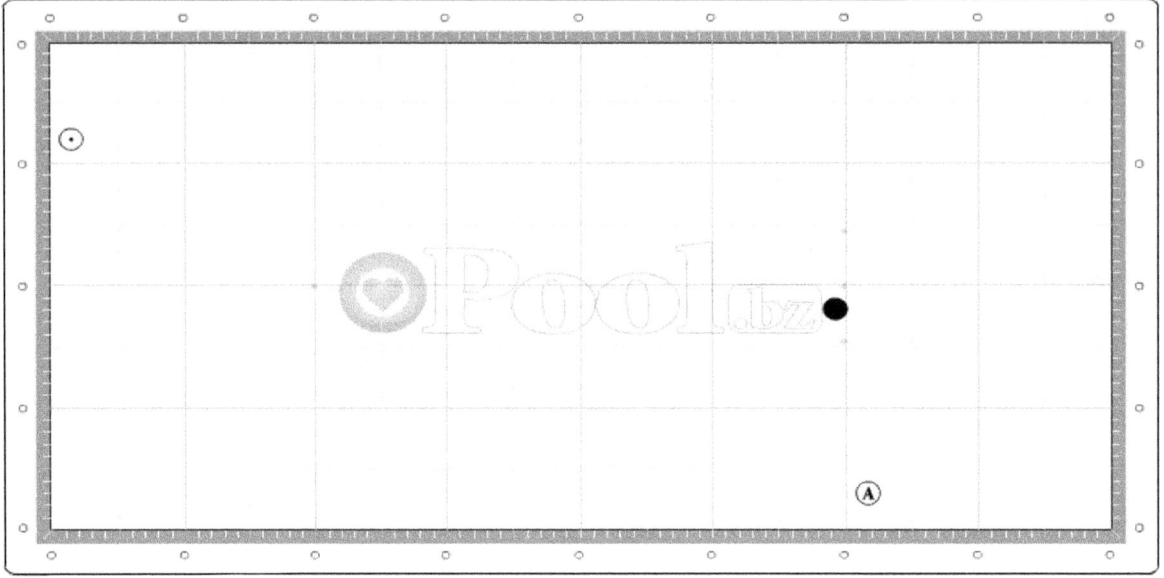

Notas e ideias:

Tiro padrão

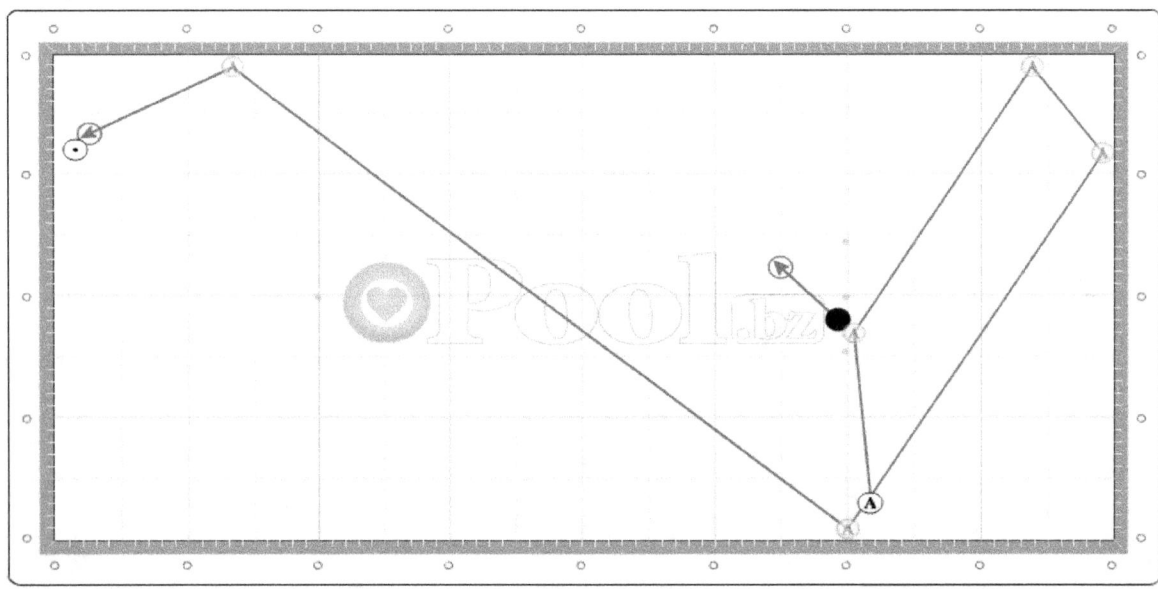

F:3c – Configuração

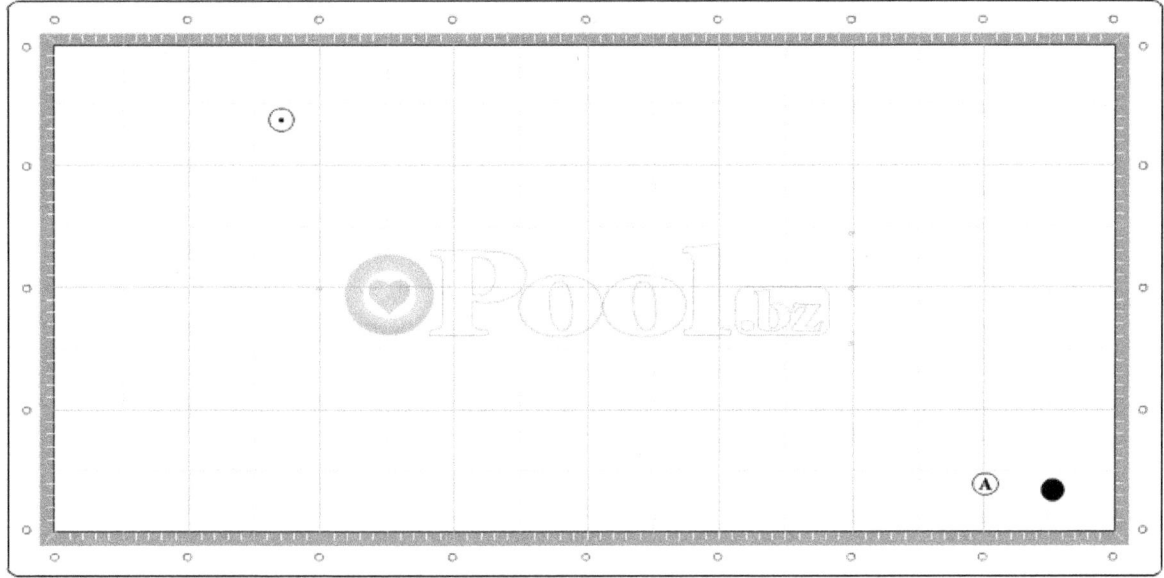

Notas e ideias:

Tiro padrão

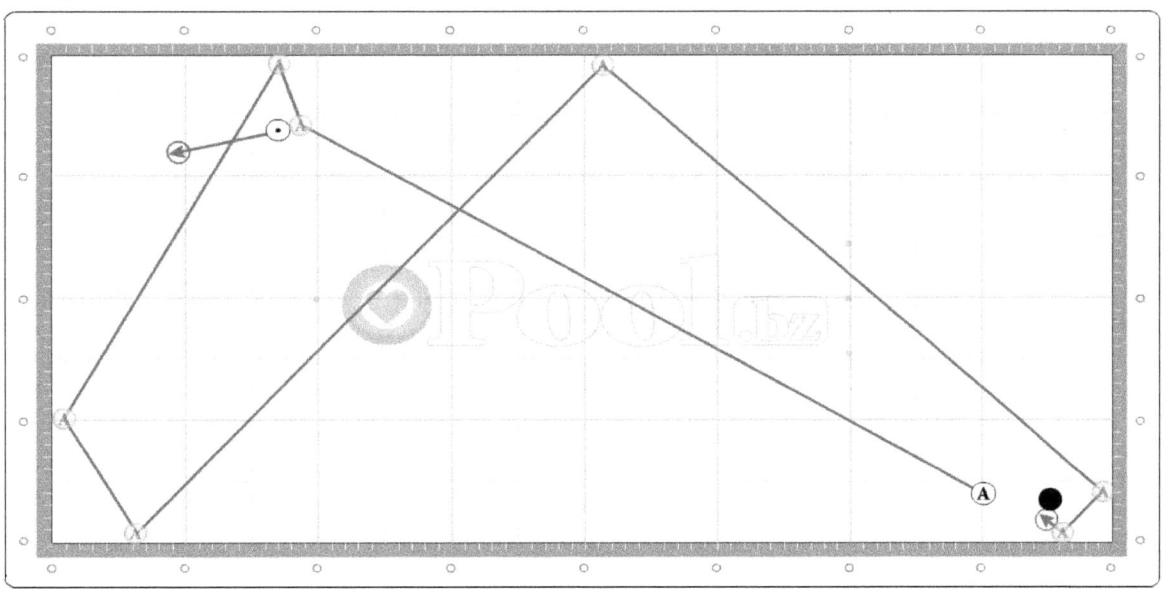

F:3d – Configuração

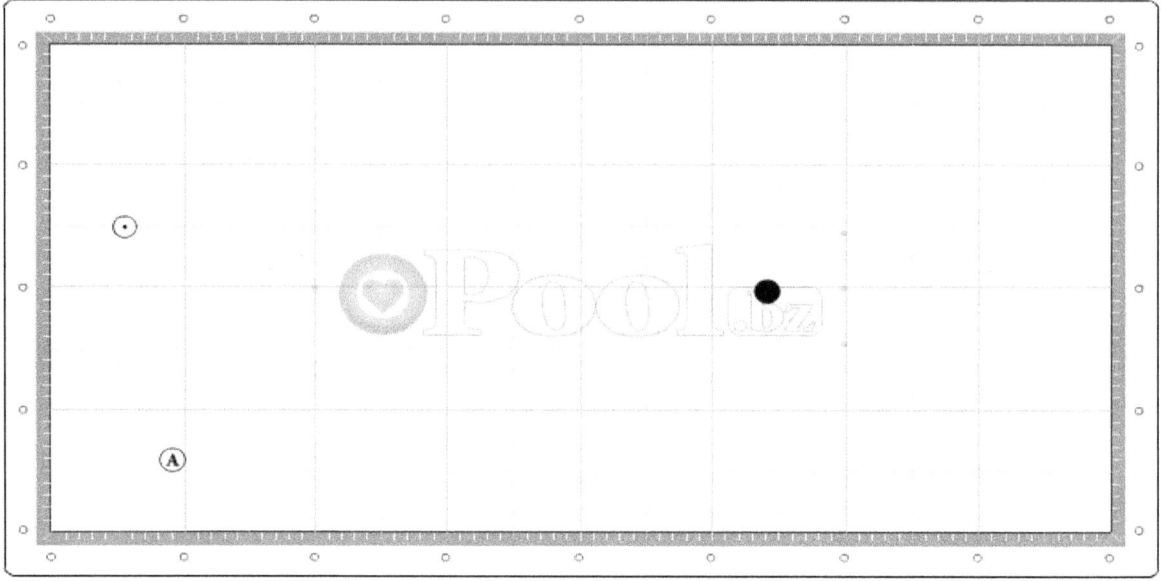

Notas e ideias:

Tiro padrão

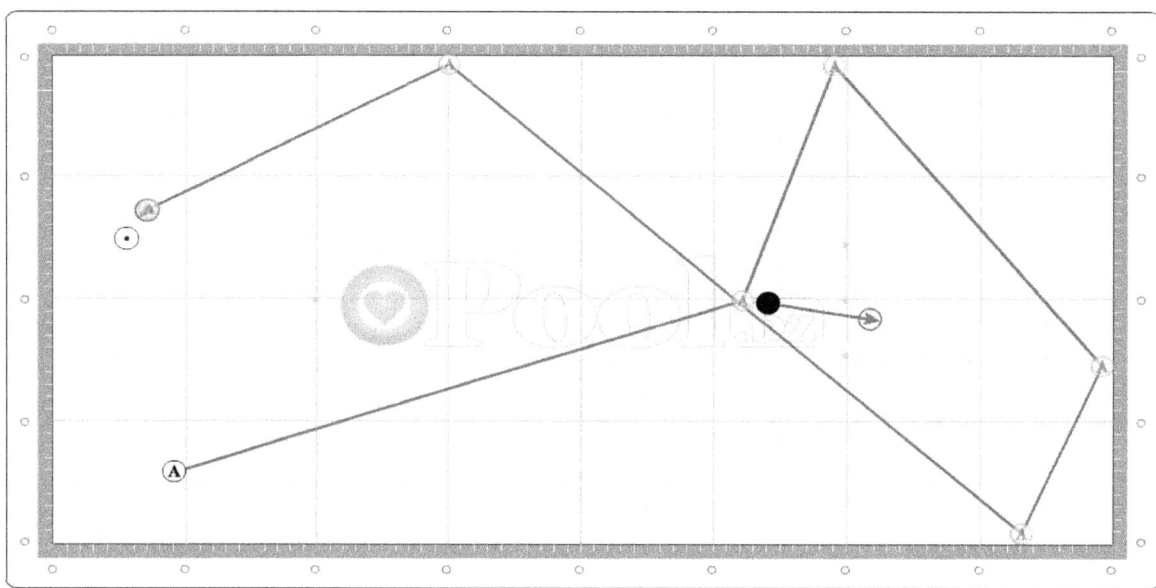

www.ingramcontent.com/pod-product-compliance
Lightning Source LLC
Chambersburg PA
CBHW081236170426
43198CB00017B/2780